古人职场那些事儿

徐姓民 著

百花洲文艺出版社
BAIHUAZHOU LITERATURE AND ART PRESS

图书在版编目（CIP）数据

古人职场那些事儿 / 徐姓民著. —— 南昌：百花洲文艺出版社，2020.8（2021.5重印）
ISBN 978-7-5500-3769-4

Ⅰ.①古… Ⅱ.①徐… Ⅲ.①历史人物 – 生平事迹 – 中国 – 古代 – 通俗读物
②职业选择 – 通俗读物 Ⅳ.①K820.2–49②C913.2–49

中国版本图书馆CIP数据核字（2020）第120322号

古人职场那些事儿

徐姓民　著

出 版 人	章华荣
责任编辑	郝玮刚　蔡央扬　程慧敏
书籍设计	张诗思
制　　作	何　丹
插　　图	佘清扬
出版发行	百花洲文艺出版社
社　　址	南昌市红谷滩新区世贸路898号博能中心一期A座20楼
邮　　编	330038
经　　销	全国新华书店
印　　刷	北京虎彩文化传播有限公司
开　　本	710mm×1000mm　1/16　印张 14.5
版　　次	2020年9月第1版第1次印刷
	2021年5月第1版第2次印刷
字　　数	195千字
书　　号	ISBN 978-7-5500-3769-4
定　　价	48.00元

赣版权登字　05-2020-89

邮购联系　0791-86895108
网　　址　http://www.bhzwy.com
图书若有印装错误，影响阅读，可向承印厂联系调换。

目 录

第三章　有效打造你的个人品牌

第一章　怎样成为解决问题的高手

商鞅入职面试的门道

商鞅原先在魏国谋职，怀才不遇，眼看着混不出名堂，正好听说秦国那边要人，随即前往。他在秦国的一位朋友将他引见给秦孝公，于是一场一对一的面试开场，出题是"治国之道"。

商鞅自然是有备而来，初见秦孝公，侃侃而谈的是以尧、舜为代表的"帝道治国"，并以尧、舜二帝在位时的繁荣盛景作为论据。秦孝公听着听着，眼神游离，继而竟闭目养起神来。商鞅面试不合格。秦孝公对引见人说，此人夸夸其谈，不得要领。

经恳请，几天后开始第二次面试。仍然是老话题，一对一。这次商鞅说的是"王道治国"，王道的德政礼制，的确曾使天下和谐繁盛，秦穆公实行王道治国，也曾使秦国强盛一时，秦孝公的"求贤令"也说要追慕穆公的霸业。那么这样看来，秦孝公有可能会接受王道治国。可是商鞅的说辞犹如对牛弹琴，秦孝公兴趣索然。面试又一次失败，事情应该就"黄"了。

朋友责备商鞅：这么重要的面试机会，你却言不及义、无的放矢。商鞅请求务必再给自己一次机会，这次一定成功。经再三请求，秦孝公总算又给了商鞅一次面试机会。而商鞅此刻已经认定了秦孝公的志向是快速发展，迅速称霸。吃透了精神，也就提升了扣题的精准度。这次他说的是"霸道治国"，即以法家思想为核心，对内严刑峻法，对外军事扩张。商鞅就此分析当时三大强国魏、齐、楚变法的成功与弊端，从而引出自己的《治秦九论》。秦孝公眼睛发亮，全神贯注，与商鞅接连交谈数日。

商鞅的面试之所以能够在最后关头获得满分，是因为：他满腹经纶，胸有成竹；同时准备充分，备有多种攻略、几套方案，总有一款适应你；再有就是他在面试过程中，不气馁不放弃。此后商鞅在秦国主持了彻底而系统的改革。十几年里，秦国"道不拾遗，山无盗贼，家给人足；民勇于公战，怯于私斗，乡邑大治"，东征西讨，成为第一军事强国。商鞅也实现了自己的事业理想。

有职场的地方，就有面试。而从古至今如出一辙的是，面试的打分除了与笔试一样，都要看真才实学外，还有仪容态度分。白居易初到长安参加科举考试，同时还要办一件重要的事情，就是去拜见业内大佬，以求得到他们的赏识推举。那时，负责贡举和主试的官员除了审阅试卷外，还有权参考考生平日的作品和才誉以决定去取；而在政治与文坛上有名望者，以及与主试官关系密切者，皆可推荐人才，作为定夺考生名次的参考，此即所谓"通榜"。因此，考生为增加及第的机会和争取名次，多将自己平日的诗文写成卷轴，在考试前送呈名家大师，以求得到推荐，这样的做法谓之"行卷"。"行卷"其实也就是一种面试，它同样能够影响考生的进取与否。白居易求见的人是顾况。

顾况颇有才情，诗作、诗论俱佳，七绝清新自然，饶有佳作，诗文切中时弊，充满感情，因此在当时名声甚高。顾况接过眼前这个文学青年递上的名帖，看到"白居易"三字，然后"熟视白公曰：'米价方贵，居亦弗易'"。字斟句酌、惜墨如金的史书记载，特别记下了"熟视"二字，这也就是仔细打量来者"白居易"仪容的意思了。接着顾况便以其"居易"之名打趣道：长安米价正贵，居住并不容易。

这时候的白居易，并未因为大师当头的"轻慢调侃"而窘迫难堪，以至有所羞恼不耐，他仍然将自己的习作恭恭敬敬地递于顾况，然后伺立一边静候老师评议。要知道这是一次重要的面试，自己必须沉得住气，不急不躁本身甚至就是面试的一项内容。而这对于还只是个小青年的白居易来说，也的确不容易。

等到顾况披卷读到白居易递上的诗文首篇《赋得古原草送别》："离离原上草，一岁一枯荣。野火烧不尽，春风吹又生……"不由得赞叹道："道得个语，居即易矣。"——能写出这样的诗句，居住下来就容易了。

白居易的面试一举过关，首先是因为自己出色的才学。这首诗以古原野草的生命不息之意，表达对友人的惜别之情。用语平实流畅，却又对仗工整，意境浑成，为人历久吟诵。同时白居易在面试过程中，态度端正，言表得体，再说人家白居易本来就是腹有诗书气自华，这就获得了老师给予的高分。顾况以后大大地"为之延誉"，盛加夸赞，白居易的诗名就此传开了。

入职面试还有一道风景，就是主考者别出心裁，而应考者功夫在诗外。

曾国藩自幼苦读诗书，27岁赴京应试，考取进士，曾国藩却感到十分郁闷，因为三甲进士想要进入"高级干部储备处"的翰林院，希望渺茫。这意味着他将就此在官场底层蹉跎岁月，默默无闻。然而一位在京城当御史的老乡器重曾国藩的才学，将他推荐给了当朝重臣穆彰阿。历任工部、兵部、户部尚书和军机大臣的穆彰阿先调来曾国藩的试卷看其策论，颇为赞赏；然后就是面试。穆彰阿见曾国藩步履稳重，举止端庄，谦恭有度，已在心中点头。穆彰阿阅世甚深，眼光老辣，凭他的直觉，这个年轻的湖南乡下人可堪造就。在谈话时，穆彰阿直言相告："老夫读足下诗文，以为足下勤实有过人之处，然天赋却只有中人之资。但自古成大事立大功者，并不靠天赋，靠的是勤实。翰苑为国家人才集中之地，足下一生事业都从此地发祥，愿好自为之。"

这样的中肯激励之言既说到了点子上，也表示了穆彰阿对曾国藩的认可与接纳，曾国藩就此成为翰林院的"检讨"，即文史研究员。以后穆彰阿借机会向道光皇帝推荐曾国藩，说他"遇事留心"，可堪任用。道光皇帝不久下旨在养心殿召见曾国藩。

皇上面试，非同小可！曾国藩紧急复习了各种学理，演绎了各种问答。这天曾国藩早早来到养心殿，可是一直坐到正午，皇上也未召见。不久，当值太监来告诉他："皇上今日没空，命你明日再来。"

曾国藩回来将情况向恩师穆彰阿汇报，老穆蹙眉沉思了一会，忽然问："那养心殿四壁挂着先帝的圣巡，你可看了一些？记下了多少？"

曾国藩一怔："晚生那时只留意殿外的动静，并没有细看那些字幅。"

穆彰阿急道："糟了！那一定是皇上有意要试你'遇事留心'呢！"

这等别出心裁的设计，谁也没有料到！曾国藩要是在殿内两个时辰近四小时没看先帝圣训，或者看了没记住，那他的仕途就玩完了！

据说穆彰阿的应急措施是买通了内府的太监，又说恰好是有太监有事来求老穆帮忙，于是两相洽兑，反正是在这天的天黑前，老穆拿到了圣训的抄件。

第二天一早道光皇帝在养心殿召见了曾国藩。果然不出所料，面试的主要内容就是有关殿内的历朝圣训，开了一宿"夜车"的曾国藩应答甚佳，颇得道光赞许。从此曾国藩连获升迁，37岁官至二品，几乎是绝无仅有。此后曾国藩组建湘军，经数年鏖战击溃太平军，官至两江总督、直隶总督、武英殿大学士，封一等毅勇侯；曾国藩还主导建造了中国第一艘轮船，建立了第一所兵工学堂，印刷翻译了第一批西方书籍，安排了第一批赴美留学生。曾国藩的官品和业绩，史所留名。但是如果不是那次"功夫在诗外"的面试，一切都无从谈起。

许多年以后，身居高位的曾国藩对于别人的一次面试，几乎就是度己及人、如法炮制了。对于这一次面试，史书的描述有些出入，但大致是这么个情况：李鸿章推荐了三个青年才俊去拜见曾国藩，当然也就是去接受曾国藩的面试。当时曾国藩称在内屋有点事，便让三人在客厅等候。随后曾国藩隔着帘子悄悄地对他们观察了一阵，已然心中有底。曾国藩在多年的从政生涯中，阅人无数，对于识人用人，心得甚多，甚至对通过体貌察言观色来识人，还撰有专述。这种唯心主义的"相面术"，恰恰部分地支持了面试的合理性。此三人中：一人正襟危坐，紧张拘谨；一人东张西望，坐不安稳；还有一个高个子伫立窗前，凝望远处。第三人在即将接受朝廷大员面试时，尚能坦然自若地眺望浮云，其刚强镇定的气质神情其实既有秉性本色，又与他历经沙场出生入死有关。

曾国藩随后到客厅与三人晤谈，那高个子青年眼神坦率，直陈己见，进一步验证了曾国藩刚才面测的判断，这次比较特别的面试对于这位青年来说，就是一个"OK"！

此人以后果然出落成一位能臣良将，并担任了首位台湾巡抚，建树不凡，他就是大名鼎鼎刘铭传。

职场的面试许多时候还是在非正式场合进行的。曾国藩驻军安庆时，有一位老乡前来投靠，此人看起来比较纯朴，曾国藩想把他留下来。然后曾国藩又特意请这位老乡吃了一顿饭。吃饭的时候，这位出身贫家的老乡，却把饭里的秕谷给挑了出来。这样一个不经意的小动作，让曾国藩改变了主意，他由此认为，此人虽似忠厚老实，却很有可能会在关键时刻，为了荣华富贵而动摇立场。曾国藩就此打消了给他安排职务的想法，给了他些钱，就把他打发回去了。

汉景帝的大局观

公元前157年，刘启接班，是为汉景帝，由此开启了"文景之治"的后半程。

不过汉景帝的开局并不顺利，即位不久，以吴王刘濞为首的七国诸侯以

"请诛晁错，以清君侧"为名，举兵反叛。

晁错先后辅佐文帝、景帝，更为景帝倚重，位列三公。晁错的主要政见：一是重农抑商，主张增加农业生产，振兴经济，他的《论贵粟疏》，是我们学习古汉语的必读名篇；二是"移民实边"，其《守边劝农疏》主张对匈奴边患实行屯垦戍边，这不仅在当时起到了作用，还开启了历代屯田政策的先河；三是主张削藩，消除诸侯割据、尾大不掉的祸患，加强中央集权。景帝采用了晁错的削藩策，诏令削夺诸侯王的领地，由此触发了"七王之乱"。

面对七王叛乱，景帝问计晁错，晁错建议汉景帝御驾亲征，自己留守京城，主持后方工作。

然而，也有大臣向景帝进言：皇帝即位未久，七王攻势峻厉，万一朝廷出战不利，则大事危矣；现在七王既然剑指晁错一人，何不杀了晁错，以使七王退兵，保朝廷度过危机？景帝听后"默然良久"。

隔日晁错奉命上朝议事，经过长安东市时，中途停车，护送官员当即宣读皇帝诏书，晁错随即被腰斩于市，当时他还穿着朝服。汉景帝为了朝廷的大局，牺牲了晁错。

此举不可谓态度不鲜明，传递的信息不可谓不明确。但是景帝杀了晁错，刘濞为首的叛军非但没有退兵，反而更为凶猛地向长安进逼。其实刘濞与景帝本有杀子之仇，当年他的独子刘贤陪太子刘启，也就是后来的景帝下棋，争执中太子竟用棋盘砸死了刘贤。事后文帝只是将其遗体送回吴国了事。可是刘濞说："死在长安就葬在长安，何必送来吴国。"又把刘贤的尸体送回了长安。现在难保他不是伺机要来报仇讨说法了。此外，当时刘邦曾立下"非刘姓不王"的规矩，以期让诸侯王以血缘宗亲之故效忠朝廷、拱卫中央；但是这也造成了一个隐患：大家都姓刘，难保不会在有机会时生出"皇帝轮流做"的念头，事实上在文帝时期，刘姓诸侯王的造反就接二连三地发生。

但是，汉景帝杀了晁错而七王仍不退兵，肯定也使朝廷上下，包括对晁错的激进革新和大受宠信看不顺眼、心怀妒忌的大臣们同仇敌忾；而七王之间因为诉求不同，此时也难免不生游移。汉景帝退无可退，绝地反击，令周亚夫领军平乱，只用了三个月，就令声势浩大的叛军土崩瓦解。

汉景帝甫当朝，国事多舛，家事也不顺。景帝即位后，立长子刘荣为太子，景帝的姐姐馆陶公主欲将女儿阿娇许配给刘荣，以亲上加亲锁定日后的皇后之位。但是刘荣的生母栗姬因为馆陶公主屡献美女给景帝，嫉恨在心，一口回绝。于是馆陶公主开始暗中诋毁栗姬，但是景帝却还不为所动。某日景帝病了，他对栗姬说："待我百年后，望你善待其他的后妃与她们的儿子。"景帝其时有七位"老婆"，十四个儿子。毕竟祖父刘邦死后，吕后残害戚姬、诛杀刘氏子嗣的事情，正是殷鉴不远。不料栗姬"怒不肯应，言不逊"。《汉武故事》中说："栗姬怒，弗肯应，又骂上'老狗'。"这栗姬完全错判了形势，显然是吃错了药加上脑子进水，竟然敢以"老狗"开骂景帝。景帝没有当场发作，却已愤怒而心惊：栗姬现在就能如此猖狂，真到自己百年后，她以太后的身份，又有什么事情做不出来呢？

不久之后，景帝废黜了刘荣的太子之位。这个时候景帝的"大局"，就是皇位的平稳传承，避免"吕后再世"、后宫喋血，以至中央政权发生内乱。

但是景帝的苦衷一时难为人知，他废太子之举遭到一些大臣，特别是周亚夫的坚决反对，是为"固争之"，因为太子并未犯错。周亚夫如果作为将帅"干政"那是犯了大忌，但是周亚夫因平乱有功而被擢升为宰相，正是位高权重；而且周亚夫的耿直顽固、桀骜不驯是出了名的。当年文帝视察前线部队，别的将帅全都率众恭迎，唯独周亚夫的细柳营，严阵以待，营门紧闭：军营只听从将军令，不知道皇帝的命令。等到传入皇帝的"节信"，文帝才得以进入军营。细柳营军容严整，周亚夫作揖拜见并称："臣戎装在身，不能行跪拜礼。"这就是"周亚夫军细柳"的故事。文帝表扬了周亚夫的治军，却不知肚子里会不会有点疙瘩。在平定七王之乱时，周亚夫又曾搁置景帝的号令，坚决按自己既定的战略行事，最后虽然大获全胜，然而此刻却不知是否会勾起景帝的某种警觉和联想。如果德高望重的周亚夫执意站在太子刘荣一边，事情说不定就会很麻烦。毕竟周亚夫的父亲周勃当年就在没有兵权的情况下，凭借威望策动过兵变，当然那是为了匡扶汉室，诛灭诸吕。于是，景帝非但对周亚夫"由此疏之"，而且很可能就此形成一个心结。

半年后，景帝改立只有七岁的第十子刘彻为太子。然而，刘彻还是少不更事，刘荣却已经21岁，且还颇有些名望。因此，为大局计，不是儿子刘荣，而是"废太子"三个字成了景帝心头的一片阴影。

然而刘荣犯事了。他新任"临江王"后盖房子，侵损了一处宗庙的院墙。对于一个皇子来说，这是个多大的事呢？景帝自己做太子时砸死过一个堂兄弟，不也一点事情没有吗？但是景帝在此刻就不只是从凡常亲情甚至凡常罪错来考虑，而需要从大局出发了。刘荣旋即被押捕至京城，交由有着景帝"苍鹰"之称的郅都严办。郅都执法办事以刚直不阿著称，对景帝却是尽忠尽职。昔日侍奉景帝出行，贾姬于途中如厕，适有一野猪窜入，景帝让郅都前去帮护，郅都只管护卫景帝，景帝欲提剑亲往，郅都拦住下跪："死一姬妃又可纳一姬妃，天下不缺姬妃。陛下如果冒险轻忽，万一发生什么，社稷和太后怎么办？"以后太后听说了此事，赐郅都黄金百斤，以彰其忠心，景帝由此也对他刮目相看。现在刘荣落到郅都手里，即遭严苛对待，甚至刘荣在牢里乞讨纸笔以望能给父亲写一封信，也遭到郅都的拒绝。然而在这种情形的背后，似可看到景帝的影子。最后还是太后的侄子窦婴来探望刘荣，给他拿来了纸笔，刘荣在给父亲写了一封信之后，就自杀了，年仅23岁，这可真是"可怜生在帝王家"了。

刘荣自杀，窦太后大怒，要将"逼死"刘荣的郅都治罪。汉景帝遂让郅都远去边关躲避。然而此后窦太后还是逼着将郅都抓回长安。刘荣明显死得冤屈，除了窦太后心里过不去，许多大臣，甚至百姓心里都过不去，这也必须要有人来为此背黑锅，郅都因此被处死了。耐人寻味的是，处死郅都并不是依照太后的指令，而是"依照汉律"。说到底，郅都的死也是服从了"大局"。

汉景帝一边牢牢地推进着既定国策：削弱诸侯，加强集权，发展经济，轻徭薄赋，抑制边患；一边却心病未除。

太子刘彻十四岁时，景帝眼看着身体越来越差。一次景帝召见周亚夫。其时周亚夫因为几次反对景帝的决策，当然也包括反对太子的废立，而被褫夺了宰相之位。景帝让人在周亚夫的面前放了一块肉，却不放筷子，这是啥意思呢？也许这是要周亚夫明白：朕要是不给你条件，就是肉放在面前你也吃不成。但是周亚夫缺乏心眼，却作色斥问侍者。景帝遂冷笑说："莫非这（也就是朕请你吃肉）还不能让你满意吗？"周亚夫错愕羞恼，谢罪告辞。汉景帝却在他身后说出了自己的心病："这样的人以后怎么能辅佐少主呢？"

然而事情恰好就来了。周亚夫儿子买了五百副甲盾，准备在老父亲去世时下丧用。可是周亚夫却因谋反嫌疑而遭到逮捕。周亚夫本欲自杀，却被妻子拦下。入狱后他一言不发。法官廷尉据此向景帝汇报，景帝这次竟少有地怒形于色："吾不用也！"这句话又是啥意思呢？反正廷尉是听懂了，所以对周亚夫"侵之益急"。

廷尉问周亚夫："君侯欲反邪？"

周亚夫这次说话了："臣所买器乃葬器也，何谓反邪？"

廷尉道："君侯纵不反地上，即欲反地下耳。"你不在阳世造反，也是要去阴间造反。真是"欲加之罪，何患无辞"啊。而在它的身后，我们看到的又该是景帝的影子。

就这样，一代名将被投入大牢。周亚夫受此屈辱，绝食五日，吐血而死。此正所谓：君要臣死，臣不得不死。司马迁为之叹为"悲夫"，然而一切都是为了大局。

两年后，汉景帝在病重之际，提前给太子刘彻行了成人"冠礼"，其实也就是以一个正式的加冕仪式，向全天下昭告了太子的继位。这个刘彻，就是汉武帝。

对付小人的智慧

正如曾国藩所说"居有恶邻，坐有损友"，人们在工作、生活中惹上小人，是经常会有，并且不以人的意志为转移的事情。甚至测面相术中，都有"犯小人"一说。什么是小人呢？孔夫子有过说法，"（子贡问孔子）曰：'今之从政者何如？'子曰：'噫！斗筲之人，何足算也。'"（《论语·子路》）这班器识狭小有如斗筲（容器）的人算得了什么？《资治通鉴》又曾说道："斗筲小人，依凭世戚，附托权豪，俯眉承睫，徼进明时。"意谓这号小人，趋炎附势，巴结权贵，察言观色，阿谀奉承，侥幸得志。实际上小人们的恶绩比此处所引用的评价还要恶劣得多。

那么遇到小人怎么办呢？最好是能够像张居正说的那样"以力除奸"，公开交锋，对着干，但是小人得志，却是职场、官场的常见现象。小人的阴招、损招防不胜防，许多时候我们没等到压制小人，自己就先被小人算计坑害了。

曾国藩的一个办法是："遇诡诈人变幻百端，不可测度，吾一以至诚待之，彼术自穷。"也就是明知是小人，自己仍然以诚相待，他们的阴谋也就不能得逞。对小人忍让包容，宽大为怀，以图感化，也是一种智慧，不过这说起来容易，做起来难，而唐代名将、名臣郭子仪却勉为其难，做到了。

正当郭子仪在前线讨伐安史之乱的叛军并且获得胜利时，宦官宠臣鱼朝恩对唐肃宗说，鉴于安禄山拥兵自重的教训，不得不防备郭子仪。肃宗于是将郭子仪撤职，让鱼朝恩去军中做"监军"。鱼朝恩来到军中，仗着皇帝的威势，大权独揽，瞎指挥，结果被唐军收复的失地又被叛军夺去。将士们纷纷找到郭子仪，要求杀了鱼朝恩，郭子仪说："鱼朝恩是皇帝的宠臣，他来说明皇帝对我有疑心，现在杀了他，不正说明皇帝的猜测是对的吗？"此后郭子仪率军抵御吐蕃入侵，鱼朝恩又向唐代宗建议：假借盗贼名义挖了郭家祖坟，这样郭子仪就无法拥兵自重了。代宗竟然同意了。"（子仪）破吐蕃灵州，而朝恩使人发其父墓，盗未得。子仪自泾阳来朝，中外惧有变，及入见，帝唁之，即号泣曰：'臣久主兵，不能禁暴，军人残人之墓，固亦多矣。此臣不忠不孝，上获天谴，非人患也。'"（《新唐书·郭子仪传》）祖坟被挖，郭子仪班师回朝，朝廷内外都担忧会发生动乱。等到郭子仪拜见代宗，代宗对挖郭子仪祖坟的事表示吊唁，郭子仪却流泪说道："我长年领兵作战，军人破坏百姓的祖坟很多，这是我不忠不孝的地方，现在我的祖坟被挖，是上天的报应，不敢责怪别人。"这里的关键是郭子仪对奸佞小人鱼朝恩采取了避让相容的态度，当时鱼朝恩掌握着朝中大权和禁军，爪牙党羽众多，连代宗以后令人勒死他的时候，还一再担心他们的反扑。此刻郭子仪不追究此事，正是考虑到国难当头之时，如果他发难，势必在王朝内部引发很大的动乱，这样的话，唐王朝的局势就更加不可收拾了。

鱼朝恩由此有所感化，遂邀请郭子仪赴宴。宰相元载对郭子仪说："此去鱼朝恩可能对你不利。"部下军士也要求跟随前往。郭子仪没有同意，只带十来个家僮前去。鱼朝恩问："您的随从这么少？"郭子仪便将"有人"提醒的事告诉了他。鱼朝恩流泪说道："若非您是长者，能如此坦荡不疑吗？"

对于修身立命以及为人处世，曾国藩多有心得体会。关于对付小人的态度，曾国藩又说过："借以检点自慎，亦是进德之资。"小人无处不在，人在职场、官场，身不由己，难以回避，自己做事谨慎检点，不去招惹小人，这也有助于自己的修身立德。而郭子仪在这方面没有理论，却总有实践。

平定安史之乱和吐蕃入侵后，功高权重的郭子仪并不居功自傲，为防小人嫉妒，他处事始终小心谨慎。有一次郭子仪生病，有个叫卢杞的官员前来探望。此人相貌奇丑，一般妇女看到他时都不免作厌恶之色或掩口失笑。郭子仪听到门人的报告，立即让家人避去后面不许露面，他独自待客。卢杞走后，家人问郭子仪："其他官员来探病，你从来没有让我们躲避，为什么此人前来就让我们都躲起来呢？"郭子仪说："你们有所不知，此人相貌很是丑陋，而又工于心计，万一你们看到他忍不住失笑，他一定会心存记恨。如果此人将来掌权，我们的家族就要遭殃。"郭子仪历经官场曲折，毕竟眼光老辣，他看到恰恰是这种奸佞之人，常常会博取皇帝的信任。自己既不能改变这样的情况，那就惹不起躲得起，保持距离，明哲保身。诚如此后张居正所说的"以智防奸"，卢杞后来果然当了宰相，"非德宗之鄙暗，亦何从而用之。"卢杞祸国殃民，千夫所指，"卢杞为政，极恣凶恶，三军将校，愿食其肉，百辟卿士，嫉之若仇。"特别是卢杞掌权后，极尽打击报复，把得罪过他、与他不合的人竭力置于死地，先后陷害了杨炎、颜真卿、严郢、张镒等许多忠良之士，唯独对郭子仪还算客气。

对付小人，包容避让虽然明智，却毕竟消极了一点。那么有没有更为积极的智斗小人的方法呢？这既要取决于时机条件，更要具有智慧。

汉文帝与汉景帝时的重臣袁盎秉持忠义，屡进良策和忠告，因而"令誉日隆"。袁盎个性刚直，直言敢谏，这就得罪了汉文帝身边的宦官赵同。而赵同不论在职权还是在人格上，都是一个"小人"，无法与袁盎相提并论，但是他仗着文帝的宠信和时时侍奉皇帝的便利条件，经常在文帝面前对袁盎进行诽谤中伤。袁盎虽为"台鼎宗臣"，也架不住这种耳边风的随时暗伤，因此很是郁闷烦恼，却又无计可施。袁盎的侄子袁种见此情形，就给袁盎如此这般地出了个主意。一天，文帝坐车出行，赵同在车上并坐，袁盎便跪在马车前，向文帝进言说："陛下，我听说能够和天子一起坐在乘舆上的人，都是天下的英雄豪杰，如今大汉王朝虽然缺乏这样的英杰，可是陛下现在怎么能和一个受过腐刑成为太监的人坐在一起呢？"文帝闻言笑了，就立即让赵同下了车。如此公开羞辱赵同，将两人之间有仇之事公之于天下，以后赵同再说袁盎什么坏话，汉文帝就会觉得是挟隙报复，不会当真了。

明朝时，宁王朱宸濠在南昌发动叛乱，王阳明奉命讨伐。当时兼管着"东厂"和"锦衣卫"的宦官江彬，唆使明武宗以平乱为名，下江南渔猎美色，这正中武宗下怀，一百多位大臣跪在皇宫台阶前劝谏，"彬故激帝怒，悉下狱，多杖死者。"可是想不到王阳明非但是位大学者，指挥打仗也是一把好手，只用了四十三天就平定了叛乱。南巡没了理由，江彬很是恼火，却仍然挑唆着皇帝继续南下，一路上坏事做尽，武宗船队过处，撤除两岸民房，"遍刷处女、寡妇，导帝渔猎""又欲导帝幸苏州，下浙江，抵湖、湘"。就是这么个坏料来到南昌，召见王阳明。然后设了一个主座，当然是自己的；一个下座，自然是给王阳明的。这无非就是压一压王阳明的气势，让大家看看到底谁是老大。

王阳明本来精于知人，对这种小人伎俩，他自然看得非常明白，根本不放在心上，"绝不为意"；同时王阳明也不准备退缩忍让，他径自走到主座的位置，坐了下去。江彬一干人恼羞成怒，口出恶言，王阳明则平心静气地说道："怎么？我是领军主帅，是这里的主人，这位置难道不应该是我坐的吗？这不是朝廷早就定下的成法规矩吗？"王阳明言之有据、行之有度。江彬张口结舌、哑然失语，只好去下座入座，反被王阳明的有理有节挫杀了气焰。

对付小人，本该光明正大、理直气壮，但是因为世事乖蹇，是非混淆，有时候与小人正面遭遇，却还须要迂回出击。

慈禧太后喜欢闻果香，不管她到哪儿，都要摆放鲜果，果香飘散，她就心情愉快。于是，各地鲜果源源不断地运往京城，据说太后每年用于摆放闻香的鲜果就达四十余万斤。清河县的特产小满杏，果大香甜，正到成熟时节，知县龚慧忽然有了一个别出心裁的主意。原来那些送往京城的御用果子都是八成熟摘下来，再远远地运来的，但是这样焐熟的果子，口味和香气自然不能跟树熟的相比。要是能给太后送上连树带果的树熟果子，那一定能大讨太后的欢心，这不同凡响的用心孝敬一旦得到太后赏识，那接下来的好事，就不用说了。

于是龚慧立刻征调了十棵最好的杏树，挖出来包好根土，护好枝叶、果子，用车装运至京城。一路服侍果树煞是辛苦，到了京城便直奔颐和园，那里有个专门接待的地方，办事的公公名叫金桂。内务府总管有规定，凡外埠官员给太后送礼，必须登记报告，不得截流或拒收。送礼的见过多了，金桂还是第一次见到这么送果树的，他按着程序先登记再禀报，龚慧也按照规矩给公公塞了两张银票。然后金桂出来说："老佛爷今儿不见官。"

第二天，杏子忽然掉落了许多，老佛爷却仍是不见官，这可把龚慧急坏了，这杏子虽然挂枝连根，可也不能拖久了呀！这天半夜龚慧等人察觉了动静，逮住了一个用竹竿击打果树的人，他竟是太监金桂！这是怎么回事？金桂说："我还不是为了救您啊！"金桂随后说出了事情的原委——你送杏子没事，可你这送法就有事了。老佛爷最讲求口彩，做什么事都要图个吉利，可你送的这连根拔起的杏果，有个说法，叫"绝户果"，老佛爷要是知道你送的是绝户果，还不糟啦！咱这儿本来有规矩，对送的礼不能说不能评只能报，我念大人您够意思，这不就是让您赶紧走嘛！

龚慧一听，头皮发麻，心惊肉跳，拉着那"绝户果"，立马撤了。

其实金桂这么做，只是因为这连着根的果子要真是讨了太后的喜欢，就开了头，那以后天下的果树果农，就要大大遭殃，农户的日子就更不好过了，甚至雪上加霜了。但是这事情他肯定不能说开，所以只能用暗中"使坏"、破坏果树的办法让龚慧办不成这缺德事，同时他又准备好了一套说辞，万一事情被抓了现行，也能让龚慧知难而退。

对付小人，要动脑筋、用智慧——要不要再教你两招？

什么样的领导能顶撞

领导，小至组长、大至皇帝，都比你强，你别不服气。等你做了领导，再比他强。而这世界上最敏感也是最倒霉的事情，就是身为下属而与领导意见不合。这个时候，你若是不忍气吞声、委曲求全、阿Q一点，而非要顶撞、怒驳，那么后果很严重。在层出不穷的为此流血牺牲的历史事件中，造成最惨烈后果的，大概就要算是方孝孺与明成祖的互驳了。

明朝朱元璋死去以后，长子已逝，遂传位长孙朱允炆，是为建文帝。不想朱元璋的另一个儿子燕王朱棣率军从北方杀过来，夺了侄子的皇位，是为明成祖。

方孝孺是建文帝的大臣，现被投入大牢。朱棣要拟即位诏书，想到了才学出众的方孝孺，于是将他从狱中召来。方孝孺当众号啕大哭，声震殿庭。然后上演的就是一场史上留名的"廷对"。

朱棣走下应该是龙椅的宝座对方孝孺说："你不必如此。我这只是效法周公辅佐成王而已。"

方孝孺问："那成王（指建文帝）在哪里？"

朱棣回答："他已经自焚而死。"

方孝孺又问："那为什么不立成王的儿子为帝？"这是君主传位的法度。

朱棣按住性子道："他尚年幼，国家需要有能力的大人来治理。"

方孝孺不依不饶："那为什么不立成王的弟弟为帝？"再怎么样也轮不到你这个叔叔来篡位。

朱棣厉声喝道："这是咱自家的事情！今天你必须替朕起草诏书！"

方孝孺接过纸笔，挥笔写下了"燕王篡位"四个大字，掷笔于地，高声说："你就是杀了我，我也不会给你起草诏书！"

朱棣勃然大怒："你难道就不怕株连九族吗？！"

方孝孺回答："就是株连十族又能拿我怎么样？！"

朱棣咬牙切齿："好！那就株你十族！"

本来所谓"九族"，是指"父族四、母族三、妻族二"。其中"父族四"指父母、兄弟、姊妹、儿子，出嫁的姑母及其儿子，出嫁的姐妹及外甥，出嫁的女儿及外孙；"母族三"指外祖父一家，外祖母的娘家，姨母及其儿子；"妻族二"指岳父的一家，岳母的娘家。现在方孝孺和朱棣又搭上了一个"十族"，那就是方孝孺的学生。这一共就是873人。

朱棣称帝的第八天，就在南京的聚宝门（今江苏南京中华门）外开始了这场因一次怒顶而引起的杀戮。行刑开始，每杀一人，监斩者就问一次方孝孺后悔否，若称后悔，杀戮即刻停止，方孝孺却始终是"威武不能屈"，最后被凌迟处死。

方孝孺的"忠义名节"流传后世，但这是用873个生命为其买单的。这次怒顶，对于方孝孺和朱棣都是原则问题；可是对于历史特别是民众来说，谁当皇帝真有那么"原则"吗？朱棣固然残暴辣手，方孝孺也够狠心。

和领导主子抬杠，情况严重；不过有时候这又要看是什么事。

汉文帝一次出行，经过渭桥，有一人突然从桥下蹿了出来，皇帝乘坐的车马受到了惊吓。警卫人员抓住了这个家伙，文帝把他交给廷尉也就是最高法院的院长张释之处理。

张释之先问惊驾的缘由，那人哭着鼻子说："小人来到此处，听说皇帝的车驾要从这里经过，就只好躲在桥下回避，过了好长的时间，本以为车驾已过，谁知刚一出来，就看见了车骑，我只好拔腿就跑。"了解情况以后，张释之回奏皇帝："此人冒犯了陛下的车驾，按汉律罚黄金四两。"

汉文帝一听大怒："此人惊了我的马，幸亏我的马性情温顺，不然岂不要将我摔伤？如此之罪，廷尉只判他交罚金了事？"

张释之抗辩道："汉律是天子认可、天下人都要遵守的法律，如今汉律的条文就是这样规定的。如果现在要从重处罚此人，这法律则不能取信于民。如若当时抓住此人就将他处死，那是天子的权力。如今既然交给我廷尉来处理，一旦执法不公，上行下效，天下的执法就难以公正了。请陛下明察。"

不愧是开"文景之治"的汉文帝，他对张释之的这番话思量许久，最后同意了张释之的判罚。

然而与皇帝主子面折廷争，大多不会像张释之那么"释之"，而须冒着杀头的风险。

汉光武帝时，皇帝的姐姐湖阳公主的一个奴仆行凶杀了人，然后躲在公主家里不出门，衙门官吏拿他没法。一次湖阳公主外出，用这个仆人做陪乘。因为事涉公主，皂隶就把情况报告给了首都洛阳的长官董宣，董宣立刻带人截住了公主的车马。公主喝令董宣让开，董宣拔刀在地上划了一条线：敢闯此线，后果自负。然后大声列举公主的过错，又呵斥那个奴仆下车，杀人偿命，就地正法！

这还了得？湖阳公主又气又急地去光武帝处告状，光武帝大怒：你不就是一个地方官吗？竟敢如此冒犯公主！董宣被召入宫，"来人哪，给我用棍棒打死！"董宣跪叩道："我请求说一句话再死。"

光武帝说："快说！"

董宣的话说得很重："陛下圣德，中兴汉朝，却放纵奴仆杀害良民，如此将怎样治理天下？不劳棍棒，请让我自裁就是。"随后就用脑袋用力撞击庭柱，顿时头破血流。

光武帝被董宣的这一出震到，旋即醒悟过来，遂命令身边宦官拉住董宣，让他向公主磕头谢罪了事，不想董宣竟然抗命不从。宦官按住他强迫他叩头，可是董宣两手撑着地，血流满面地梗着脖子，就是不肯低头。

看着皇帝改变了主意，湖阳公主说："你是皇帝，怎么你的威严还不能加之于一个县令？"

光武帝笑着说："天子不能和百姓一样。"然后命令这个梗着脖子的家伙回去，还赐给了钱两，董宣将其全部散给了手下。从此，"强项令"名闻天下，宵小之徒和不法分子都夹紧了尾巴。

武则天当政时，多次在颁旨杀人时，遭到相当于司法部副部长的大理丞徐有功的当庭抗辩，也就是以事实为依据，以法律为准绳，据理力争。有一次，武则天实在火大，下令把徐有功拉出去斩了。徐有功被拽走时还回头嚷嚷："我就是被杀，国家的律法也不可更改！"到了刑场，徐有功又被武则天刀下留人，褫夺官职，贬为百姓。这样上上下下三次，徐有功仍是老样子。

董宣、徐有功如此"大不敬"而竟能死里逃生，关键是光武帝、武则天都有点"圣明"范，他们明白：这两人的出发点是好的，都是为主子与社稷着想。再仔细想想，他们做的、说的，也都是对的。

但如果与领导的顶牛是由着性子犯浑，那这掉脑袋就是没事自找的了。

秦国战将白起善于用兵，担任将帅三十多年，攻城七十余座，歼敌近百万，特别是在长平之战大败赵军后，坑杀也就是活埋了赵国的四十万降军。白起"被退役"以后，有点不爽，而秦国的对外战争又接连失利，伤亡惨重，白起就说："秦王不听我的，结果如何？"秦昭襄王听后大怒，令白起领军，白起称病推诿，秦王再次强令，白起消极拖拉，"其意尚怏怏不服，有余言"，秦昭襄王遂派人赐剑令其自刎。

张琼是赵匡胤的部将，十分骁勇，曾冒死救过赵匡胤的性命。赵匡胤当上皇帝以后，两个被宠信的大臣曾遭张琼轻慢，忌恨在心，一次他们上报说张琼擅乘官马也就是公车私用，又畜养部曲也就是家仆奴婢百余人，作威作福。宋太祖赵匡胤召张琼来问话，不想这张琼本来脾气就不太好，一听主子问这个，既不申辩，也不认罪，只是直着脖子嚷嚷，一点规矩不讲。赵匡胤大怒，这岂不是无法无天了！你以为你是谁！遂命人用铁器敲打他的脑袋，然后赐死。事情过后，宋太祖赵匡胤很快听说张琼家无余财，只有奴仆三人，非常后悔，一声叹息。

讷亲出自清朝贵族与功臣世家，打小就是乾隆的挚友，乾隆上位之后，讷亲被封保和殿大学士，在鄂尔泰病逝后，乾隆令讷亲接任其为首席军机大臣，可谓是位极人臣。因金川之役接连失利，乾隆心急上火，派讷亲出战监军，结果仍然是损兵折将。乾隆忍不住对讷亲进行严肃批评，然而讷亲没有将牢骚装在肚子里，却不满地回了一句"番蛮之事，如此难办，后来切不可轻举妄动。但此言，我如何敢上纸笔入奏"。意思是你皇上远在他方，不该对战事指手画脚，"轻举妄动"！如此怒顶领导，乾隆当即火冒三丈，"不重治其罪，将视朕为何如主"。讷亲因此成了典型，被皇上赐了一把"遏必隆刀"，自裁了。

历史上跳槽的那些事

职业选择以及人生旅程的基本定律，就是人往高处走，不避阻隔；而"高处"的重要定义之一，就是人尽其才，才尽其用。

春秋战国时期，人才流动是常有的事。蔡国的大夫声子访问晋国后去拜见了楚国令尹（宰相）子木。子木问：晋国和楚国的官员，哪家更强一些？声子说：在高层领导方面，那是楚国强；中层干部，那就是晋国强了。而许多晋国的人才，原来都是楚国人，但是就像楚国的物产输出一样，"虽楚有材，晋实用之"。

声子讲政治，国君、令尹是楚国强，但是人才流失，却是实际情况。那么楚国人为什么会跑去晋国呢？主要的原因是赏罚不明，挫伤了人才的积极性；而这些人才到了晋国或别的国家，大都人尽其才，发挥了作用，甚至反过来伤害了楚国。

个人谋职的转场跳槽是常事，楚才晋用同时也可以指某种在人事空间上大幅度跨越以后，在全新的岗位做出贡献的职业境界。那么谁是去国就业走得最远的人呢？

匈奴浑邪王屡败于霍去病，单于欲责罪杀之，浑邪王说服休屠王共同降汉，休屠王中途反悔，为浑邪王所杀，休屠王十四岁的儿子金日磾和母亲、弟弟随众降汉，来到长安，被安排了养马的工作。

汉武帝一次在宫中宴饮，阅马助兴。当他看到一个形象端正、目不斜视的青年牵着骏马从殿上走过时，感到惊讶，一问方知此人来历，遂任其为马监，其后又因他的才干一再给予升迁。一些大臣贵戚议论：陛下怎么如此器重一个匈奴呢？汉武帝不以为然，反而更加厚待金日磾，赏赐累计千金。武帝外出，他就随侍车驾；在宫中，他就侍奉在身边。

汉武帝五湖四海、没有种族偏见的知遇之恩，诚让金日磾感佩于心；由此他也必然认定这里就是他安身立命、建功立业之处。金日磾努力工作、不稍懈怠，在汉武帝身边几十年，尽心尽职，从不犯错。汉武帝赏赐给他宫女，他不敢亲近；汉武帝要将他女儿纳入后宫，他予谢拒。金日磾长年的勤勉踏实、笃厚谨慎，连汉武帝也觉得特别少见。

汉武帝晚年时发生了巫蛊之祸，汉武帝得知太子冤屈后，把兴起巫蛊的江充宗族和朋党全部诛杀。马何罗与江充交好，马何罗的弟弟马通在诛杀太子时也十分卖力，马何罗兄弟害怕终遭祸及，于是策划刺杀汉武帝。但是金日磾始终近侍在武帝旁，他们一直没有机会动手。其时金日磾偶有小病，在旁殿休息，马何罗以为机会来了，他拟进殿行刺，两个兄弟在外面矫诏发兵，里应外合。因殿内宿卫严密，马何罗挨至清晨，方得怀着利刃，从外趋入。可巧金日磾病感稍减，早起如厕，忽觉心下不安，折回殿中，方才坐定，见马何罗抢步进来，当即起问。马何罗不禁色变，还想强闯武帝寝门，却撞落琴瑟，武帝惊起，马何罗怀中的刀刃竟致掉落，金日磾冲过去抱住马何罗，高声呼叫，又将他摔倒。马氏兄弟事败，遭斩首诛族。

金日磾因此以忠诚笃敬、孝行节操而闻名。汉武帝病重，嘱托霍光辅佐太子刘弗陵，霍光要谦让给金日磾，金日磾以自己身为外族而不受，只做霍光的助手。汉武帝留下遗诏，以救驾之功封金日磾为侯，金日磾以汉昭帝年幼为由，坚辞不受。日后金日磾病重，大将军霍光奏明汉昭帝，在病床边授予金日磾侯爵封号及印绶，隔天金日磾谢世，终年四十九岁。汉昭帝为他举行了隆重的葬礼。《汉书》称："金日磾夷狄亡国，羁虏汉庭，而以笃敬寤主，忠信自著，勒功上将，传国后嗣，世名忠孝，七世内侍，何其盛也！"

人才流动，楚才晋用，种族国别不是问题，重要的是适得其所，于此的另一个杰出人物，恰巧他的名字就是"楚才"——耶律楚材。

耶律楚材出身契丹贵族家庭，是辽太祖耶律阿保机的九世孙。此后辽为金所灭，从耶律楚材的祖父起，他们家族开始仕于金朝，常居燕京。当时燕京有深厚的汉文化的基础，这使得耶律氏几代都受到汉文化熏陶，形成了读书知礼的家风。耶律楚材的父亲后为金朝尚书右丞。按金朝制度，宰相的儿子能免试当官，耶律楚材拒绝特权，考取第一名。

金朝被灭，成吉思汗攻占燕京后，得知耶律楚材的学识才华，予以召见，耶律楚材"身长八尺，美髯宏声"，得成吉思汗喜爱，被任命为辅臣。在随成吉思汗出征期间，耶律楚材常晓以征伐、治国、安民之道，备受器重。

窝阔台即位后，耶律楚材任中书令（宰相），在政治、经济、文化各方面殚精竭虑，创举颇多，主要有：保护农业，实行封建赋税制度；改革政治体制，提拔重用儒臣；反对屠杀黎民，保护百姓生命；反对苛捐杂税，禁止以权谋私；主张尊孔重教，整理儒家经典——由此被誉为"社稷之臣"。

蒙古军队在攻伐征战中，一直遵循这样的规定：凡是攻打敌方的城镇，只要遭遇抵抗，一旦攻克，不问老幼、贫富、逆顺，大部予以杀戮，妇女和儿童掳为奴隶。耶律楚材为相后，坚决反对这样的残暴行为。在蒙古军攻破汴京（开封）即行屠城之际，他对窝阔台说："兴兵打仗，就是为了得到土地和人民，得地无民，又有何用！"窝阔台犹豫不决。耶律楚材说："能工巧匠、富厚之家皆荟萃于此城中，若悉数屠戮，我军入城将一无所获。"窝阔台觉得有道理，终于采纳了耶律楚材的建议，下令除金朝皇族完颜氏外，余皆赦免，汴京147万百姓就此得以保全性命。此外甘肃天水、陇西等20余州的军民因害怕屠城，皆抗命不降，耶律楚材居中调停，窝阔台下诏不杀，于是这些地方的军民全都归附，再次避免了生灵涂炭的浩劫。其后蒙古军队攻取中原、南方各地诸城，也都照此办理，成为定例。

建立在游牧经济基础上的蒙古民族，过去对中原只是"春去秋来，惟事抄掠"，对农耕经济制度知之甚少，更谈不上管理。占据中原后，无从"抄掠"，有蒙古大臣就建议把中原变为牧场。耶律楚材以一个游牧民族的后代身份予以反对，理由也很充分：军队征战南宋需要供给；如果保持中原的经济体制并征收赋税，就够军需之用。窝阔台于是让耶律楚材主持中原赋税，使中原地区避免了一次历史大倒退。当时的赋税只是通过中原的归降将领和土豪自行征敛，再向蒙古统治者交纳贡赋，并没有建立起有效的赋税制度，官吏多聚敛私财而政府没有储备，仓廪没有一斗粮食和一尺帛布。耶律楚材适时提出了统一的税收制度，设立了专门的机构，委派了十路课税使。在实行课税制度的第二年，政府就得到银五十万两、帛八万匹、粟四十余万石，初次使蒙古统治者尝到了不用兵戈而获得巨大财富的甜头，以至窝阔台惊异地问耶律楚材："不知道南国还有爱卿一样的人吗？"当然此后有人说，南宋可以与之一比的人是文天祥。

耶律楚材委任的课税使，全部是懂得管理的汉族士人，被称为一时的天下之选。在此基础上，耶律楚材提出恢复科举取士。第二年，元朝首次开科取士，一次录取了四千多人，选用他们来担任各级官吏。耶律楚材又大力倡导儒学，寻访孔子后裔，修复孔庙，使宋、金以来，"衍圣公"的称号在新朝得以继续。他征得太宗的同意，建立了国子学。所有这些举措，具有极大的示范和影响，从而对保全延续中原汉族的儒学文化和传统，发挥了极其关键和重要的作用。

耶律楚材五十五岁时去世，"砥柱中流断，藏舟半夜移"，消息传出，举国悲哀，汉族的士大夫更是流着眼泪凭吊这位功勋卓著的契丹族政治家。许多蒙古人也都为耶律楚材的离世悲痛哭泣，如同失去了自己的亲人，国中数日内不闻乐声。耶律楚材死后，元朝政府遵照其遗愿，将他的遗体运回燕京故里，安葬在耶律楚材生前非常眷恋的玉泉山下的瓮山泊（昆明湖）之滨，与先于他去世的夫人合葬，并为其建庙立像，仪式极为隆重。

耶律楚材在成吉思汗、窝阔台汗两朝任事近三十年，多有襄助之功。但是显然，在耶律楚材的心目中其实有着更高的律令，那就是苍生黎民。

善于变通与见风使舵的区别

在单位、在职场，因为权力关系、人事状态、情势格局的更动，而致个人的立场态度甚至口风都发生了改变，这种情形既有可能是褒义的"善于变通"，也有可能是贬义的"见风使舵"，它们的区别是什么呢？首先，在历史评判上，这样的改弦更张有些是因应时局、顺势而为、择善而从、适时调整，还有些是奉迎上意做变色龙而不惜违背事理、反复无常成两面派而不惜逆流而动；其次，在道德评判上，这样的"改头换面"，要看它是堂堂正正、明人不做暗事，还是首鼠两端、暗做手脚。

曹魏时期的刘晔，在有关伐蜀问题上的两面派做法，就是典型的见风使舵。

刘晔是曹魏的三朝元老，在曹操、曹丕之后，又得到魏明帝曹叡的信任和倚重，在众臣中也相当有威望。曹叡执政期间，在经过休整之后，准备再次攻伐蜀国，以图建立丰功伟业。当时魏国与蜀国几经交战，互有进退，始终难定胜局。群臣认为既然如此，不如先行守成，建设内部，当然这也是为了他们自己所属的士族阶层能够安享和平红利，于是对伐蜀是一片反对之声。刘晔在与群臣讨论此事时，附和众议，极尽忽悠之能事，称当务之急确实是休养生息。但是在曹叡个别征求刘晔意见时，刘晔又竖起大拇指："这是陛下的宏图大略呀！而且现在伐蜀的时机条件也够成熟啊！"如此一来，在曹叡眼中，刘晔就是与众不同，深得他意，确实不同凡响。

当时统领中央警卫部队的"中领军"杨暨也受魏明帝宠信，他也是反对伐蜀的，曹叡一次与杨暨讨论伐蜀之事，杨暨坦率地表达了自己的意见。曹叡说："你是儒生出身，不通军事。你们这些人的意见都比较片面，大夫刘晔的意见就与你们不同。"杨暨一听就蒙了，因为他与刘晔谈论此事时，刘晔曾明确对他说过不可攻伐的理由，杨暨因此认为刘晔是坚定的反对派，怎么现在却是这样？杨暨于是奏曰："昨闻刘晔劝陛下伐蜀，今日与众臣议，又言不可伐，是欺陛下也。陛下何不召而问之？"于是曹叡找刘晔来与杨暨对质，刘晔却不发一言。事后他又对明帝说，军机不可泄，不能将伐蜀大计随意告诉其他人，现在蜀汉可能已经得悉陛下要伐蜀的情报了；转过身他又对杨暨说，对君主进言不能过于直率，要婉转表达才是。刘晔这种见风使舵的两面派做法终有穿帮的时候，于是有人建议明帝将自己反对之事情说为赞成以征询刘晔的意见，刘晔果然揣摩上意，竖大拇指力赞。这么一来，魏明帝也就疏远了刘晔。

在官场上见风使舵，以图八面玲珑、左右逢源的另一个有头有脸的人物，是明万历年间的内阁首辅申时行。明神宗朱翊钧一次去看望慈圣皇太后，一时冲动，临幸了母后的侍女王氏，日后便有了长子朱常洛。虽然神宗自己也是父皇偶然临幸宫女所生，但是他现在却并不喜欢王氏，也不喜欢这个侍女所生的儿子朱常洛。朱常洛4岁那年，神宗宠爱的郑贵妃生下了朱常洵，子以母贵，朱常洵备受神宗的宠爱，神宗意欲立他为皇储。但是废长立幼，不合乎君王传位的礼法，公卿大臣怕此事一旦成真，会影响朝政稳定，因此推举申时行为首，联名上疏，请立朱常洛为皇储，神宗置之不理。

这么一来，申时行完全明白了神宗的心意，那就是立朱常洵为皇储。申时行既想曲意逢迎，赞同神宗的废长立幼，又怕因此得罪众公卿大臣。于是申时行就采取了两面手法，在神宗面前赞同废长立幼，在群臣面前，则反对废长立幼。

大臣们见神宗不为所动，索性指责起郑贵妃来，这令明神宗大为恼怒。申时行遂向神宗献计：规定官员上疏，内容只限于自己的职责范围，余者不得妄言；臣僚的奏疏，都须经由各部各院的长官先行审查，合乎规定的，才准上呈皇帝。神宗对此计很是赞赏，立即施行，从此果然没人再拿郑贵妃说事，神宗对首辅申时行愈加信赖。

但君臣之间关于立储之事的争斗仍然没有消停。不久，内阁及工部主事张有德上疏，请求举行立朱常洛为皇储的册封仪式，这再次惹恼了神宗。当时，申时行适逢休假，主持内阁事务的许国出于对首辅的尊重，上疏署名时把他列在了首位；当然这也是因为申时行一直以来在群臣面前都是明确的"长子派"。申时行得知此事后，上疏给神宗说："臣正在休假，那道奏疏实与臣无关。册立一事，圣意已定，张有德愚笨不谙大事，皇上自可决断册立之事，不要因一些小人鼓噪而影响大事。"想不到这道密疏竟很快传了出来，而这很有可能就是神宗为钳制众口而有意为之的。申时行这回真是聪明反被聪明误了。群臣们见申时行如此行径，群情愤慨，大臣黄大效、黄正宾上疏弹劾申时行一面赞同立朱常洛为皇储，一面又迎合上意，在关乎"国本"的事情上，拖延册立，放弃原则，以邀皇恩。结果这两人即遭罢官，然而群臣不依不饶。申时行见已触犯群怒，且他的见风使舵、两面手法，也肯定令神宗不快，所以只能上疏请辞，神宗即予诏准。

类似这样窥探风向、见风使舵的人物，职场官场上所在多有，不胜枚举。但是另一方面，许多更改路径、调转方向的作为，又能够被褒义地视作随机应变、善于变通，所谓识时务者为俊杰。其中的一个典范人物，就是陈平。

陈平才智过人，是西汉王朝的开国功臣之一，他的"六出奇计"，为刘邦夺取天下发挥了重要作用。同时陈平对于各种情势事态具有敏锐的洞察力和判断力，并且能够及时调整方略，做出明智的选择。

秦末时期，各地起兵反秦，陈平投奔了魏王，但是陈平向魏王的进言献策，魏王并不采用，又有人说他的坏话，陈平就离开了那里，投奔项羽。但是他在项羽那里既得不到信任，也得不到重用，甚至还引起了猜忌。经过鸿门宴，陈平也看到最终成大事者不是项羽，而是刘邦，于是陈平又离开项羽，投奔了刘邦。鉴于他丰富的工作经验，刘邦对他委以侍从武官和军队监察的官职。不久后，周勃、灌婴等高级将帅就向刘邦反映了陈平的问题，其中除了"昧金""盗嫂"等不端行为之外，关键的问题是"事魏不容，亡归楚；归楚不中，又亡归汉……平，反覆乱臣也，愿王察之"——陈平在魏王那里不能容身，投奔归附于楚王项羽；归附楚王不相合，又再投奔归降汉王……陈平是一个反复无常的乱臣，希望大王明察——显然，他们对陈平的三易其主，做了负面的审视。

刘邦于是找陈平谈话了："你原来投奔魏王，后离开魏王去效力楚王，现在又来跟随我，这怎么能不让别人怀疑你的信义呢？"陈平坦然回答道："我投奔魏王，魏王不能用我，所以去投奔楚王，楚王不信任我，并且任人唯亲。

我听说汉王能用人，因此前来归附。我来时一无所有，不收受一点金钱就一筹莫展。如果我的进言献策有可取之处，大王就采用，如果我的计谋一无是处，那么我收的一些钱物都还在，可全部交出，请大王允许我全身而退。"

陈平的屡换门庭，不是反复无常，而是弃暗投明啊！刘邦显然对陈平三易其主做出了正面、积极，也是正确的评判，由此对陈平更加信任倚重；陈平也就此一意辅佐刘邦，成为西汉安邦定国的著名良臣。同时，陈平因应时局、顺势而为、调整方略的事儿，还远没有完。

刘邦病重之际，有人对高祖说："樊哙跟吕后串通一气，想等皇上百年之后，立即杀害戚姬和赵王如意。"戚姬受刘邦宠爱，刘邦曾一意要立她所生的刘如意为接班人。刘邦听到这个密报后大怒，即令陈平与周勃一起赴樊哙军营，立斩樊哙，并由周勃代将。君命不可违，然而这次的任务，却着实棘手。樊哙一早就跟随刘邦起事，是班子老成员，功绩显赫，鸿门宴上见刘邦处于困厄，就是樊哙奋勇"踢馆"，才纾解了危情；樊哙又是吕后的妹夫，是刘邦的连襟。在去往军营的途中，陈平与周勃商量这事该怎么办。"樊哙，帝之故人也，功多，且又乃吕后弟（妹）吕媭之夫，有亲且贵，帝以忿怒故，欲斩之，则恐后悔。"除了怕刘邦后悔，眼下的形势是，刘邦与吕后所生的刘盈已是太子，吕后就是未来的太后，樊哙就是未来皇帝的姨夫，而汉帝刘邦眼看时日无多，这不明摆着是一个大火坑吗？！这个时候，陈平的机巧权变再次展现，他与周勃商定：斗胆对君命打个折扣，将樊哙押回长安，交陛下自己处置。

就在押解樊哙回程之际，刘邦去世。陈平将活生生的樊哙交给吕后，吕后喜出望外，当即让樊哙官复原职，又拜陈平为九卿之一的郎中令，辅助新皇汉惠帝。

此后吕后专权，虐杀戚姬，毒死如意，迫害刘氏宗室；吕氏诸人把持要害部门，连陈平、周勃也失去实权，徒有虚名。这还不算，吕后提出要封几个兄弟为王，可是刘邦生前曾与众臣有过"白马之盟"——"非刘氏而王者天下共击之"，于是右丞相王陵说，高祖皇帝立有誓约，这不行。吕后又问陈平、周勃，两人却说，这也没什么不可以。王陵对两人见风使舵，依附吕氏一党，十分气愤，退朝后对两人说："你们违背与高帝立下的誓约，将来还有什么脸面见高帝于黄泉之下！"陈平与周勃的回答相当平静："如今在朝廷上当面反驳，据理力争，我们比不上您；而要保全大汉天下，安定刘氏后代，您也许比不上我们。"看来"我们"对某些事情是已经有过商量的。

果然，吕后一死，陈平与周勃就突然转身"反水"了。由陈平主谋，周勃操作，两人策动兵变，一举粉碎吕氏集团，赶尽杀绝，一个不留。对于陈平此次反过手来诛除诸吕、匡扶汉室的果断作为，历史给予的是拨乱反正的正面评价，正如《史记》所说："吕氏之事，平为本谋，终安宗庙，定社稷。"

历史上的"纪检干部"们

从先秦到晚清，政坛政事中出现频次最高的官员之一，就是御史。御史的职责范围，也曾有点变化，比如刘邦要给陈平增加食邑封赏，就是下诏让御史去办的。晁错为御史大夫，位列三公，权位在九卿之上，对于外交内政均有极大的建言建树。不过御史的主要职责，还是监察各级官员的失职和不法行为，同时处理相应的司法案件，有点像现在的纪检干部。

御史这活儿事关官员的身家性命：因此十分敏感，马虎不得；也因此，御史这活儿，需要在公认的价值坐标上，秉公办事，有所担当，一旦掺杂私心、失诸把握，本来的祛邪扶正就会适得其反，自己也会留下身前身后的污名。

宋神宗时，御史蒋之奇和彭思永由一个因结怨报复而生造的谣言，弹劾欧阳修"帷薄不修"、乱伦通奸。欧阳修为此连上八疏，请求宋神宗"差官据其（蒋之奇等人）所指，推究虚实"，如果查有其事，请将自己"显戮都市，以快天下之怒"；如果查无此事，也请"彰示四方，以释天下之疑"。兹事体大，神宗要求蒋、彭二人"具传达人姓名以闻"，即交代信息来源。蒋之奇说信息得自彭思永。彭思永却说："出于风闻，年老昏缪，不能记主名。"按宋朝的惯例，御史谏官有权"风闻言事"，并且可以拒绝交代信源。最后，因为蒋之奇、彭思永始终不肯交代信源，又拿不出任何实据，宋神宗相信欧阳修是受了诬陷，撤了蒋之奇、彭思永的御史之职，贬去外地，又"出榜朝堂，使内外知为虚妄"，还了欧阳修一个清白。

也是宋神宗时，御史何正臣、李定、舒亶等人因党争的派系恩怨，利用手中的权力，对苏轼下手，他们对苏轼的诗文深挖细研数月，然后望文生义，整理材料，上纲上线，"至于包藏祸心，怨望其上，讪渎谩骂，而无复人臣之节者，未有如轼也"，从而兴动了"乌台诗案"。这几位御史，竭力要将苏轼一举置于死地，后在各种折中之下，苏轼被发配去了海南。

不过，历朝历代的御史选拔，于人格人品上还是有着相当严格的要求，因此多数的御史能够刚正不阿、一身正气，所作所为可圈可点。但是，所谓的御史这活不好干，在于他们既在是非价值上有所担当，又常常会承受相当的政治风险。

中国书法"颜体"的创立者、大书法家颜真卿在当御史时，去地方查办一起多年被捂盖子、和稀泥的冤假错案，很快冲破阻力、厘清头绪，查办落实。当时该地久旱不雨，案子查清后，天上正好下起雨来，百姓都觉得这是"颜青天"断案清明所致，所以人称"御史雨"。颜真卿任职御史四上四下，也就说明了御史这活儿真的不好干。御史通常会选拔人望口碑均佳的忠直耿介之人担任；但如果是在皇帝不明、奸佞当道的时候，秉持公正、依法办事，弄不好就会得罪权贵，招来风险。正直的御史，本当不枉纵一个坏人，也不冤枉一个好人。当宰相杨国忠为泄私愤而欲借御史整人的时候，遭到颜真卿的坚决反对，结果颜真卿即被解职外放。正所谓"直不见容"，为人正直刚毅的颜真卿后又连续得罪了宰相李辅国、元载、杨炎和卢杞；而这五位权相无一例外地都是史上出了名的坏料。最后在卢杞千方百计陷害、排挤颜真卿的时候，颜真卿对卢杞说："你父亲被安禄山杀害，头颅传到我镇守的地方时脸上还有血，我不忍用衣服擦拭，而是用舌头把血舔干净了，现在你竟忍心如此不容我吗？"卢杞闻言"矍然下拜"，然而又"衔恨切骨"。不久卢杞奏准唐德宗，让年近八旬的颜真卿前往李希烈叛军军中劝降，所有人都知道这是卢杞要借刀杀人，但是既有皇命，颜真卿义无反顾地去到叛军军营，痛斥叛军行径，终被李希烈杀害。

岳飞的名字千秋百代为人牢记，而与岳飞关联的一个人物何铸，或许人们就不那么熟悉了。何铸进士出身，历任州县官职，以品德高尚、品性刚直，累官至监察御史、御史中丞，当时因无御史大夫，何铸即为国家的首席监察。宋高宗和宰相秦桧以"莫须有"的罪名将岳飞诬入大狱，然后"走司法程序"，交由何铸审理，也是希望借何铸的名声定罪岳飞，以压制朝野的非议。何铸原与秦桧关系不错，他对秦桧常有配合，秦桧对他也多有提携，审办岳飞的任务就是秦桧亲自指派给他的。"铸引飞至庭，诘其反状"，但是在审理岳飞"谋反"案的过程中，何铸发现所有指证均为不实诬告，"既而阅实俱无验。"其后，"飞祖而示之背，背有旧涅'尽忠报国'四大字，深入肤理。"岳飞向何铸展示了背上的刺字以示心迹，何铸内心震撼。同时何铸自身也就来到了人生的十字路口：如果秉持御史的忠正天职，宣告岳飞无罪，那就会狠狠地得罪秦桧和宋高宗，而自己则很可能就此遭遇厄运；如果屈从于秦桧，将岳飞定罪，自己安享荣华富贵自不必说，可是却会狠狠地昧了自己的良心。最终，"何铸察其冤，白之桧。"果然"桧不悦曰：'此上意也。'"何铸将岳飞的冤情禀报秦桧，秦桧很不高兴地说："给岳飞定罪是皇帝的意思。"何铸又坦陈己见："铸岂区区为一岳飞者，强敌未灭，无故戮大将，失士卒心，非社稷之长计。"秦桧语塞。何铸随即被解职，并被要求出使交战的金国。何铸明白秦桧借刀杀人的用心："是行犹颜真卿使李希烈也。"岳飞案改由秦桧心腹万俟卨续审，岳飞遂被定罪并被杀害。等到何铸活着从金国回来，秦桧、万俟卨又指责他包庇岳飞，是岳飞朋党，要将其流放到蛮荒的岭南之地。何铸后被贬往地方担任低级官职，并且被不断地调遣折腾，至死都未回到南宋的都城杭州。何铸的余生有些悲情，但是他的内心却应该很踏实。

唐代著名的文学家柳宗元和刘禹锡，都曾经担任过监察御史。这里的原因也许是，这些大家在熟读圣贤书并且自己著书立说的过程中，比较注重道德的自我完善，这是大概率的事情。因此他们以正直坦荡的立身品德而被选任御史，也是人尽其才、适得其所。但恰恰也是因为如此，他们的御史生涯会常常受挫，刘禹锡就因为在御史任上反对宦官专权和藩镇割据，被贬为一个地方小县吏。柳宗元和刘禹锡的诗文千古传诵，但是他们的仕途却很不得志，屡遭贬谪、几经波折。

御史因为触犯皇帝、得罪权臣而被直接杖杀处死的也不乏其人。

当然，许多御史秉持公正地上疏和进言，虽然会承受风险，却能行之有效而不背黑锅，不然御史这个行当就不会前赴后继、有声有色地绵延两千多年了。唐代的中兴名相裴度曾经担任过御史中丞，当时中央部门"宣徽院"的一些差役每年秋天要到京城附近的郊野校阅鹰犬，所到之处，这些人就依仗朝廷中央的来头，骚扰当地官吏，好吃好喝还要索拿钱物礼赠。下邽县令裴寰是一个有才能有责任感的官员，他就不给这些家伙送礼送钱，于是这些差役就一起诬陷裴寰狂言侮辱朝廷，唐宪宗随即下诏将其拘捕入狱，要以"大不敬"的罪名予以处置，宰相武元衡委婉地劝解，正生着气的宪宗不予理睬。裴度觐见宪宗，以御史中丞的职责，陈述裴寰无罪。宪宗正在气头上："给我查实！如果裴寰确实无罪，就杖责那些差役，如果差役所说属实，就将杖责裴寰。"裴度当即抗辩："若论责罚，陛下所言圣明。只是裴寰作为县令，体恤陛下的子民，不搜刮百姓钱物伺奉差役，对他的这种做法，怎么可以加之于罪呢？"宪宗听了觉得有理，怒色渐消，下令释放了裴寰。

要说史上最牛的御史，晚清时期的江春霖应该是一个。江春霖担任监察御史不久，即针对都察院都御史，也就是御史部门的领导陆宝忠钳制科道（御史言路）、吸食鸦片，弹劾他"触犯烟禁，素行谬妄，不宜长御史公之职"，把顶头上司赶下了台。

江春霖上朝时发现慈禧的脸孔比年轻姑娘还光润，于是奏道："老佛爷的贵体安康是臣民之福。不过微臣劝您不要用洋人的胭脂花粉，那里头有毒素。"慈禧乍听一惊，遂令宫女端水来。满朝大臣也是惊诧地细看江春霖如此冒犯太后，会是什么结果。宫女端来温水，替慈禧洗了脸，让他江春霖看仔细，原来人家慈禧天生丽质，根本没涂脂抹粉。江春霖赶忙下跪请罪，慈禧笑笑："真是戆直御史，赦你无罪。"慈禧虽然没有怪罪，但是对于江春霖的警示教训在于：御史这活不能仅凭"察言观色"就构成参奏的材料。

此后江春霖不避权贵，访察吏治，重要的弹劾奏章六十余件，每一件都言之凿凿，有理有据，令闻者慑服。他数次上书弹劾直隶总督兼北洋大臣袁世凯，"交通亲贵、把持台谏、引进私属、纠结疆臣、遥执兵柄、阴收士心"等等，均符合事实，也正是摄政王载沣及清室宗亲忌惮袁世凯的地方。

特别难能可贵的是，于右任因在上海创办《神州日报》以宣扬新思想，苏松太道蔡乃煌将其抓捕入狱，江春霖却一一查实蔡乃煌的贪污渎职，上书弹劾，又让于右任的家人上诉，不久，蔡乃煌被革职。于右任获无罪释放。以后于右任任国民政府监察院院长时，特地为江春霖的《梅阳山人》文集作序，并为其遗照题词："松柏之坚，姜桂之辛，是皆难老之征，以寿我天民。"

　　1910年年初，江春霖第二次参劾首席军机大臣、庆亲王奕劻，奕劻权势熏天，党羽遍布朝野，江苏巡抚、山东巡抚、陕甘总督，都是儿女亲家，同时奕劻的贪赃枉法、卖官鬻爵，人所共知，《泰晤士报》也提到他家就是中国官场"集市"，连门房都设了"收费站"。此上疏犹如捅了马蜂窝，经《大公报》《申报》披露后，世间"争阅先睹为快，一时辗转传抄，顿令洛阳纸贵"。但是摄政王载沣却需要倚重奕劻，于是在这场挑战当中，风险就全部转移到了御史江春霖身上，载沣以四岁的宣统皇帝名义下诏："率以数十年前捕风捉影之事及攻讦阴私之言，皆属毫无确据，恣意牵扯，谬妄已极。国家设立言官，原冀其指陈得失，有裨政治。若如该御史两次所奏，实属莠言乱政，有妨大局……似此信口雌黄，意在沽名，实不称言官之职。江春霖著回原衙门行走，以示薄惩。"江春霖由此被免御史，回原部门报到。诏谕即发，舆论哗然，都察院五十八名御史联名呈上奏折，请求朝廷收回成命，但遭当政者拒绝。"谏不行，言不听，不去何待"——江春霖就此辞职。他离京时，"行李萧然"，御史台的同僚知其两袖清风，大家凑了两千两银子为他送行，江春霖坚辞不受。江春霖在京城为官时，母亲、夫人和弟弟全家始终留在农村老家，过着农耕生活，他一不置田产，二不盖新屋，三不养奴婢。这固然是因为清廉，同时也是作为一个御史的自律："吾自为言官，则置身于度外，若稍有自家利益，何敢批逆鳞、捋虎须，以一身冒万险而不知悔？"日后袁世凯做了大总统，邀其出山为官，也被拒绝。江春霖被梁启超称为"古今第一御史"，被辜鸿铭称为"直声震朝野，人皆曰真御史"，但是做一个好御史，真心不容易。

江春霖离京还乡时，京城逾万人士为他开欢送会。途经上海时，有十多个团体数千人为迎送他齐聚一堂。当江春霖回到家乡莆田时，县城人士超过万人隆重聚会，欢迎江春霖入城，"足以代表真正民意"。

狄仁杰、刘伯温如何能善终

君臣关系，构成了最为精彩又别具启示的历史长卷。君臣关系的状况与王朝和政局的状况紧密关联，因此明君贤臣相得益彰，这是理想的状态。但是君臣之间的权力关系是不平等的，那么就其本质而言，他们的关系是什么状态，决定的因素在于君主个人是什么状态。君主行不行，主要是看他的吏治行不行；而吏治行不行，最重要的一点则要看君主的手段硬不硬。这个手段的核心，说白了就是生杀予夺的力度。汉宣帝与太子刘奭的一段对话很有意思，刘奭"柔仁好儒"，"见上所用多文法吏（法家刑官），以刑绳下"，大臣杨恽、盖宽饶只因"刺讥辞语"即被处死，便对宣帝说："陛下持刑太深，宜用儒生。"汉宣帝顿时变了脸色，厉声说："汉朝自有汉朝的法度，本来就是'王道''霸道'兼而用之，奈何纯任德教，用周政乎！"事实上，在宣帝"以刑绳下"的吏治之下，"吏称其职，民安其业"。宣帝随后叹道："乱我家者，太子也！"刘奭即位，果然软弱无能、信用佞臣，以至大权旁落、纲纪紊乱。司马光称："甚矣，孝元之为君，易欺而难悟也。"毛泽东1957年4月在同《人民日报》负责人及有关领导谈话时曾说过汉代"从元帝开始，每况愈下"。

以通常的历史现象看，有威严的君主，就有稳定的政局。但是如果像武则天、朱元璋那样对大臣刑杀过重，那又过犹不及了。《旧唐书》称武则天"制公卿之死命，擅王者之威力"，武则天一生共杀害朝廷大臣三十六人，还不包括受牵连的人员，她甚至还杀害自己的亲属包括儿子在内的共二十三人，唐宗室三十四人。但是与朱元璋这个群臣的克星相比，武则天实在又是小巫见大巫了。不说朱元璋接二连三地杀掉的大臣，他假手胡惟庸案、蓝玉案，就杀了四万五千人，开国功臣也十去其九。然而，在这样肃杀甚至是大清洗式的诛杀险境中，却有两个重要人物能够"幸免"，一个是武则天时期的狄仁杰，一个是朱元璋时期的刘伯温。"硕果仅存"当然是夸张的说法，但他们这种在非常情势下的生存个例，又为君臣关系提供了什么特别的解读呢？

狄仁杰的主要身份，不是通俗演义中的神探大法官，而是武则天的宰相。

唐高宗死后，李显即位，是为唐中宗，但政事皆由皇太后武则天决定。中宗试图组成自己的权力集团，欲以岳父为侍中（宰相），辅政大臣裴炎"固急以为不可"。李显大怒："我就是把天下给他也无不可，难道还吝惜一侍中吗？"裴炎将此事报告给了武则天，武则天马上命羽林军解除了中宗的卫兵武装，宣布废黜中宗的帝位。中宗嚷道："太后废黜儿臣，儿臣何罪之有？"武则天怒斥道："你要把大唐江山送给你岳父，这难道不算是弥天大罪吗？"李显被废外放，武则天改立李旦为唐睿宗，自己临朝称制，而后李旦被软禁，武则天自立为帝，改国号为周。

对于武则天篡位自立，狄仁杰不管在哪里任职，从不发表支持或是反对的言论。狄仁杰认为，朝代轮转，君主更替，对于老百姓来说，并不重要，重要的是坐在皇帝位子上的人能否让国家振兴，让百姓安居乐业。事实上，武则天的治国理政的方式确实颇有成效。狄仁杰一旦把这一点想明白了，也就知所进退，站稳了根本的政治立场。英国公徐敬业以武氏"僭窃帝位"而起兵，结果败亡；名士骆宾王脍炙人口的《为徐敬业讨武曌檄》，"试看今日之域中，竟是谁家之天下"，结果也不了了之；其间那位裴炎进言还政于睿宗以平息叛乱，被武则天怒而处死。而在这个过程中，狄仁杰因为自己清晰的认知，从不参与搅和。

但是狄仁杰在谁当后任皇帝的问题上又是有原则的，因此也不是没有遭遇过杀头的风险。当武则天想立自己的侄子武三思为皇太子时，"众莫敢对"，因为弄不好这就是掉脑袋的事情，但是狄仁杰却当众反对，理由很硬：第一，"天下人并未厌弃唐朝，若立太子，非庐陵王（李显）不可"；第二，"姑侄与母子哪个关系更亲近？陛下立儿子为太子，千秋万岁后可以配享太庙，若立侄子，可从没听说有侄子将姑姑配享宗庙的。"武则天大怒："此朕家事，卿勿预知！"在这个节骨眼上，狄仁杰不顾生死、不依不饶，继续抗辩，并且说到了君臣关系中作为大臣的责任："要说起来，那天下的事都是陛下家事。君王是首脑，臣下为四肢，犹如一个整体，况且我现在担任宰相，怎能不管这事呢？"此后，武则天梦到一只大鹦鹉，两翼折断，狄仁杰又借机说道："武是陛下的姓氏，两翼应指二子。陛下现在只有庐陵王、相王（李旦）二子，只要起复二子，两翼便能振作。"狄仁杰有理有节，武则天终于回心转意。

官场具有高风险，何况武则天当政后，任用酷吏以剪灭可能的对手，狄仁杰也曾经被史上有名的酷吏来俊臣诬告谋反而入狱。然而怎么才能化险为夷、死里逃生？这需要智慧。狄仁杰被捕后当场认罪，来俊臣得到口供。狄仁杰向狱吏借来笔墨，从被子上撕下一块布帛，书写冤屈情况，塞在棉衣里，请求送回家中。儿子发现书帛即向武则天诉冤。武则天看罢帛书，召来俊臣前来询问，来俊臣一味辩解，又以狄仁杰认罪的《谢死表》呈给武则天。武则天亲自召见狄仁杰，问他为何承认谋反。狄仁杰泣曰："我如果不承认谋反，已经死于酷刑，也见不到陛下了。"武则天又问为何要作《谢死表》，狄仁杰说从未写过，经查证发现那果然是伪造的。狄仁杰就此逃过一劫。

当然，狄仁杰一贯的耿直忠诚及其诸多事迹，也是有目共睹。所谓日久见人心，因此狄仁杰非但未遭杀身之祸，反而越来越受到武则天的敬重。武则天尊称他为国老，从不直呼其名，对他的退休请求始终不予批准，并对官员道："如果没有十分重要的军国大事，就不要去打扰狄公。"武则天不让狄仁杰行跪拜之礼："每当看到你跪拜，朕就会感到痛楚。"狄仁杰去世后，武则天痛哭道："朝堂空矣！"

明代的开国元勋刘伯温虽然也是"幸免"，但是其对于君臣关系的读解却与狄仁杰截然不同。刘伯温以足智多谋、运筹帷幄、敢于任事而著称于世，世称"三分天下诸葛亮，一统江山刘伯温；前朝军师诸葛亮，后朝军师刘伯温"。在辅助朱元璋夺取天下的过程中，朱元璋对其几乎言听计从，多次称刘伯温为"吾之子房（张良）也"。当时君臣之间配合默契，相得益彰。明朝建立以后，朱元璋对大臣、功臣大开杀戒，刘伯温为何能够"幸免"，这似乎又是人们感兴趣的事情。

君主什么样，君臣关系也就什么样。实际上，刘伯温是赶上了朱元璋的"辣手"，没赶上朱元璋的"杀手"。明朝建立以后，刘伯温殚精竭虑，全身心投入新朝建设，颇有建树，还时常为朱元璋说古论今；但是神机妙算且熟知历史的刘伯温却没有算到，在新的历史条件下，君臣关系将会发生的变化。朱元璋出身贫寒，早年当过和尚，做了皇帝以后对早年旧事有许多忌讳；与此同时，他君权神授、唯我独尊的意识又极度夸大。当上皇帝以后，朱元璋显然不希望身边有这么一个被别人视为"帝师"的人。高瞻远瞩、英明卓识的，到底是谁？于是朱元璋要开始给刘伯温"校路子"了。一次，他对刘伯温说自己多么操劳辛苦，刘伯温说，天下已定，"上位"（皇帝）可以放松一些了，此说立刻遭到朱元璋严词批驳。过了一阵，朱元璋又对刘伯温说，执政似可宽松一点，刘伯温回道，执政恐怕还须严谨，不能放松，这立刻又遭到朱元璋的严厉训斥。刘伯温是何等明白之人，他立刻看清形势，然后以家事为由请辞回乡，朱元璋即刻批准。几个月后天象出现异常，朱元璋又将懂得天文象纬的刘伯温召回应天（南京）。然后在大封功臣时，封了一批公爵，里面没有刘伯温，又封了一批伯爵，还是没有刘伯温。到二十天以后，朱元璋"才想起了"刘伯温，封了他个伯爵，俸禄二百四十石，而同时封伯的，比如汪广洋，其功绩不能与刘伯温相提并论，俸禄是三百六十石，同样是开国元勋的李善长俸禄四千石。朱元璋一次曾说："没官妇女（罪臣被'充公'的女眷），止（只）给功臣，文臣当能得给！"可见其对文臣本来的排斥态度。刘伯温对此心知肚明，再次告老回乡。回乡后，他饮酒弈棋，口不言功，拒绝县令造访，不与官方来往，保持极度低调。尽管如此，他仍然被缠上争讼而赴应天请罪，朱元璋随即割去了他的俸禄，刘伯温再也不敢回乡，只好老老实实地在朱元璋的眼皮底下待着。一次重大祭祀以后把贡品"胙肉"分给群臣，刘伯温也分到了一份，朱元璋知道后说，他又没参加祭祀，凭什么分给他胙肉，扣他一月的俸禄！其实刘伯温的俸禄早已被全部扣除，这么做似乎只是要恶心恶心他而已。看来在明朝开国之初，刘伯温动辄得咎，是朱元璋对大臣动手打压的首要目标。

是时刘伯温沉疴缠身，朱元璋派胡惟庸带御医前去探望。刘伯温服了御医的药后，觉得肚子里好像有一些石块挤着，十分难受。他抱病觐见朱元璋，向他禀告了自己服药之后不适的情形。朱元璋不以为意，轻描淡写，恩准他回乡。在刘伯温回乡之际，朱元璋给了他一封绝交诏书，"君子绝交，恶言不出；忠臣去国，不洁其名"，商人在外行商，官吏在外谋职，能够终老回乡，已经很幸运了，以后不必再见了。

一个多月后，刘伯温病逝于家乡，享年六十五岁。比起以后被诛杀的那些功臣，刘伯温又算是得以善终了。有说刘伯温是胡惟庸派人毒死的，因为当初朱元璋要让胡惟庸当宰相，为此征求刘伯温的意见，刘伯温因胡惟庸专横跋扈、刚愎自用的秉性，说"这就像驾车，这是个会把辕木弄坏使马车翻覆的人"，由此与胡惟庸结了怨，日后朱元璋也指定毒死刘伯温是胡惟庸的一大罪状，但据史家分析，这都是缺乏事实依据和操作可能的；又有说是朱元璋指使人毒死了刘伯温，这同样也不靠谱，当时刘伯温已是风烛残年、过气老头，而朱元璋对大臣也还未开杀戒。刘伯温本来已经病势沉重，他应该还是正常病故的。

那么，如果刘伯温更长寿一些，活到朱元璋对功臣大开杀戒的时候，他的境况又会如何呢？也许他能够继续"幸免"。

第一，刘伯温虽然不是朱元璋核心人马"淮西集团"的成员，又是元朝遗臣，但是他对朱元璋忠诚可鉴。

第二，朱元璋轻视鄙薄文臣，但是文臣比如刘伯温却没有威胁。朱元璋以后因"蓝玉案"对武将动手，诛杀一万五千人，也许就是记取了"坑灰未冷山东乱，刘项原来不读书"的道理。

第三，刘伯温去世五年以后，胡惟庸被朱元璋以"擅权植党""枉法诬贤"的罪名处死，此后又给他安上了"通倭谋反"之罪，前后牵连处死三万余人，包括对李善长的满门抄斩。而刘伯温除了与胡惟庸不睦之外，在任御史中丞时，刚正不阿、秉公执法，处死过犯下大罪的宰相李善长的部属亲信，与他也结下了梁子。因此这两位淮西集团的骨干成员也没少在朱元璋跟前诋毁刘伯温；而他们的共同点都是文化不高，因此在对文臣学士的鄙夷不屑上应有共同语言。然而到了"胡案"兴起，冤家的冤家就是自己人啦。此后朱元璋频频召见刘伯温的儿子，对其大加赞赏，其间说了一句关键的话：满朝都是朋党，只他一个不从，一世是个好人。而在封建君主特别是在强势的朱元璋时代，"不党不群"乃是最为重要和正确的政治立场。因此，如果刘伯温当时在，或许因此而能逃过一劫，也未可知。

总之，上述的几个因素中的每一个，也许都不足以让刘伯温"幸免"，但是如果它们加在一起，也可能会让刘伯温得以善终。

功成身退和功成不退

功成身退，是职场、官场的历史经验。现代职场中人的功成身退既可以说是多年奉献公职后，年资届满，顺利退休，不再恋位恋栈；也可以说是业绩不凡，根据工作需要退居二线，不居功自傲，躺在功劳簿上，以老子自居。而在古人的职场、官场上，因为个人因素更加突显，君臣以及上下级关系更加敏感，功成身退说的就是急流勇退，辞职卸任，即时走人，其如老子所说，"功遂身退天之道"。当然，即使在那时候功成身退也不是必需的选择，但大概率是明智的选择；功成不退也不一定是错误的选择，但大概率是糟糕的选择。适时决定功成身退的，史上大有其人。对比同僚战友因为不同选择而致结果大相径庭的情形，相当有意思。

楚人伍子胥背负冤仇投奔吴国，在帮助吴国强军之时，伍子胥向吴王七次推荐了一个人物，他就是大名鼎鼎被称为"兵家至圣""百世兵家之师"的孙武。吴王阖闾经过考察，让他与伍子胥一起领军伐楚。在七年时间里，他与伍子胥协同指挥，连番大战楚军，打得楚军一败涂地、找不着北。此后，他又与伍子胥搭档，攻打越国，打得越国无法招架，只好投降。

然而功成名就之后，孙武就突然销声匿迹找不着了。孙武去哪里了？有史书说他是被吴王夫差杀害了，但是对于这等"大事"，《史记》却没有记载，这个说法也就存疑。另一种说法是，孙武即时退隐了。《唐太宗李卫公问对》所记载的是："若张良、范蠡、孙武，脱然高引，不知所往。"其后还有史籍说："孙子十三篇，兴吴，吴几霸矣。功成身隐，盖不欲为胥江之怒涛耳。"最后一句说的就是孙武没有像伍子胥那样，功成受戮还被抛尸江中。在史说各据一词的情况下，我比较采信"退隐"说，这有两个原因：其一是，在孙武被好友强力引荐给吴王之前，他长年隐居，而长年隐居因而势必沉静之人，既不太会贪图荣华富贵，也多善内省，因而也就具有更多的清醒成分，更善于审时度势；其二，孔子的学生子贡曾评价夫差"为人猛暴，群臣不堪"，夫差这种性格的人，与孙武这样内敛而敏锐自重的人，恰恰格格不入，孙武不会对此没有省察。

伍子胥没有走。越王勾践举白旗投降后，吴王夫差开始膨胀，企图做大做强、逐鹿中原，与那些诸侯老大一决高下。伍子胥却几次三番极力反对吴王这样的决策，他认为要防备以及构成心腹之患的是越国。伍子胥错就错在看夫差看走了眼，没有看到自己的这种劝谏必然招致恶果。再说，你伍子胥一个楚人，现在已经报仇雪恨，功成名就，年纪也大了，还管那么多干吗？结果，伍子胥终于在奸臣的谗言之下，被吴王以"属镂"剑赐死。伍子胥也仍然是血性刚烈的风格，自杀前让家人挖出他的双眼悬挂在吴国都城的东门之上，说他要看着越国由此途攻灭吴国，夫差大怒，将伍子胥用皮革裹了，浮之江中。

再说越王勾践，在其卧薪尝胆、复国报仇的过程中，主要依靠的是范蠡和文种两人，范蠡、文种同为楚人，相交甚深，因不满楚国的权贵政治，一起投奔越国，辅佐越王勾践。

不久，勾践欲与吴国开战，范蠡力谏不可，勾践不听，越国大败，几近灭国。范蠡劝勾践答应吴国的任何条件以求保全性命，"卑辞厚礼以遗之，不许，而身与之市"。吴王遂罢兵而归。按照议和条件，越王勾践带着妻子到吴国当奴仆，他想带文种同去，范蠡说："四封之内，百姓之事，蠡不如种也。四封之外，敌国之制，立断之事，种亦不如蠡也。"最后是范蠡陪着勾践赴吴国为奴三年。他说："忍以持志，因而砺坚，君后勿悲，臣与共勉。"

其间文种留在越国带领国民重建家园，恢复生产，百姓并没有因为战败而流离失所，加上文种不断地对百姓进行爱国教育，因此国民比战前更拥护勾践，更痛恨吴国，这些都为越国复兴做了准备。

三年后，范蠡和文种建议勾践劝农桑、务积谷、抓经济、重亲民，然后加强军队建设，以最高的奖励组织敢死队，文种还向勾践进呈了"伐吴七术"；另一方面，越国建城建得残缺不全，面对吴国的方向，不筑城墙，范蠡又向吴王夫差进献美女西施。范蠡、文种是越国"十年生聚，十年教训"的策划者和组织者。

当夫差大举北上争霸中原时，经过近二十年同心戮力、精心准备的越国兴兵伐吴，吴军随即崩溃继而灭国，吴王夫差自刎身死。

就在越国大肆庆功的时候，范蠡不辞而别，离开了越国。文种没有走，本来，经几十年的苦拼才有今天，人生有此大功也是殊为难得，范蠡这么不辞而别是不是唐突了一点呢？文种非但没有走，还在庆功场合高兴地放言："我胸有七略，如今灭吴兴越只用了三略。"文种这样的自我吹嘘，其实很不"政治"，很不妥当。

范蠡到了齐国以后，给文种捎来了一封信："蜚（飞）鸟尽，良弓藏；狡兔死，走狗烹。越王为人长颈鸟喙，可与共患难，不可与共乐。子何不去？"飞鸟射杀完了，弓箭就该收起来；兔子捕完了，猎狗就会被煮吃。越王面相不善，可以与他共患难，不可与之同享乐。你怎么还不走啊？

文种在收到信后，估计有点心神不宁，便称病没有上朝。但是勾践却找上门来了："子教寡人伐吴七术，寡人用其三而败吴，其四在子，子为我从先王试之。"——你教我七个伐吴之术，现在我用了三个就打败了吴国，还有四个在你那儿，你为我到先王那去试一下吧。勾践还交给文种一把剑——"属镂"，灭吴以后，这把让伍子胥自杀的宝剑到了勾践手里。到了这个时候，文种除了自杀别无选择。

史说范蠡携完成了美人计的西施退隐江湖，并且为了淡出人们的视线而三迁其居，正如北宋苏轼所说："春秋以来，用舍进退，未有如范蠡之全者。"

而对于刘邦来说，没有张良、韩信，就没有他称帝的一天。可是因为退与不退，两人的结局却迥然而异。

张良跟随刘邦以后，在进军咸阳中成功运用战术，以缓兵之计劝刘邦移军霸上以待项羽，鸿门宴上让刘邦顺利脱身，在刘邦处于危局之时用"下邑之谋"策动彭越、英布以成联军，从而逆转形势，如此等等，张良屡在重大关键甚至是生死攸关的时刻，帮助刘邦打开局面、转危为安、赢得胜局。刘邦称帝后评价主要的三位功臣张良、萧何、韩信，张良排名首位："夫运筹策帷帐之中，决胜于千里之外，吾不如子房（张良）。"

韩信是当之无愧的一枚战神，他历经百战，最终歼灭了强大的楚军，诛杀了"霸王"项羽。刘邦说："连百万之众，战必胜，攻必取，吾不如韩信。"

但是张良、韩信这两个人的风格完全不同。当时刘邦被项羽围困，韩信却势如破竹，先后平定了魏、赵、燕等地，接着又占据了齐国的故地，这时候他自请要立为齐王。刘邦破口大骂，幸得陈平踩了他脚才急忙改口，稳住了韩信。天下平定后，刘邦要张良自己选择食邑三万户的封地，张良谢拒，只要了当年他与刘邦初会的小小的"留"地，故名"留侯"。韩信与张良的这种不同，既与眼界襟怀有关，也与出身有关，并且延伸影响到了两人不同的结局。

此后韩信因擅留项羽手下大将而被拘押时，曾经叹道："果若人言，'狡兔死，走狗烹；高鸟尽，良弓藏；敌国破，谋臣亡'。天下已定，我固当烹。"然而军事家不一定是政治家，韩信并没有因此接受教训，此后被贬为"淮阴侯"留居长安的时候，因谋反罪被杀，被夷灭三族。

张良则退隐山中，得以善终。其实张良的退隐也许不是一开始就主动和由衷的，因为他与刘邦的关系实在是非同一般，并且他没有任何非分之想，绝不构成对刘邦的威胁。但是作为刘邦的第一谋臣，张良却又有几处"短板"。首先是他韩国公子的身份太过敏感，张良的父、祖辈历任五任韩国国相，他的出山首先是为了报秦国的灭国之恨，张良从来不是刘邦起家的"丰沛（丰县沛县）集团"的成员，而他也看到了异姓王被接连诛除的情况。其次，张良与韩信的关系十分微妙，在韩信贬居时，张良还与之同修兵书，"汉兴，张良、韩信序次兵法，凡百八十二家，删取要用，定著三十五家"，这说明两人关系不错。两人同修兵书，本身就够敏感；而在贬斥、诱捕、诱杀韩信的过程中，只见陈平、萧何出谋出力，却从未见张良有过什么态度。再次，刘邦一意要改立太子，大臣包括张良的劝谏都不管用，吕后问计于张良，张良遂让德高望重的民间耆老"商山四皓"为太子助阵，刘邦一看太子声望已成，只好作罢，这事早晚会让刘邦知道。

张良与刘邦的关系虽然铁，但是这种关系会随着形势的变化而变化。所以在韩信被杀以后，张良认清形势，急流勇退。张良退隐之际的告白概述了自己的心志："家世相韩，及韩灭，不爱万金之资，为韩报雠彊秦，天下振动。今以三寸舌为帝者师，封万户，位列侯，此布衣之极，于良足矣。愿弃人闲事，欲从赤松子游耳。"赤松子是一位传说中仙风道骨的云游者。

第二章 怎样成为人脉管理的高手

李商隐：你是谁的人

上班上朝、职场官场，只要服从领导安排，做好本职工作，就应该是做对了，甚至是可以评先进的。不过有的时候尤其是在封建王朝的时候，仅仅谨守职责、兢兢业业，还真不一定能行，还要看你站队正确与否，要问你是谁的人。特别是中国自古以来，党争频仍，不曾消停，碰到这种情况，臣子士人的人事系统、归属站队，就更加非同小可甚至是生死攸关了。要是答不清楚"你是谁的人"，那麻烦就大了。写有"相见时难别亦难，东风无力百花残""锦瑟无端五十弦，一弦一柱思华年""嫦娥应悔偷灵药，碧海青天夜夜心"的唐代诗人李商隐，就是因此而下场悲惨的。当时李商隐贪缘攀附，冀望打开仕途的上升通道，这本也无可厚非；但是他不巧遭遇了史上最严重党争之一的"牛李党争"，双方势均力敌，你进我退，此时投靠一方，既可能一荣俱荣，可是形势一旦翻转，也可能一损俱损，最终弄得两面不是人。

"牛李党争"说来话长。以牛僧孺为首领的牛党和以李德裕为领袖的李党，两派官员互相倾轧，争斗不休。党争最初是因为政见不同而起，以后必定演变成党同伐异的夺权之争，"朋党比周，以营私利"，这场在唐朝末年闹了几十年的官场权斗，加速了政局的动荡，以至唐朝走向衰亡。

李商隐不到十岁丧父，随母亲过着艰苦清贫的生活。李商隐是长子，很小就背负了撑持门户的责任，少年时曾"佣书贩舂"，即为别人抄书挣钱，贴补家用。因此李商隐日后的求功名心切也就可以理解了。李商隐从小跟堂叔受经习文，后为令狐楚慧眼识中。令狐楚曾任翰林学士、户部尚书、吏部尚书，也曾入朝拜相；令狐楚才思俊丽，能文工诗，史称"于笺奏制令尤善，每一篇成，人皆传讽"，并以四六文（骈文）为世所称。令狐楚"奇其（李商隐）文，以其少俊，深礼之，令与诸子游"。令狐楚的爱才惜才不遗余力，"致之华馆，待以喜宾"，又给李商隐安排工作，支持他应试，更是手把手指导他，使他的写作渐入佳境，还让儿子令狐绹把李商隐当作亲兄弟。李商隐前后在令狐楚身边学习近十年，文章日渐精进，诗歌青出于蓝。在李商隐屡试不中的情况下，在朝为官的令狐绹还去打了点招呼，李商隐遂实现了他进士及第的梦想。这一切都让令狐楚成为李商隐当然的恩师贵人，李商隐确实也对令狐父子充满了感激之情。"一日相从，百年见肺肝"，"百生终莫报，九死谅难追"。

然而此时，"牛党"在朝中失势，作为牛党主要成员的令狐楚被外放任职。他给李商隐写信，召其来幕府工作。但是信去了多封，时间也过去了好久，始终未见到李商隐的身影。原来李商隐在长安，因诗名而被另一位高官，正在得势的"李党"要员、令狐楚的政敌王茂元看中，李商隐遂入其门下，这是他做人缺乏原则的地方。直到令狐楚病重，李商隐接到急信才匆匆赶来，老令狐并不计较，又将最后的奏章交由李商隐修改完成，其实奏章已经写就，既然皇帝欣赏令狐楚的文笔，老令狐就再给李商隐一次进入皇帝视野的机会。

李商隐后成为王茂元的女婿。王茂元与李德裕关系很铁，"时德裕秉政，德裕与李宗闵、杨嗣复、令狐楚大相仇怨。商隐既为茂元从事，宗闵党（牛党）大薄（鄙视）之。时令狐楚已卒，子绹为员外郎，以商隐背恩，尤恶其无行"。

但是新皇帝继位以后，转而支持牛党，打击并清洗李党，其时王茂元已死，李德裕以及李党成员纷纷落马，被贬官外放，李商隐的官位也没了。到了这个时候，李商隐仍然是急功近利，欲去李党之属的桂州军政一把手郑亚那儿当官，这又是他做事缺乏眼光的地方。仍在外放之地的令狐绹出于旧谊写信劝他不要去，令狐绹对李商隐也算是仁至义尽。李商隐不听，结果郑亚很快被贬，李商隐又没了去处。

不久令狐绹回朝当了宰相。令狐绹一下子就能当上宰相，还是因为父亲令狐楚。"宣宗谓宰相白敏中（牛党）曰：'先帝葬，道遇风雨，六宫百官皆避，独见顾而髯者奉梓宫不去，果谁耶？'敏中言：'山陵使令狐楚。'帝曰：'有子乎？'对曰：'绹今守湖州……其为人，宰相器也。'"（《新唐书》列传第九十一）新皇帝对当初须发飘飘独站风雨中守护先帝灵柩不去的令狐楚，记忆犹新，感念他的忠诚，兼及其后人，令狐绹因此上位。可是李商隐却似乎没有学到恩师的入世修身之道。

李商隐回到京城，去找令狐绹帮忙。虽然令狐绹已经厌恶了这个老朋友，但还是给安排了一份学官的差事。可老想着在官场上有所作为的李商隐不满意，又去当了有李党嫌疑的柳仲郢的幕僚，柳仲郢一经贬职外放，李商隐再度失业。

李商隐再找令狐绹，令狐绹就不搭理他了。一次李商隐上门，令狐绹不在家，李商隐便在厅墙上题了一首诗，将自己的时运不济推责于外在原因，令狐绹看了很不以为然。"而牛、李党人蚩谪商隐，以为诡薄无行，共排笮之"。

李商隐最后抑郁而终，"一生襟抱未曾开"。

和李商隐不同，苏轼苏东坡没有在党争中站队，他的政见主张也是特立独行，他在组织和思想上都不是"谁的人"，他是他自己；但是在党争遍及官场的情况下，苏轼竟也因此大遭其难。

北宋的"新旧党争"是中国古代历史上最著名的一次政治派系斗争。

宋神宗属意改革，宰相王安石主持"熙宁变法"，是为"新党"；而以司马光为首的反对派则成为"旧党"。其时北宋王朝已经建立一百多年，积贫积弱之势已成，对外无力抵御辽、西夏的侵扰，内部则是政治腐败、国库空虚，各种社会矛盾尖锐突出，在这种形势下，变法新政、革除弊政的号召切中时弊，应当没错。苏轼在改革问题上与王安石并无本质分歧，他早就看到社会的种种弊病，因而提出了"丰财""强兵""择吏"等改革主张；但是另一方面，他对新法操之过急、损害百姓利益，提出异议，并上书宋神宗，批评新法"求之过急"，强调渐变改良，其情形如同曾经的改革派欧阳修又对王安石的变法提出批评一样，苏轼在上书中又批评一些心术不正者只是借新法以营私，"招来新进勇锐之人，以图一切速成之效"，结果是"近来朴拙之人愈少，而巧进之士益多"。于是苏轼与欧阳修都被视为"旧党"。自此，才名鹊起、"文义灿然"的苏轼受到了王安石的百般打压和排挤，王安石多方阻挡苏轼的进阶之路。

　　等到王安石被同党扯下台，诸新党人物对苏轼更是痛下狠手，他们搜章摘句又移花接木，将苏轼贬讽新法的诗句，指为攻讦圣上："至于包藏祸心，怨望其上，讪渎谩骂，而无复人臣之节者，未有如轼也。"苏轼因此被下狱。此案在御史府开审，而御史官署内遍植柏树，称为"柏台"，柏树上常有乌鸦栖息筑巢，又称乌台，所以此案称为"乌台诗案"。积极参与揭发的，有一位苏轼的同事兼"朋友"——沈括。沈括除长于学术外，还热衷于政治，拥护新法，受到宰相王安石的信任和器重；形势发生变化以后，他又立刻反戈一击，呈交了一份秘密报告，历数新法的种种弊端，竭力诋毁王安石。如此一来，不仅王安石鄙视沈括，连皇帝也"始恶括之为人"，沈括的结局自然也就不妙。

　　再说"乌台诗案"，新党诸人欲置苏轼于死地而后快，但宋太祖赵匡胤早有规约，除叛逆谋反之外，一概不杀大臣，同时又有多人仗义相救，宰相吴充道："魏武（曹操）猜忌如此，犹能容祢衡，陛下不能容一苏轼何也？"已罢相退居、与苏轼恩怨是非纠葛一生、互相挖苦又惺惺相惜的王安石上书说：

"安有圣世而杀才士乎？"连身患重病的曹太后也出面干预，最后苏轼被贬往黄州（今湖北省黄冈市）充团练副使，被监视居住，无权签署公文。

神宗既殁，哲宗年幼继位，高太后临朝听政，旧党的司马光重被起用为宰相，新党悉被打压，新法也尽废。苏轼被召回朝，出任翰林学士、中书舍人。但是在苏轼看来，改革的宗旨没有错，只是方法出了问题，因此他反对司马光"专欲变熙宁之法"的做法，因此与司马光经常发生争执，以至直呼"司马牛！司马牛"。苏轼这样的政见主张引起了旧党的抵触和愤怒，于是又遭旧党打击排挤，被贬出京城。

等到宋哲宗亲政，复起用新党，恢复神宗的新法，大部分的旧党党人都遭罢黜和流放，苏轼作为"旧党"，再被贬至广东岭南的惠州，后又被发配到当时还是蛮荒之地的海南儋州。

所幸苏轼心胸开阔，性格放达，寄情山水，抒发情怀，写就了诸多才情横溢、脍炙人口、流传百世的文章诗词。

世事难料，宋哲宗23岁早逝，宋徽宗继位，再用旧党，苏轼被召回朝任职。在北归途中行至江苏常州时，苏轼逝世，时年六十五岁。

派系争斗，见面先问"你是谁的人"，是职场、官场的常见现象；那么，不站队、不参与、不问政治，只做自己，行不行呢？有的时候，这也行。比如上面说到的柳仲郢，能力很强，办事公允，执法严明，牛僧孺很器重他，李德裕也任用他，但是他从不介入牛李党争。以后他曾被作为"李党"而遭贬职，但不久又再担要职。李德裕死后，家族窘迫不振，柳仲郢心存公道、秉以恻隐、不避嫌疑，委他侄子一个官职，宰相令狐绹不同意，柳仲郢去信陈情，令狐绹十分感动，此事就成了。所以后世是将李商隐与柳仲郢作为两种人物类型来比照的。

不过真要在党争派别争斗倾轧已成气候的职场、官场中袖手旁观，只做自己，这也不太容易。新旧党争中旧党得势时，司马光为相，一日召刘器之谈话："你知道你是怎么进入史馆的？""知道，是宰相举荐。"司马光又问："你知道我为何推荐你？"这时候刘器之就该会意了。他以一个布衣寒士身份进入官场，原想做好自己，在党争中不站队，因此迟迟没有表态入伙，现在恩师司马光将这个事情挑明了。

你说，这刘器之该怎么办呢？

李斯、张良劝谏的艺术

两千两百多年前，秦王嬴政刚刚继位，一件重大的间谍案被成功告破。一个叫郑国的韩国人到秦国来做水利工程，原来是为了大量消耗秦国的人力物力以图"疲秦"，继而使其无力进行征战攻伐。秦国的宗室大臣由此提出：既为客卿即居心可疑，应该全部驱逐。

时为客卿的李斯向秦王上书表达自己的反对意见，而《谏逐客书》，那真是"善说"，也就是会说话。

"善说"首先是它旁征博引，骈体排比，气韵生动，文采斐然，所以鲁迅说，秦之文章，李斯一人而已。

"善说"又在于它以理服人。李斯说到之前的四代秦王唯才是举，延揽各国人才，方得攻城略地，开疆拓土，"由此观之，客何负于秦哉！向使四君却客而不内，疏士而不用，是使国无富利之实，而秦无强大之名也"。它又说到君主所以接纳各国的宝物，是因为它们虽不产于本土却优于本土，而"取人"的问题，应该是同样的道理。"是以泰山不让土壤，故能成其大；河海不择细流，故能就其深；王者不却众庶，故能明其德。是以地无四方，民无异国……此五帝三王之所以无敌也。"如果"非秦者去，为客者逐"，那只能是损伤自己，帮助敌人。李斯的论辩逻辑有力，言之成理，司马迁为之折服，将其抄录于《史记》，使它成为流传后世的千古名篇。

而《谏逐客书》的"善说"更在于：它对于秦王政令的抗辩，没有因为事关个人而意气用事、情绪抵触，以至在行文语气上有所"批龙鳞、逆圣听"的冒犯；作为羁旅之臣的李斯，撇开了个人的得失进退，从大局意识、国家社稷出发，坦率中肯，直抒胸臆，敬呈肺腑之言。因此刘勰在《文心雕龙》中称它"虽批逆鳞，而功成计合，此上书之善说也"。

结果秦王接纳了李斯的谏言，收回成命，并且委以治国理政的要职；甚至对于郑国也刀下留人，让他继续发挥水利专家的特长，"郑国渠"使八百里秦川成为富饶之乡，关中成为重要粮仓。李斯、郑国两人直接造就了秦王成为秦始皇的政治经济基础。

职场生涯的重要内容，就是与上级相处。哪怕自己当了领导，你也还是会有领导。对于上级，听命服从，理解的要执行、不理解的也要执行，这是常态；但是与领导意见相左也不可避免，如果到了非说不可并且希望说了不是白说的时候，那么"有话好好说"就变得十分重要了，而《谏逐客书》就是此中的典范。

给领导提意见，特别是在事态紧急的情况下，"有理"很重要，而"有节"同样非常关键。

公元前206年，刘邦率军攻入秦国都城咸阳。秦皇宫内宝物环绕、美女成群，刘邦乐不可支，好不快活。樊哙见此，十分不满，冲着刘邦一通嚷嚷！刘邦非但不听，还很不高兴：老子连年征战，如今大功告成，"放松"一下又有何妨？随后樊哙将情况和担忧告诉了张良。张良来了，他对刘邦说：秦朝暴虐无度，主公兴兵伐秦，不可沉湎于暴秦的声色犬马……主公觉得，眼下与项羽相对，有几成胜算？当时的形势是，刘邦与项羽虽有约定，谁先入咸阳谁为王，但是这种事情嘴上说的不算，最终要由实力说了算；刘邦当时率部10万，项羽统军40万；何况正是项羽在正面牵制消灭了秦军主力，才使刘邦得以迅速挺进关中。难道刘邦这就以为坐稳了"王"的位子了吗？冷静的劝诫，让刘邦陡然警醒。他随即封秦府库，撤出咸阳，"虚位以待"。此后在鸿门宴上，项羽没杀刘邦，一个原因也正是因为刘邦这件事情做得"上路"。

张良"说"刘邦，道理很硬，言辞却很恳切，与樊哙怒言批评的效果截然不同，不然这历史就不知道会怎样演变了。

战国时，齐威王继位。其时，齐国内政纷乱，军旅不振，"诸侯并侵，国人不治"，形势复杂严峻，政局岌岌可危。可是齐威王却不理国政，沉湎于女色和娱乐，群臣虽然焦虑，却不敢进言劝谏。这时候大臣淳于髡面见齐王说事了，淳于髡问齐威王："大王，听说国中有硕大的神鸟，栖息在皇宫的大殿之上，三年了既不飞也不鸣，主公您觉得这是什么情况？"其实淳于髡这次面见齐威王，并非贸然行事。如果豁出去慷慨陈词一番，继而指责君主玩物尚志，那也行；问题是这很可能激怒齐王，然后就是事与愿违。所以这次面见齐王，怎么说话就太重要了。同时淳于髡事先也对这位新主进行了仔细的观察，感觉他并不像是个胸无大志的昏庸无能之辈。于是淳于髡便用神鸟的比附对齐王做了点拨激励。齐威王心有灵犀，也是觉得到发威的时候了，再加上这淳于髡的话也说得让"寡人"受用，于是他回答道："此鸟不飞则已，一飞冲天；不鸣则已，一鸣惊人。"啊呀呀，主公就是这样的神鸟啊！淳于髡的说辞收到了效果，齐威王振作起来，整顿吏治，发兵御敌，进而成为战国七雄的强主。

淳于髡的神鸟之说，是不是有点儿套路、拍马屁的嫌疑呢？其实善说以劝谏与巧言令色的拍马屁的根本区别在于，前者是为了让君王纠错，而后者纯粹只是对领导的阿谀奉承。唐太宗的长孙皇后有一次的行为就体现了这种区别。

魏徵的敢于进谏和唐太宗的善于纳谏构成了君臣关系的美谈，但是魏徵的犯颜直谏，常常弄得唐太宗难堪脸绿。一次在魏徵进谏时唐太宗勃然大怒拂袖而去，到了后宫仍气咻咻地道："哪天我非杀了那个不知好歹的老匹夫不可！"长孙皇后问是谁惹陛下生气，唐太宗说："魏徵那个家伙老是在朝堂上当着文武百官的面对我横加指责，搞得我下不了台！"聪慧的长孙皇后稍稍沉默后，进去换了朝服出来，对唐太宗跪拜道贺。这是什么情况？长孙皇后说："我听说自古以来君明则臣直，现在正因为陛下圣明，才会有魏徵这样敢于进谏的大臣，我身为皇后，怎能不向皇上道贺呢？"一番"圣明伟大"的夸赞，消解了唐太宗的怒气，而这委婉的劝解，又让唐太宗醒悟了过来。

当然在特定情景下，犯颜直谏、"当面开销"也是常有的事情；但是毫无疑问，这会承担相当的风险。这风险既是对进谏者的身家性命而言，轻者遭打击报复穿小鞋，重者身陷囹圄、脑袋搬家；同时这风险常常就是你的谏言不被采纳、付诸东流。而假如进谏的事情无足轻重、无关紧要，却要好为"直臣"、小题大做并且火星四溅，这对工作、对自己就很不明智，也不足取了。

汉元帝出宫祭天，看着天气不错，打算就便巡游一番，上任才十多天的御史大夫也就是监察部长薛广德有话要说："现在关东地区的百姓因灾受困，不少人流离失所，陛下怎么还有心情游山玩水呢？这时候游山玩水，就是在'撞亡秦之钟，听郑卫之乐'，是亡国的节奏啊！"元帝听了顿时意兴阑珊，打道回府了。皇帝出宫巡游一下，就上纲上线到了要亡国的地步，这也太夸张了吧。几个月后元帝前往宗庙祭祀，到了河边准备换乘楼船过河，秋高气爽的，乘便赏赏水上风光，不想这个薛广德又来了，他扑到皇帝舆乘前，摘了帽子，脑袋使劲叩地："陛下！你不能坐船！这河上有桥，陛下应当乘车从桥上过河才是！"元帝很是着恼：朕要坐个船怎么就不行了呢？于是道："薛大夫，你还是把帽子戴上吧。"这薛广德被打脸却不折不挠："陛下如果不听臣的进言，臣这就自刎，以血溅污陛下的车轮，让陛下不得进入宗庙！"史书上用三个字表述了元帝此时的情绪——"上不说（悦）"，就是元帝的脸色都变了。就在大家为薛广德捏了一把汗时，光禄大夫张猛赶紧过来打圆场："陛下，臣听说，君主圣明，臣下才会犯颜直谏。现在秋风已起，河宽浪高，乘船确实有危险，不如从桥上过更安全，有道是'圣主不乘危'，陛下你就采纳御史大夫的进言吧。"在皇帝过桥的时候，估计不少人看着发懵的薛大夫，都会在肚子里嘀咕：同样一件事，咋就不能像张大夫这样有话好好说呢？皇帝也是人嘛。幸亏汉元帝是个"柔仁好儒"、崇尚"德政"的主，不然这位薛大夫一定够呛。不久薛广德申请提前离退，汉元帝立刻批准，让他走人了。

　　中学课本收纳的《烛之武退秦师》《邹忌讽齐王纳谏》《触龙说赵太后》，都以古人高超的劝谏艺术，让同学们受到智商和情商的启迪——在上下级关系和人际交往中，言之成理加上委婉的言说方式，是造就双赢、增添和谐系数的有效途径。

捐弃前嫌与睚眦必报

　　有人的地方就有是非，而人与人之钩心斗角、抹黑使坏、出尽损招阴招，就更是"酱缸文化"的特色。不过高人却能够以大局为念，捐弃前嫌，进而寻求合作共赢。唐代名臣郭子仪与李光弼原是平级同事，关系很僵，即使同桌进餐，也是相互斜视，绝不搭理。等到郭子仪官位升上去了，李光弼想走人，可是召见的传令已到。李光弼对郭子仪说："我死无妨，只望不要累及我的妻儿家人！"郭子仪却握住李光弼的手说："国家有难，军情紧急，你我当捐弃前嫌，以国家安危为重。这次出征重任，只有你才能担当！"李光弼率军出发，郭子仪执手相送，两人以尽忠报国互勉，洒泪而别。李光弼连战告捷，后在一次战局危困时，郭子仪星夜驰援，大败叛军。

人在背运时，免不了受气受辱。韩信昔时曾遭社会闲杂人员羞辱："你既挎剑，狠就把我杀了，不然就从我胯下钻过去。"于是韩信"俛出胯下，蒲伏。一市人皆笑信，以为怯"，这就是"胯下之辱"。等到韩信拜将封侯，当年的泼皮恶少蒙了，眼看大祸就要临头。可是韩信却放下怨恨，没有跟完全不同量级的市井无赖去计较并施行报复，还让他到军中当了个差。

真正的强者，甚至能够化敌为友。齐国的国君齐襄公无道，他弟弟公子小白投奔到莒国，另一个弟弟公子纠则与心腹管仲投奔了鲁国。不久齐襄公被杀，公子小白和公子纠分别由他们所居的国家驰回，谁先回到齐国，谁就能成为国君。管仲单人匹马驰往莒国通往齐国的大道，奋力追赶上公子小白，乘其不备突射一箭，直去小白的心窝，小白大叫一声，口吐鲜血，从车上跌落。管仲急忙策马而遁，他与公子纠以为小白已死，便从容地向齐国进发。可是当他们赶到齐国时，小白已经登基，是为齐桓公。原来管仲那一箭正射在小白的腰带铜钩上，小白咬破舌头瞒过了管仲。齐桓公知道管仲的才干不凡，遂胁迫鲁国将管仲遣送回国。以后管仲成为齐国的宰相，辅佐齐桓公称雄天下，成为春秋五霸之首。

李世民在玄武门之变中杀了太子李建成后，把太子的重要谋臣魏徵押来面前。李世民问："你为何在我们兄弟中挑拨离间？"魏徵坦然回答道："可惜太子没听我的话。要不然，也不会发生这样的事了。"魏徵给太子的建言，就是趁早杀了李世民。李世民没有对魏徵治罪，而是转化了敌我矛盾，让魏徵为自己所用，而魏徵也帮助李世民成就了盛世伟业。

当然，捐弃前嫌也不是对待所有冤仇的行为模本，出自战国时期秦相范雎的"睚眦必报"的故事，就有它自己的道理。

范雎是魏国人，腹有才学韬略，可是家境贫寒无缘进阶官场，只能先在大夫须贾门下打工。须贾一次出使齐国，带上了范雎。齐襄王听说范雎很有口才，就让人送了他十斤黄金和一些酒肉。国君撇开对方代表团团长，给一个随员送礼，这本身有点离谱坑爹，所以范雎一再推辞不敢接受，并报告了须贾。须贾心中仍然大为嫉恨恼怒，他让范雎收下酒肉，把黄金退回去。回到魏国后，须贾将这事报告给了宰相魏齐，认为范雎必是暗通齐国，才会得到这种馈赠。魏齐大怒，令人将范雎打得"折胁摺齿"，肋骨牙齿都被打断。范雎蒙受了无妄之灾，不白之冤。魏齐让人用席子把昏死的范雎卷起来扔在厕所里，又让宴饮的宾客往范雎身上撒尿。因莫须有的猜疑就对一名下属出如此重手，实在也太狠了一点。范雎没有死，他对看守说："你放我走，必有后报。"看守请示是否把席子里的死人扔了，醉醺醺的魏齐顺口答应了。范雎得以逃脱，躲藏起来。

此后历经曲折艰险，范雎来到了秦国的都城咸阳。又经一波三折，范雎"抑外戚、尊君权"，以及"远交近攻"的策略为秦昭襄王所用，范雎成为秦国的宰相，封应侯。

此后须贾出使秦国。范雎以衣衫褴褛、穷困潦倒之状谒见，须贾惊道："范先生固无恙乎？我以为先生被魏相打死，何以得命在此？"说着不由动了恻隐之心，留之同坐，赐之食物。时值隆冬，范雎衣薄而破，战栗不已，须贾拿出一件丝袍披在范雎的身上。

隔日须贾来到相府拜谒"姓张"的秦相，没想到声名威赫的秦相就是范雎！须贾瞠目结舌，跪伏不起。范雎痛斥须贾罪过，然后说道："你今至此，本该断头沥血，以酬前恨。然念你还记旧情，以衣袍相赠，所以苟全了你的性命。"须贾叩头称谢，匍匐而出。

须贾回国前向范雎告辞，范雎大摆宴席，把诸侯国的使臣全都请到，与他们坐在堂上，让须贾坐在堂下，在他面前放了草豆掺拌而成的饲料，又令两个受过墨刑的犯人在两旁夹着，让他像牲口一样吃食，然后说道："为我告魏王，急持魏齐头来！不然者，我且屠大梁（魏国都城）。"

须贾回到魏国，将此事报告了魏齐，魏齐自知范雎的仇恨非同小可，又慑于秦国的虎狼之师，于是逃亡到了赵国。赵国随即受到秦国的威逼胁迫，魏齐不得已自杀身亡，赵国将其头颅送到秦国，以求息事宁人。

范雎报仇以后，又向秦王引荐了两位在他受害亡命时对他施以援手的人，理由也直接：没有他们就没有我为君王效力的今天。同时范雎拿出大量家财，用以报答曾经帮助过他的人。"一饭之德必偿，睚眦之怨必报。"这是范雎对于恩怨情仇的一种修辞说法，并不是真的发生过谁瞪他一眼，他便打击报复的事情。

伍子胥血性复仇的故事，发生在更早的春秋时期。楚平王时，伍子胥的父亲伍奢是太子太傅，即正职老师，费无忌为太子少傅即副职老师，太子尊重伍奢而嫌恶费无忌，费无忌暗自衔恨。而小人衔恨最为可怕。是时楚秦联姻，楚平王派费无忌去秦国迎接秦女孟嬴来和太子成婚，费无忌一看孟嬴是个大美女，灵机一动，开始设局。他先是劝楚平王将这美女也就是准儿媳纳为己有，楚平王当即照准，并且对这个贴心的费无忌宠信有加。接着费无忌让楚平王将太子外放到一个叫城父的地方。"顷之，无忌又日夜言太子短于王曰：太子以秦女之故，不能无怨望，愿王少自备也。自太子居城父，将兵，外交诸侯，且欲入为乱矣。"楚平王于是先拷问伍奢，伍奢道："王独奈何以谗贼小臣疏骨肉之亲乎？"然而此时楚平王要的不是情理而是杜绝后患，于是派人追杀太子。费无忌的布局用计可谓环环相扣，机关算尽，此时他对楚平王说："伍奢的儿子有才干，若他们逃去别国，必成楚国祸患，可用免其父一死将他们召来，他们心怀仁义，一定会来。"楚平王使人对伍奢说："若将你两个儿子招来可免你一死。"伍奢说："伍尚为人仁厚，召他一定会来。伍员（伍子胥）为人刚烈明断，一定不会来。"

王命传召，伍尚对弟弟伍子胥说："你去吴国，我去赴死。既然说可以免父亲一死，我不去是不行的；而亲人遭到杀害，不报仇雪恨也是不行的。父不可弃，名不可废，尔其勉之。"伍尚一人奉命前往，伍奢知道伍子胥走了，说到"楚君、大夫其旰食乎"——楚国的国君官员从此要茶饭无心了。伍奢和伍尚及伍氏全家随即被楚平王杀害。

对于伍氏父子，这实在是一场飞来横祸。伍子胥背负着几近灭门的深仇大恨上路了。伍子胥这一路，充满了危险与悲情，故事多多，为复仇的主题做了很好的渲染和铺垫。

传说伍子胥逃亡途中遇见一浣纱女，浣纱女得知伍子胥乃忠良之后，以浆纱米汤为其充饥，并为伍子胥指明通往吴国的道路。行走片刻，伍子胥回头一望，见浣纱女立在原地，心中起疑。浣纱女知其心意，便转身跳入溪中，自行灭口，舍生取义。多年后伍子胥专门来到此处，将伐楚缴获的三斗三升"金豆子"撒入溪中。

伍子胥来到吴楚两国交界的昭关（今安徽省含山县北），出关便是前往吴国的水路。但是昭关由楚军把守。扁鹊的弟子东皋公从悬赏令上的图像中认出了伍子胥，他很同情伍子胥的冤屈与遭遇，把他带到自己的居所先行安顿，可是一连数日，却不谈过关之事。伍子胥焦虑忧戚，竟一夜白了头。东皋公却道："这下好了！"原来他的朋友皇甫讷已应约如期而至，皇甫讷与伍子胥有点像，那时也没有照片传真，伍子胥全白的头发也不用化装，他们一起过关时，官兵照着画像一下子围住了皇甫讷，伍子胥得以蒙混过关。

伍子胥出了昭关，匆匆来到一条大江边，却不见渡船。正担忧追兵赶来而着急时，一位老渔夫划着小船过来，把他渡过江去。伍子胥感激万分，摘下身佩的宝剑交给老渔夫说："这把宝剑是楚王赐给我祖父的，值一百两金子。送给你表达我的心意。"老渔夫道："楚王为了追捕你，出了五万石的米粮当作赏金，还说告发者可为大夫。我不贪图赏金官位，还会贪图你的宝剑吗？"

总之，伍子胥历经千难万险，九死一生，终于到了吴国。在吴国等待机会的时候，伍子胥甚至还曾躬耕于田野。他心中只有一个执念：报仇雪恨。

终于，伍子胥以他的才干与吴王阖闾达成双赢合作：伍子胥帮助吴王整顿军备，克敌制胜；吴王让伍子胥率领吴军，攻楚复仇。

此后，伍子胥与孙武携手，率吴军与楚军进行了五次攻战，每次都攻城略地、斩首无数，以至攻入了楚国的国都。楚国被打得一败涂地，只有招架之功，如司马迁所说："弃疾（楚平王）以乱立，嬖淫秦女，甚乎哉，几再亡国。"

其时，费无忌多行不义，已被杀并被夷族，楚平王也已经死了。伍子胥掘开楚平王的坟墓，打开棺材，尸体尚未腐烂，伍子胥抄起钢鞭狠狠鞭打了三百下，楚平王的尸骨还不稀巴烂啦？《史记·伍子胥列传》说："及吴兵入郢，伍子胥求昭王，既不得，乃掘楚平王墓，出其尸，鞭之三百，然后已。"人说君子报仇十年不晚，伍子胥从父兄家人被杀到现在，报仇的心劲整整攒了十七年！

自伍子胥掘墓毁尸，后世多有效仿。梁朝的陈霸先和王僧辩原是生死兄弟铁哥们，因为主张不同，陈霸先擒杀了王僧辩。此后陈霸先称帝建立陈朝，多年后王僧辩之子王颁随隋军灭陈，率部掘开陈武帝（陈霸先）陵，破棺焚尸，并将骨灰倒于水中，与众将士即许多王僧辨的旧部喝掉，变着法子演绎了"食肉寝皮"之事，这仇恨得多大啊。顺治帝年幼即位，在摄政王多尔衮的威势下，受够了屈辱和闷气，多尔衮死去两个月后，就被顺治帝下令掘墓毁尸。

对于是捐弃前嫌、合作共赢，还是睚眦必报、以牙还牙，很难简单地下结论赞成某一方，必须因人、因事、因时而论。

防人要防两面派

清代小说《镜花缘》里说有一个地方，人们都长着两张脸：前面是一张笑脸，和蔼可亲，善良随和；脑后却藏着另一张脸，凶神恶煞，阴险歹毒。作者这样以夸张的笔法讽刺"两面派"，绝对是来源于生活。

"两面派"从古到今，大大小小，各地各处，所在多有。魏国的刘晔在伐蜀问题上，在魏明帝曹叡面前说好得很，在众大臣面前又说糟得很，以图两面讨好；明代的申时行在废立太子事情上，在神宗面前说好好好，在众大臣面前说不行不行，以期左右逢源。等到这等两面派手法穿了帮，他们都落得了身败名裂的结果。

除了这号领导面前一套、群众面前又一套，投机取巧、两面通吃的角色，另一款常见的两面派，就是"立牌坊、做婊子"型。他们平日里正人君子、道貌岸然、模范先进，可是太多的历史经验告诉我们，暂且悠着点，别那么轻易就认了真；一朝东窗事发、撕开画皮，就常常会看到这些人一大堆贪赃枉法、男盗女娼的烂事，这时候人们在咋舌之余，免不了会叹上一句：真是人模狗样。

晚清时期的大臣刚毅，因为反对戊戌变法，支持废黜光绪，成为慈禧太后的亲信，并被擢升为军机大臣，后主张利用义和团的"仙术"扶清灭洋，义和团围攻各国使馆引发"庚子之变"时，刚毅随慈禧仓皇出逃，如果不是死得及时，就被慈禧太后抛出去当作背锅的替罪羊了。就是这个刚毅，曾以简明的语言编纂过一本《居官镜》，教导人们怎样做一个好官、清官，该书开宗明义"居官以'忠敬诚直勤慎廉明'八字为主"。书中分章别类，第一个叙述重点就是"忠君爱民"——为官之人要"存忠君、为国之心，务立身、行道之本"，做到"公忠报国，慈祥爱民"；书中充斥了诸如"居官办事，全凭公心"，"居官立身，固以操守为本"之类的话；刚毅又不厌其烦地强调，为官要有"为国、爱民之意"，要记取"为吏尽职，为民守分，各居其道，治理民安，则国家可以长保。故为政者，必以安民为本。定民之道，必以养民为先"，还要做到"民之所好者，好之；民之所恶者，恶之"。《居官镜》的第二个重点，就是倡导为官必须清正廉洁，"清洁之操，一尘不染，谓之廉"。"以廉言之，理财制用，崇俭务实，使天下家给人足，盗贼不起，争端不作，贪官污吏无以自容，此廉之大者也。箪食豆羹，一介不取，此廉之小者也。"书中对那些"肥甘自奉、轻暖自适、货财自好、刚愎自用、贪得无厌、嫉贤妒能"的蠹虫官宦深恶痛绝，严词痛斥；同时该书还提出，官员仅做到自己洁身自好还不够，如果对下属的盘剥勒索、贪赃枉法，失于觉察、疏于整顿，就是姑息养奸，"如此违道、干誉之清官，其与贪官，迹虽不同，其所以负恩误国之罪一也"。如此等等，不一而足。哎呀呀，这样冠冕堂皇、朗朗上口的述评讲章，讲得是何其之好啊！

然而转过身来，刚毅又是怎么做的呢？史书记载，刚毅"专主阴谋，日以废立皇上，排斥外人，遏绝新学，搜括民财为得计"。刚毅受朝廷之命去江南查办案件，"闻此次所到各省，多有收受陋规之事"，"赴两江两湖两广闽浙等省大肆搜刮，除常款外，无公私悉取之，岁得千数百万，海内骚然。此犹托为公家所取者耳，而饱入私囊者乃不可胜数，盖回京之时，箱笼等物至数千件。道旁观者皆曰：'此中悉累累黄白物也。'其贪鄙无耻盖如此"。这就是一个高调反腐倡廉的大臣的所作所为吗？他所倡导的为官的政治标准和道德标准，都丢到哪去了呢？其实他一点没有丢，需要的时候，他以及像他这样的人，立马就会登上讲台，面不改色、字正腔圆地对官吏进行思想教育。对于像刚毅这样的人来说，两副面孔，历来是因时因地调换使用的。然而正如孔子所说："巧言令色，鲜矣仁。"刚毅死后被褫夺了所有的官衔，不过这不是因为他的贪渎和两面派作风，而是因为他挑唆义和团起事而致八国联军进京，慈禧对此需要对洋人有个交代。

那么刚毅是晚清官场的奇葩吗？不是。他的两面派做法正反映了当时的官场风气。曾国藩在给友人的信件中，就直接指名许多朝廷高层官僚随时变换姿态的两面派行径："恶其不白不黑，不痛不痒，假颟顸为浑厚，冒乡愿为中庸，一遇真伪相争之际，辄先倡为游言，导为邪论，以阴排善类，而自居老成持平之列。"

张居正的表里不一、两面行径，颇为后人诟病，也是个值得讨论的话题。张居正是明万历年间的内阁首辅，厉行改革，开创了"万历新政"。《明史》称其"通识时变，勇于任事，神宗初政，起衰振隳，不可谓非干济才"；梁启超称之为"明代唯一的大政治家"。万历皇帝宋神宗朱翊钧十岁即位，张居正受李太后嘱托辅佐，他对小皇帝一贯谆谆教导："冲和者养威，淡泊者养禄，惕励者养安，忧勤者养乐"，"敦尚俭德，撙节财用，诸凡无益之费、无名之赏，一切裁省，庶国用可充、民生有赖"。小皇帝犯错，他严加训导："痛自改悔，戒游宴以重起居，专精神以广圣嗣，节赏赉以省浮费，却珍玩以端好尚……庶今日之悔过不为虚言，将来之圣德愈位光显矣。"神宗十六岁时向户部索求十万金，以备光禄寺御膳之用，但是张居正"不准"——"目前支持已觉费力，脱一旦有四方水旱之灾，疆场意外之变，何以给之。"后来索性连宫中的上元节灯火、花灯费也给免了。一些学士纂修先皇事迹语录，照例神宗得赐宴一次，张居正又给免了。甚至在张居正的严格督导下，神宗连赏赐宫女的钱都没有，不得不打白条欠着。而张居正自己在京城的府第，豪华程度却不亚于王府；他又喜好美色，屡服"伟哥"，镇守福建的戚继光曾送他美女和壮阳药"海狗宝"。然而问题是，张居正在教导少年神宗时，难道能不晓之以明君之道，却用自己过来人、老江湖的行事作风以身说法吗？

张居正以考核制度加强吏治，"信赏罚""持法严"，在他执政期间，"百官惕息""一切不敢饰非"。但是他自己在老家建府第，却收受地方官员的献金赞助，因此御史刘台弹劾他："入阁未几，而富冠全楚，果何致之耶？宫室舆马，妻妾奉御，有同王侯，果何供之耶？"不过在张居正死后遭到清算时，人们包括宋神宗满怀期待地对其府第翻箱倒柜、掘地三尺，却未发现有什么余财。

张居正的两面处事，给了我们两点认知：其一是，即使是再英名盖世的人物，也不要轻易相信其如何高风亮节的神话；其二是，对于张居正对人对己的两面性，自可挞伐，但是鉴于其生活作风的贻害流毒并不严重，以及他一生的功过，因此对他另一面的淫乐奢侈的评定，似可"酌情从宽"。

而真正攻击型、破坏型的"两面派"手段，就比较可怕了，"口蜜腹剑"就生动地形容了此等行径，这号人物的典型代表，就是李林甫。

史称李林甫"面柔而有狡计"，"城府深密，人莫窥其际"，纵使对某人已恨在心，表面却不动声色，甚至显得十分热情，既掩人耳目，又消其戒备。如陷害大臣卢绚、严挺之，以及宰相李适之时，都是表面上为他们着想、替他们出主意，背后却处心积虑设下了坑子，所谓"以甘言啖人"，人后"阴中伤之"，世人因此称之"口有蜜，腹有剑"。

唐朝时，多位宰相并列参政。唐玄宗在宠妃武惠妃的挑唆下，拟议废立太子并废黜其他三位皇子，玄宗一直倚重的宰相张九龄竭力劝阻，同为宰相的李林甫当面一言不发，退朝后却私下对宦官道："此乃天子家事，何必与外人商议。"为什么要对宦官说这个呢？就是要让这话暗中传递到玄宗耳朵里。李林甫这个人工于心计，以贿赂巴结走后宫武惠妃和大宦官高力士的路线，窥伺玄宗的动静心思，所以每每进奏，都很符合玄宗的心意。而张九龄却始终秉持自己的忠诚耿介。在唐玄宗任用李林甫为宰相时，张九龄以李林甫的德行与才能不佳为由投了反对票；唐玄宗欲为牛仙客升官进爵时，张九龄认为牛仙客学识不高，予以劝阻。李林甫却私下传言："只要有才识，何必满腹经纶。天子用人，有何不可。"李林甫对张九龄怀恨在心，表面上却对张老恭敬有加，暗中时刻在寻找打击张九龄的机会。玄宗在位日久，后期骄奢之心渐长，而张九龄出于公心，时常对玄宗的想法提出异议，玄宗很是不爽，而李林甫当面恭维张老，却在背后攻击张九龄不识大体，支持玄宗想法，因此日益得到宠信。中书侍郎严挺之正直能干，为张九龄器重，但前妻丈夫的贪污案件将他牵涉进去，张九龄又为其喊冤，李林甫抓住机会，在玄宗面前告以张九龄和曾经嘲笑自己党羽不学无术的严挺之有结党营私之嫌，结果严挺之被贬，张九龄被罢相，李林甫擢升为首席宰相。

为了大权独揽，李林甫的下一个目标是同为宰相的李适之，他一次"无意"地向李适之透露了华山发现金矿的消息，玄宗希望长生，而黄金可用于炼丹，平素练达能干的李适之这次也掉进了坑子，他为邀功向玄宗报告了此事。玄宗很高兴，将此告诉李林甫，李林甫却说："这事我早就知道，但华山是王气所在，关系陛下的本命，所以我没说。"玄宗顿时觉得李适之不靠谱，由此疏远了他。

李林甫蔽塞言路、排斥贤才，此后还制造了韦坚、杜有邻、杨慎矜等许多冤案，朝中人人噤若寒蝉。他为阻断诤谏之路，曾对谏官说："现在明君在上，臣子们顺从就行，不必多言。你们见过朝会时仪仗队里的马匹吗？它们吃着上好的食料，但若乱叫一声就会被赶出去，以后也不可能重新启用。"唐朝由此纲纪素乱，由盛转衰，以至发生安史之乱，李林甫有着极大的责任。

司马光曾说："李林甫在相位十九年，养成天下之乱。"欧阳修在修《新唐书》时，则直接将其列入了《奸臣传》。

唐太宗、唐高宗时官至宰相职的中书令的李义府，也是一个两面派专家。他表面温和恭敬、面带笑容，可是对不称意者，则阴损陷害，给予温柔一刀；平时装作廉洁奉公，背后却授意老婆儿子敲诈勒索。可叹的是，就是这样的人物，却能在两朝皇帝跟前玩得转，直至东窗事发。

毫无疑问，我们日常所见的两面派，既有刘晔、申时行那号的，也有刚毅、张居正那号的，更有表面奉承、背后阴损的李林甫和李义府那号的，你说不防着点行吗？

古人如何经营人际关系

班子成员和同事同僚，朝九晚五，抬头不见低头见，所以业务工作固然重要，人际关系也很重要。因为权位，因为分歧，因为误会，因为看不顺眼，而生隙结怨、互掐内斗，又几乎是职场、官场的一种常见现象。其实在职场、官场上比拼的，除了智商，还有情商；而情商的高下，关键就看能否主动经营好人际关系。聪明的人能放开心怀、换位思考、谦让包容、争取团结。"将相和"之所以成为教材式案例，就因为它是善处人际关系的千古典范。而任性执拗、纠结于矛盾是非和抵牾龃龉，除了两败俱伤，为其所耗费的心力成本，也多为不值——上班就不开心甚至就是梦魇，实在是一笔人生的坏账。

蔺相如和廉颇的"将相和"，也是由"斗"而"和"的。战国时，秦昭襄王对赵惠文王说，愿以十五个城池换取"和氏璧"，蔺相如奉命带玉璧到秦国，然后机敏果敢，据理力争，终于"完璧归赵"。其后秦王与赵王相会，秦王让赵王弹瑟助兴，秦国的史官记道"某年某月某日，秦王与赵王一起饮酒，令赵王弹瑟"。蔺相如捧着瓦罐上前请秦王敲击，以相互娱乐，秦王怒而不应。蔺相如说："五步之内，相如请得以颈血溅大王矣。"秦王的左右欲杀蔺相如，蔺相如怒目呵斥，左右慑于他手中的瓦罐只能退下，秦王不得以只得敲击瓦罐，蔺相如让赵国史官记"某年月日，秦王为赵王击缶"。秦之臣僚说："请以赵十五城为秦王寿。"蔺相如回道："请以秦之咸阳为赵王寿。"一直到酒席结束，秦王始终没能占到上风。蔺相如因此被赵王任为上卿，居官于廉颇之上。

老将廉颇不乐意了，自己出生入死，屡建功勋，蔺相如只凭口舌之功却比他官大！廉颇说："让我遇到，必定修理他。"蔺相如知道后，刻意躲着廉颇。蔺相如的手下不高兴了："我们抛家别舍跟随您，是仰慕您的品格气节，现在廉颇口出恶言，您却老是躲着，连普通人都会觉得窝囊，更何况是卿相！算了，我们走吧！"蔺相如对他们说："你们看廉将军与秦王哪个厉害？"手下回答："秦王厉害。"蔺相如说："以秦王那样的威势，我蔺相如也敢当面呵斥抗争，难道偏偏害怕廉将军吗？只是我想到，秦国之所以不敢轻易对赵国用兵，就是因为有我们两个人在啊！我之所以这样做是以国家之急为先而以私人恩怨为后啊！"廉颇听到这话，袒露上身，背着荆条，来到蔺相如的门前请罪："我是个粗人，想不到卿相宽容我到这样的地步！"二人遂成刎颈之交。

视野、境界、心态、气度、雅量，是处理乃至经营人际关系最重要的主观因素。苏轼因为与王安石、沈括、司马光等政见不同，而产生龃龉隔阂，并且屡屡遭到攻讦打击，但是苏轼仍然能够不计前嫌，在坚持主见的同时，又在适当的时候主动与他们改善了个人关系。司马光的学生刘安世曾是苏轼的重要批评者之一，苏轼照样以轻松玩笑的方式与之交往沟通。刘安世晚年对苏轼评价说："东坡立朝大节极可观，才高意广，惟己之是信……非随时上下人也。"

清代连克太平军劲敌，与曾国藩、李鸿章、左宗棠并称为"中兴四大名臣"的胡林翼，在任湖北巡抚时，顾大局，讲政治，为善处"将相"关系，甚至不惜委曲求全。

胡林翼收复武昌、署理湖北巡抚才一个多月，朝廷即将当时任荆州将军的官文擢升为湖广总督，用意显然是以旗人亲信来监视和牵制胡林翼。对官文这个人，胡林翼早有了解。早在数年前，胡林翼就与同僚谈到过这个内务府的旗人："揆帅（指官文）左右无一正人，无一谋士，其忌刻倾险，尽是内务府气习，此诚不可与争权……不如姑示韬晦，待其自败。"官文多用小人，刻薄阴险，典型的官场做派，对这样的人，还是敬而远之，让其自暴劣迹为好。所以两人刚刚上任时，关系非常紧张。那时是战时状态，两人一个管江南，一个管江北，职权尚没有交叉，部下就已经彼此敌视，"将吏各有所统，颇构同异"，"文武各有所主，议论颇不相下，遂成水火之势"，"僚吏意向显分彼此，抵牾益甚"。关系最紧张时，官文登门拜访，胡林翼拒而不见。

但是既在其位，要谋其政，胡林翼要在湖北巩固战果、打开局面，就必须解开朝廷套在自己头上的这个紧箍咒。在此之前，湖北督抚不和，相互掣肘，几年之间，湖北巡抚换了八人，湖广总督换了六人，其中被革职、被杀和自杀的就有多人。胡林翼终于想明白了：跟官文这样的人斗气，只会给自己造成严重的困扰，以至一事无成，实在犯不着；再说官文这人虽然贪图私利，但毕竟胸无大志，只图安享尊荣，如果赶走了他，说不定来一个更坏的。

于是胡林翼改变思路与方法，他去拜见了总督官文，对自己的部下下令："督抚相见，前事冰释，敢再言北岸将吏（官文所统官吏）长短者，以造言论罪。"官文闻之，大为高兴。胡林翼又以盐厘三千金充总督公费，再把原本归自己支配的税收盈余划给官文；官文宠爱小妾，胡林翼让自己的母亲认官文小妾为义女，"家人往来如骨肉焉"，胡林翼与官文一旦有什么分歧，就请官文的小妾也就是他的"义妹"做工作。"妾乃日夜聒于文恭（官文）之前……官辄唯唯奉命惟谨。"胡林翼在湖北战役中屡建功绩，官文指挥的江北官兵基本没什么作为，但是胡林翼上报朝廷时都称："在官文同志的领导之下……"如此一来，两人约为兄弟，"督抚若为一体"。不能不说，胡林翼是关系经营的大师。

接下来，"军政吏治，皆林翼主稿，官文画行"，胡林翼"不啻为总督"，遂以"得行其志"。特别是胡林翼因为自己的汉人身份，有些话对咸丰帝不好直说，都可以找官文为他代言。有人说巡抚胡林翼的权力太大了，官文根本不听。官、胡并立，成为湖北政坛上最为稳定的时期，后人论之，以为"湖北富强基于此"。而这正是胡林翼所要的结果。

戚继光武功强大，在东南沿海抗击倭寇十余年，扫平了多年为虐沿海的倭患；后又在北方抗击蒙古部族十余年，维护了北疆的安全。但是有人以及有些史记之所以说戚继光名节有亏，是因为戚继光当时常给张居正送礼，传说礼中就有大补的"海狗宝"和高价美女。

看这件事情，需要有一些辅助角度。首先，张居正当时为"首辅"，权倾朝野，独断乾纲；戚继光领军在外作战，如果没有朝廷其实也就是没有张居正的支持，就难有作为，甚至陷于困顿，难道不记得当年岳飞的境况了吗？戚继光遵循官场潜规则与首辅搞好关系包括送礼，的确取得了张居正的大力支持，比如戚继光为组建一支能战善战的军队，曾经多次上书朝廷，但是因为其非正规编制并且以戚继光姓氏命名为"戚家军"，朝廷一直未予批准，最后幸得张居正全力帮助上谏，戚家军才得以成立。而张居正也借重了戚继光的军事功绩，彰显了自己的施政成就。

其次，戚继光与张居正关系密切，却并无结党营私、陷害异己、篡位乱政之事。据以后"清查算账"时一位将军公允的说法，戚继光和张居正关系的确不错，但戚继光从没有反过来帮助张居正参与政治权争。

再次，戚继光营造了与张居正的良好关系，并没有因此用来贪图私利、徇私枉法。张居正死后被"清算"，据称戚继光受到牵累被抄家时，家中只有不足十两银子，一代名将为过不了年正唉声叹气。

因此戚继光的"名节有亏"，其实只是"必须地"经营好了关键的人事关系，从而取得了自己功业和国家利益的最大化。

相反，如果在职场官场中陷入"人与人斗"，那赔上心神是至少的，唐玄宗时期的姚崇甚至为此"死难瞑目"。

姚崇和张说都曾官历武则天、唐中宗、唐睿宗、唐玄宗四代，也都先后担任过宰相，在宰相位上，他们各自以自己的能力和贡献，被称为"名相"，却都对人际关系经营不善，"姚崇与张说同为宰辅，颇怀疑阻，屡以事相侵"，两人之间积怨很深，缠斗不止。

姚崇临死前，怎么也放心不下自己的后事。盘算了许久，姚崇终于在离世前夕嘱咐儿子道："张说对我怨恨很深，将来可能会毁我名声，报复你们。我死之后，他出于礼节，一定会来吊丧。你们可将我收藏的珍宝器皿全部陈列出来，他最喜爱这类东西。如果他看都不看这些东西，那你们可能就会有灾祸了。"因为怨恨仇隙，姚崇死都难以安心闭眼。"如果他留意看了这些东西，你们就将他瞩目喜欢的送给他，并请他为我撰写碑文。拿到他撰的碑文后，你们马上誊写，呈报皇上，并立即刻于石碑上。他考虑事情通常比我迟钝，几天之后一定会后悔。倘若他要以修改为托词收回碑文，你们就说已报请皇上批准，并将镌刻好了的碑拿给他看。"这是这位宰相咽气前为家人做出的最后谋划，而它的胜算也只有百分之五十。

姚崇死后，张说果然前来吊丧，见到所陈列的珍宝器皿，眼睛发亮。姚崇的儿子立马将张说喜欢的珍宝器皿全送给了他，并请他为父亲题写碑文，张说随即答应，"不数日文成，叙述该详，时为极笔"，碑文叙述了姚崇的生平，赞扬了姚崇的政绩，是当时最好的碑文。几天后，张说果然派人来取碑文稿本，说文辞不够周密，需要修改。姚崇的儿子说碑文经皇帝审阅，已经镌刻好了。使者复命，张说"悔恨拊膺"，胸闷得一塌糊涂，因为这就失去了他日后诋毁姚崇并进而陷害其家人的空间，"死了的姚崇还能算计活着的张说，直到今天我才知道自己的才能不如他"。到了这时候，姚崇如果地下有知，方才能够松下一口气来。

当然人与人的过节矛盾也有不可调和的时候；如果对此不能善为处置，所谓"大路朝天，各走一边"，而是非要斗个明白，互撕到底，那么"整"起来就会伤筋动骨、性命交关。

当初范雎随王稽驱车潜往秦国，进入秦国不久，远远看见一队车马从西边奔驰而来。范雎问："那边过来的是谁？"王稽道："是国相穰侯去东边巡察的车队。"范雎一听是穰侯魏冉，便说："我听说穰侯独揽秦国大权，他最讨厌收纳各国的客卿，我还是在车里躲一下吧。"穰侯来到，打过招呼，就问王稽："你该不会带着别国的说客一起来吧？这号人一点用处也没有，只会扰乱别人的国家。"穰侯离去后，范雎说："我听说穰侯很有心计，处事多有疑惑，刚才他怀疑车中藏着人，却忘记搜查了。"于是范雎就跳下车来徒步走远，魏冉果然派了骑兵回来搜查车子，没发现有人，这才作罢。作为客卿的范雎与贵族集团的代表魏冉，因为利益的出发点根本不同，其矛盾也就不以人的意志为转移；在当时的秦昭襄王的祖父秦孝公时，客卿商鞅打击本土贵族豪门的事情，魏冉一定记忆犹新，因此魏冉们会从骨子里厌恶排斥客卿。而作为客卿的吴起、商鞅遭反攻倒算的下场，对于范雎也是前车之鉴。

魏冉没有想错。范雎刚被秦昭襄王问策，就提出要制约魏冉为首的外戚贵族，结果魏冉被褫夺相位，逐离都城，迁往关外，后"身折势夺而以忧死"。这一回合，范雎完胜。然后缠斗进入下一回合——范雎与白起。

白起当年受魏冉保举引荐，两人关系密切，自然都属于本土利益集团。现在恩公突然因范雎的"谗言"而被罢官迁徙，范雎自己接替了相位，这会让白起作何感想作何神色？白起与范雎的格格不入、互相敌视，可想而知。白起大破赵军、斩首坑杀赵军四十余万，准备一鼓作气攻灭赵国，可是却收到了退兵的命令。因为范雎忌惮白起功劳太大而自己被压制，于是言于秦王："秦兵劳，请许韩、赵割地以和，且休士卒。"秦王听从了范雎的意见，白起对范雎更加痛恨，而范雎也肯定视白起为最大的威胁。

此后，秦、赵再战，秦军接连受挫，伤亡惨重，秦昭襄王数次请白起挂帅，均被白起托病拒绝，白起说："当初秦王不听我一举攻灭赵国的计谋，现在结果如何？"秦昭襄王听后大怒，强令白起出兵，白起则称病迟迟不肯动身，秦军战败消息却不断传来，昭王更迁怒于白起，命他即刻动身不得逗留。这个节骨眼对于范雎来说，时机成熟了。他对秦王说，"其意怏怏不服，有余言"，意即白起对秦王气恼不服，散布牢骚怪话。白起上路行至半途，秦昭襄王派使者赐剑命其自刎。而范雎此举，也损害了他的整体形象。

此后的秦国大将王翦，除战功卓著，在搞好将相关系上，情商就高多了。相国范雎与魏国的魏齐有深仇大恨，魏齐受威胁逃到赵国平原君赵胜门下。王翦向秦昭襄王献计，约赵胜来函谷关赴宴。等赵胜硬着头皮来赴约时，即将其扣留，要赵王拿魏齐来交换。魏齐走投无路，只能自杀。赵王送去了魏齐的首级，秦国释放了赵胜。王翦没费秦国一兵一卒，就解了相国范雎多年的心头之恨，送了范雎一个大人情，遂使将相两人始终相处和睦。

经营人际关系，可以是有意为之的"人事攻略"，也可以是下意识的为人风格，比如：对部下除了严格要求，又尊重理解、关心提携，从而营造和谐的工作环境；或者仗势欺人、跋扈傲慢、刁难打压，以至败坏职场氛围。而这后一种"不经意"的做法，一旦遭到部下的报复性反击，就会很具杀伤力。

康熙朝的高士奇揣着才学到京城"捞世界"，投入索额图的门下。索额图是为第一权臣，又是皇后的叔叔，以"椒房（皇后寝宫）之亲，且又世贵，侍士大夫向不以礼，况高（士奇）是其家奴狎友，其召之幕下也，颐指气使，以奴视之"。后高士奇被康熙看中，进国子监入翰林院，成为最得圣心的御用文人加"帝师"。"得士奇，始知学问门径。初见士奇得古人诗文，一览即知其时代，心以为异，未几，朕亦能之。士奇无战阵功，而朕待之厚，以其裨朕学问者大也。"君臣相得，高士奇甚为康熙赏识。传说康熙来到杭州灵隐寺，寺院住持跪请康熙题匾，康熙手笔一挥，就将繁体"靈"字上部的"雨"字写大了，接着就难以为"靈"了，高士奇见状，马上在手掌上写了"雲林"二字，悄悄露给康熙看，康熙就"雨"而"雲"，灵隐寺因此就另有了"雲林禅寺"的别名。这样的故事还有不少。

对于这种情形，索额图却并没有敏锐意识，反而心里失衡，"你不就是我的家奴吗"。索额图召见高士奇，仍然让高士奇"长跪启事，不令其坐。且家人尚称为高相公，索则直斥其名，有不如意处，则跪之于庭，而丑诋之"，甚至还"切齿大骂，辱及父母妻子"。高士奇由是怀恨在心，"遂顿忘旧恩，而思剚刀于其腹中"。索额图后因罪错而被下狱处死，高士奇腹中的"剃刀作用"功不可没。

锋芒太露 过犹不及

"但使龙城飞将在，不教胡马度阴山"——李广骁勇善战，飞将军历史留名。但是李广即使在儿子已被封侯的情况下，自己却始终未得册封，这既与他身为央管干部，又曾经去接受诸侯的将军印的严重政治错误有关，又是他率性而为、锋芒毕露的性格所致。李广在任陇西太守时，羌人发动叛乱，李广诱逼羌人投降后，又将八百多名降者全部处死，如此杀降，是为大忌，但是李广我行我素。李广兵败被俘逃回后，被贬为庶人，一次夜归错过入城时间，守关校尉公事公办。李广自负其名，让随从报上自己曾经的官职。校尉说就是现将军也不行，何况是故将军。李广重新复出后，报请让此校尉归入自己的部队，随即就将他杀了。这些事情做得太"绝"，除了有损李广的名声之外，他争强好胜、不遑他让的脾性，也让他与同僚军将多有隔阂、芥蒂。特别是李广出身名门望族、身为世家子弟，心高气傲，而在他之上的军帅卫青却是私生子出身、曾经身为骑奴。卫青虽以"关系户"上位，却率军屡出边塞，建立了不世功勋。李广心里是否服气？是否形于言表？以他不藏不掖的脾气，可想而知——两人关系不睦也是肯定的。

在著名的漠北会战中，卫青找到了匈奴单于王踪迹。在军功唾手可得之际，卫青突命率领前军、渴望接敌厮杀的李广改走边路。李广愤懑中在大漠中迷路，耽误了汇合期限。事后卫青派人问责，李广悲愤地说："我一生经七十余战，已经六十多岁了，这本是我灭单于的机会，无奈大将军将我调离，以至迷路，难道这是天意吗？"说完就抽刀自刎了。反正事后，李广的子嗣认定与卫青有杀父之仇。

在职场中锋芒太露而成事不足的另一种情形，是恃才傲物，一有机会就耍聪明、抖机灵、好显摆。曹操在一处园子修好时前去查验，走到一处门户，在门上写了一个"活"字就走了。修园子的人不解其意，杨修说，门字里面一个"活"，就是一个"阔"字，主公是嫌这个门太大了。曹操又来时，发现门改小了，并且知道是杨修的主意。"操虽称美，心甚忌之。"有人给曹操送了一盒点心，上有"一盒酥"三字，杨修"竟取匙与众分食讫"，"操问其故，修答曰：盒上明书一人一口酥，岂敢违丞相之命乎？操虽喜笑，而心恶之"。

曹操常恐遭谋害，吩咐左右："吾梦中好杀人；凡吾睡着，汝等切勿近前。"某晚曹操的被子掉落地上，一近侍来给他盖上，被曹操跃起拔剑斩之，事后假装惊问"谁杀了我的侍卫？""众以实对，操痛哭，命厚葬之。"杨修却指着死者叹道："丞相（曹操）没在梦中，是你在梦中啊！"操闻而愈恶之。

杨修随曹操出征，两军对峙长久。某日士兵询问夜间的口令，曹操随口说道"鸡肋"。杨修知道后就开始收拾行李，有人问他缘由，他说："鸡肋鸡肋、食之无味、弃之可惜，主公这是要退兵了，我先收拾下行李，免得来日匆忙。"于是众人纷纷收拾行李，曹操知道后大怒，以扰乱军心为由杀了杨修，然后不久就撤兵了。

贾谊从小熟读典籍，18岁时就写得一手好文章，他的《过秦论》因为分析秦国灭亡的原因精确到位，引起很大反响，成为古今名篇。汉文帝初即位，21岁的贾谊即被召为博士也就是智囊，一年后又被提升为太中大夫即类似高级巡视员。贾谊对政治、经济、外交均有真知灼见，他"重农抑商""固本强基"的上疏，说的就是在农耕社会"手中有粮，心里不慌"的道理，为汉文帝采纳。但是他"改正朔、易服色、制法度、兴礼乐"的主张，旨在对社会体制和文化习俗进行全方位的变革，则就有嫌冒进而缺乏实际操作性了。

而贾谊真刀真枪的改革主张，其锋芒所指则是当朝的权贵大佬。贾谊指出危害汉王朝政治安定的首要因素，是诸侯现象以及他们的"蠢蠢欲动"，他以历史事实说明分封诸侯的害处。指出诸侯的叛乱，并不取决于是疏是亲，而是取决于"形势"意即力量的对比。对此，贾谊提出了两个措施：一是"定礼制"，即严格制定皇帝与诸侯的君臣规矩；二是"定地制"，就是在诸侯原有的封地上再分封更多的诸侯，从而以分解封地来分散削弱诸侯的力量，是为"众建诸侯而少其力"。这样的主张本来已属非同小可；可是这还不算，贾谊还同时提出，让留居京城的列侯全都回到他们的领地去。

贾谊的建言献策鞭辟入里、切中要害，但是在方法上却是和盘托出、单刀直入，对诸侯权贵，包括对领导、老干部，不含蓄、不客气，公开挑战，咄咄逼人。然而贾谊在悉心于改革谋略的同时，却没有认真评估形势，没有周详地设计与之配套的实施路径和方法。

朝中如绛侯周勃、颍阴侯灌婴、东阳侯张相如、御史大夫冯敬等等，本来就对既无战功又无政绩的政坛新锐贾谊冷眼以待，正如李白所说"淮阴市井笑韩信，汉朝公卿忌贾生"；他们对贾谊有关社会文化大变革的主张，更是嗤之以鼻。而现在贾谊又"削"又"赶"的主意，就是向他们摊牌宣战了。

老周、老灌等人当然不会束手就范，他们在文帝面前对小贾群起而攻之，"年少初事，专欲擅权，纷乱诸事。"如此等等，不一而足。

汉文帝固然赏识贾谊，但是他不是秦孝公、楚悼王。周勃、灌婴、张相如、冯敬等人跟随刘邦东征西讨，是汉朝的开国功臣；刘邦死后，吕氏乱权，周勃领头剪灭吕氏，灌婴领军十万震慑敌方，甚至对于汉文帝来说几乎是从天上掉下来的皇帝印玺，也是周勃亲手交给他的。

贾谊于是被外放到千里之外的长沙，"挂起来了"。白居易叹为"汉文疑贾生，谪置湘之阴"。

谪居期间，贾谊又上疏主张将钱币的铸造发行收归中央政府。许多人肚子里一定会说：贾谊这个说得太对了！可是这事情从来没人出头说话，因为受命铸钱发行的是文帝最为宠信的嬖臣邓通。偏偏又是贾谊秉公直言，盯上了邓通的"奶酪"。

贾谊此后曾再被文帝召见，但是始终未得重用，33岁就因抑郁客死他乡，唯留英名传世。

试想贾谊当时如能审时度势、循序渐进，不求一朝一夕，不图一蹴而就，甚至藏锋露拙，然后最大可能地积聚舆论准备和改革共识，那么不出十年，改革局面必定大有可观，自己的政治理想也将得以实现。贾谊的一大优势，不正是年轻吗？到了汉武帝的时候，朝廷让诸侯将其封地分封给自己的子弟，其实就是延用了贾谊"众建诸侯而少其力"的主张。可惜贾谊在治国理念上具有远见卓识，却在方法上缺乏考虑，缺少策略。更可惜的是，贾谊在外交上提出过"韬光养晦"的策略，但是他却没有把这用在自己身上。

类似于贾谊"佼佼者易折"的另一个人物，是晁错。

晁错是西汉时期的杰出政治家，官至御史大夫，位列三公，很为汉景帝倚重。他的"农本思想""削夺诸侯"，与贾谊类似，其他的主要政见见于《言兵事疏》《守边劝农疏》《贤良对策》等策论中。而晁错的锋芒毕露，却比贾谊有过之无不及。

这首先表现在他的行事风格上。晁错个性张扬，班固在《汉书》中称"错为人峭直刻深"，意为峻厉严苛。丞相申屠嘉看不惯晁错具有侵犯性的强势作风，以他擅凿庙墙为由欲置其罪，晁错予以反制，让申屠嘉在汉景帝处碰了个大钉子，申屠嘉竟因此气愤吐血，不久病逝。晁错的《削藩策》上奏以后，景帝令公卿、列侯和皇族讨论，因景帝宠信晁错，没人敢公开表示反对，窦婴却当众表示反对，晁错与之结下了梁子。晁错与袁盎素来不和，你在我走，从不交结，晁错后派人查实袁盎罪错，欲置之死地，被景帝赦免。七国之乱即起，晁错准备再次对袁盎动手，结果连晁错的部下都不赞成。袁盎联络窦婴，紧急求见景帝，并称"今计独斩错"，可平定叛乱；随后丞相陶青、中尉陈嘉、廷尉张欧联名上书，弹劾晁错，提议将晁错满门抄斩。可见当时晁错的对立面已经构成联盟，自己则成了孤家寡人。他因锋芒太露的行事风格，在人际关系上埋下祸患，实在是因小失大。

晁错的锋芒毕露又表现在他的议事内容上，他的建言总是"疏直激切，尽所欲言"，对于"削藩"，他的主张就是直接削夺，比贾谊猛得多。景帝于是诏令先行削夺赵王的常山郡、胶西王的六个县、楚王的东海郡和薛郡、吴王的豫章郡和会稽郡，晁错又为此更改了法令三十条。诸侯为之哗然。

问题是，即如晁错《削藩策》所言："今削之亦反，不削亦反。削之，其反亟，祸小；不削之，其反迟，祸大。"那么，即位才两年的景帝和进言峻急的晁错对于诸侯极有可能造反的事情都准备好了吗？事实证明没有。

晁错的父亲对他的行事方式忧心忡忡，劝告无效，甚至服毒自尽。而晁错则因为景帝希望叛乱的七国退兵，被突然腰斩。

性格决定命运，遗憾的是当局者迷。张良对韩信的评价就是"锋芒过剩"。刘邦一次与韩信谈论统帅带兵之能，刘邦问："如我，能将（带兵）几何？"韩信竟没有说领导雄才大略、英明无双之类，却说："陛下不过能将十万。"刘邦问："于公何如？"韩信说："臣多多而益善耳。"韩信倒是说得直率，却也实在有点不及君臣之道。刘邦被项羽围困在荥阳，韩信正在齐地获得节节胜利，他不但不去驰援，反而在这时候要刘邦封他为齐王。韩信一次路过樊哙府邸，进去拜访，樊哙跪拜送接、口中称臣，韩信自嘲道："我现在竟也与樊哙这等人为伍了。"人家樊哙再怎么说也是陪伴刘邦出生入死、立下大功的人，还是吕后的妹夫，别说韩信忘了自己的"胯下之辱"了，这谱摆得也太政治文盲了。韩信最后落得身死族灭的下场，实在也与他的"锋芒过剩"有关。

患难见真情

公元908年的7月，京城的最高长官"京兆尹"杨凭案发，官场耸动。

杨凭历任要职，在他任湖南、江西观察使，即军政首长时，就贪贿敛财，"为（唐）德宗所姑息，故穷极僭奢，无所畏忌"。到了唐宪宗时杨凭升迁至京兆尹，随即又在长安的"永宁里"大建豪宅，还蓄养了许多妓妾，一时间永乐里"美人如云"，引起时人非议。其实当时早就有人在"候着"他了。时任御史中丞，也就是监察副部长的李夷简当年官职还小的时候去江西出差，曾经也干过御史工作的杨凭没把他放在眼里，"不顾接之，夷简常切齿"。有了这种过节，这杨凭却还恣意妄为，"夷简乘众议，举劾前事"，并且说杨凭修建的豪宅规制有僭越之嫌，这是死罪。"大老虎"杨凭下狱后，牵连不少人，李夷简还拘捕了不少杨凭在外埠任职时的下属同僚，获得了杨凭更多的不法罪证，坐实了这起大案要案。事情报到唐宪宗那里，宪宗则重演了君主"圣心仁厚、宽大为怀"的套路，在一通严厉指责后，免其死罪，将其贬去广西一个小地方当个小县吏，"驰驿发遣"，即行走人。

过去杨凭"重交游，尚然诺"，哥们簇拥，朋党不少，这个时候的杨凭即已成钦定罪臣、过街老鼠，那么这些人通常的做法：一是检举揭发，划清界限，所谓墙倒众人推；二是撇清关系，自证清白。对于杨凭来说，此时最为凄凉的是，在他离开长安时，竟无一人前来送别，毕竟他以前也帮过许多人的忙。非但长安无人送别，一路南行，过关过驿，也无一人迎送，真是世态炎凉。

到了蓝田驿，杨凭已经心灰意冷。然而让人意外的一幕出现了，有人在驿站道口摆下了酒席，专程为杨凭送行。此人叫徐晦，当年科举及第和任职小官时得到过杨凭推荐，杨凭自己可能已经不甚记得此事了。然而这时候的一樽热酒，一声珍重，直把杨凭感动得稀里哗啦！而徐晦的此举，未考虑杨凭的罪责，只与自己心中的那份感恩情义有关。朝廷重臣权德舆原来与杨凭交情颇深，对于送不送杨凭这件事，心中必定万般纠结，最终他还是没有相送。知道徐晦专门为杨凭饯行后，他找徐晦问话，并说："今日送杨凭，定受连累。"风险肯定是有的——杨凭罪行确凿，别人避之唯恐不及，这徐晦却去搅在里边。再说监察全体官员的李夷简是个厉害角色，又是杨凭的对头，且还是李唐王室的宗亲，徐晦这么做是要给他难看吗？但李夷简要整死你这么个小人物，实在是易如反掌。徐晦却回答说："我曾受杨公眷顾，杨公被贬，我岂能无言而别？"杨凭炙手可热、高朋满座的时候，轮不到徐晦；而现时让众人避之唯恐不及的风险，陷杨凭于凄惶之中，而对于徐晦而言，此刻对道义的坚持压倒了对风险的忧虑，"岂能无言而别"，他必须表明自己的心迹，以给杨凭一点暖意和慰藉。徐晦的回答，让权德舆"大惭"，感慨万分。

没过多久，李夷简上奏皇帝，竟是推荐徐晦为监察御史，唐宪宗立刻照准。徐晦不知自己为何能够升官，李夷简对他说："君不负杨凭，肯负国乎？"事实上，徐晦为官，就是靠个坦荡耿直。

同事、上下级之间，当然大多数时候都只是一般的工作关系、酬酢聚合，这很正常；但是既然是人之与人，那么人们之间就有可能形成超乎是非利害、功名得失的诚挚情义。虽然这概率很小，但是徐晦这么做了，更值得庆幸的是，权德舆、李夷简、唐宪宗也能够由此察人，对他予以认可了。

徐晦的送行，让我们想到了另一个人——严修。严修是晚清时期的教育家，提倡新学，与袁世凯在小站练兵的"新军"思想上一拍即合，进而成为挚友。

光绪、慈禧去世后，三岁的溥仪即位，其父载沣摄政。其时，载沣与镇国公载泽，肃亲王善耆，还有载洵、载涛、溥伟、溥伦等一帮子血统纯正的亲王一起研读"乱党"康有为、梁启超的《上摄政王书》，信中历数袁世凯的罪状，"潜伏爪牙，阴谋不轨"，然后又有康、梁给各省督抚的电文"两宫祸变，袁为罪魁，乞诛贼臣，伸公愤"云云。袁世凯是晚清的能臣与重臣，戊戌变法中，袁世凯又成了"忠臣"。当时帝、后两党剑拔弩张，谭嗣同夤夜造访袁世凯，请袁世凯发兵北京，杀荣禄、囚太后，至于袁世凯说了些什么以及事后有无告密，日后康、梁和袁世凯各有各说，扑朔迷离。但是那次夜谈之后，慈禧太后即从颐和园里返回宫中"亲政"，光绪皇帝被囚，谭嗣同等人血溅菜市口刑场，袁世凯则很快接替李鸿章当上直隶总督兼北洋大臣。康、梁及维新派由是对其恨之入骨。然而就在慈禧太后去世才七天的时候，袁世凯便奏请速开国会、实行宪政以安人心。《大公报》、日本的《大阪朝日新闻》《东京朝日新闻》随即都在显要位置登载了这一消息，以致连康、梁维新派都直呼袁氏此举"手段真是可畏"。善耆、载泽等等皇族少壮，本来对袁世凯的崛起，就已经忧心忡忡、焦躁难耐，"朝廷的内外军政，都是袁世凯的党羽。从前他畏惧的是慈禧太后，如今太后一死，已经无人可以钳制他了。"现在这么一来，载沣等人更感觉到了袁世凯的咄咄逼人，双方的矛盾激化。醇王府的书房里一时摩拳擦掌，溥伟甚至要请出咸丰皇帝赠予的祖上的宝刀，亲手杀了袁世凯。于是，在众人的鼓说之下，载沣杀袁的决心渐定。没想到在诛袁问题上，大家竟与"康梁乱党"不谋而合。没过两天，载沣和隆裕太后将首席军机大臣庆亲王奕劻传进宫来，听说要杀袁世凯，奕劻称此事须问一下张之洞，方为妥善。张之洞与袁世凯有隙，在军机处结下梁子，但是张之洞对于杀袁这件事情会是一个什么态度，奕劻却大致心中有数。

已经获得情报的袁世凯，心急慌忙地带着重礼拜访张之洞，却被告知"大人没在府里"而被拒之门外，弄得袁世凯又是一身冷汗。隔天的上朝时辰，敦实矮个的袁世凯没了往日的雄健步风，腿脚发软，磨蹭在后边。走到殿廷的时候，被早先买通的当值太监悄悄拦住："袁大军机可勿入内，今日摄政王怒形于色，听说严惩谕旨即下，恐怕对袁大军机不利，宜早筹自全之策。"袁世凯听了，如遭当头闷棍，魂飞魄散，身不由己，转身就走，并且急忙出京走避。

这边，张之洞被摄政王留下。说及要杀袁世凯，业已老迈的张之洞未免兔死狐悲。他缓慢而又沉重地回禀道："国家新遭大丧，主上又年幼，当前稳定大局最为重要，此时诛杀大臣，先例一开，恐怕后患无穷。愿摄政王熟思之，开缺回籍可也。"

袁世凯跑到天津，不禁悲从中来，这躲得了初一，还躲得过十五吗？幸好这时候传来了消息，说"罪只及开缺，无性命之虞"。袁世凯心头这才大石落地，长舒一口气，然后赶紧掉头回京。

回到北京第二天，袁世凯就接到了那道上谕："袁世凯着即开缺回籍养疴，以示体恤之至意。"

三天之后，这就已经到了1909年的年头上，袁世凯带着家眷老小，也带着惊恐和一腔子的悲愤怨恨，黯然离开北京。前来给他送行的，只有两个人（一说为三人）。怎么堂堂的直隶总督竟弄到这般"众叛亲离"？你懂的。而这两人之一，就是严修。天寒地冻，雪花飞舞，此时此刻的一声珍重，这才叫落难见真情。

接着严修"独抗疏"，称"进退大臣，应请明示功罪，不宜轻于斥弃"，时人称严修此疏"颇为难得"。随后，严修"旋亦乞病去官"，也辞职不干了。等到袁世凯东山再起成了大总统，多次委以高官厚禄，却均被严修拒绝。袁世凯欲复辟称帝，严修竭力劝阻。袁世凯去世，严修参与料理后事，而对于袁世凯，他始终"口不臧否人物"。严修待友的可贵之处，就是不循行情，一以贯之，持之以恒。

社会生活中，"朋友"的概念，就是讲交情，有情义。但是感天动地的情况一般还是不多的，而一旦有这样的故事，就值得留诸青史了。

江南才子吴兆骞于顺治年间参加乡试中举，然而此次乡试爆出舞弊案，十多名考官被处死，已考中的举子被押解至北京，由顺治帝亲自复试，合格者保留举人资格，不合格者治罪。吴兆骞少有才华并恃才傲物，拒绝复试，因而下狱。后虽经礼、刑两部多次严审，查明吴确无舞弊行为，其仍被流放宁古塔（今黑龙江省宁安市），此地重冰积雪，非复人间，至此者九死一生。身为朋友的顾贞观，在他被流放时，立下"必归季子（吴兆骞）"的誓言，他不断奔走于权贵之门，去找那些与吴兆骞有过交情现为官员的人，如苏州的宋德宜、昆山的徐乾学等等，希望他们顾念旧情，能为营救吴兆骞助一臂之力，可是世态炎凉、人情淡薄，这是"朋友"的常态，况且这还是皇上钦定的案子，世间会有几人像顾贞观这么"傻"呢？

时间一年一年过去了，一切努力均告失败。当收到吴兆骞的塞外来函，

"塞外苦寒，四时冰雪，鸣镝呼风，哀笳带血，一身飘寄，双鬓渐星。妇复多病，一男两女，藜藿不充，回念老母，茕然在堂，迢递关河，归省无日……"顾贞观凄伤落泪，却又一筹莫展，但是他始终没有放弃。康熙十五年，顾贞观结识了同为词曲爱好者的纳兰性德，其父是朝廷重臣纳兰明珠，顾贞观遂"为兆骞求援于容若（纳兰性德），未即许"。性德与吴兆骞并无交情，一时未允。这年冬天，顾贞观移居北京千佛寺，于冰雪中感念良友的惨苦无告，为之作《金缕曲》二首寄之以代书信，告之珍重。曲中有句云："季子平安否？便归来，平生万事，那堪回首？行路悠悠谁慰藉，母老家贫子幼；记不起，从前杯酒。魑魅搏人应见惯，总输他，覆雨翻云手，冰与雪，周旋久。泪痕莫滴牛衣透，数天涯，依然骨肉，几家能够？此似红颜多命薄，更不如今还有，只绝塞，苦寒难受。廿载包胥承一诺，盼乌头马角终相救，置此札，兄怀袖。""我亦飘零久。十年来，深恩负尽，死生师友……薄命长辞知己别，问人生到此凄凉否？千万恨，为君剖。"当纳兰性德读到这两首"悲之深、慰之至"，无一字不自肺腑的至情之作时，落下泪来，并"应允五载为期，营救兆骞入关"。吴兆骞后经纳兰父子之力被释归来，到纳兰明珠府上拜谢，明珠将他延入书房，壁上有书"顾梁汾（贞观）为吴汉槎（兆骞）屈膝处"几字，也就是顾贞观曾在这里为营救吴兆骞向纳兰父子下跪求情。此前吴兆骞还因小事与顾贞观有点不快，看到这行字，"不由大恸，声泪俱下"。看来朋友、部属之间的真情义，常常要在你落难的非常时刻才会显现出来。当然，最好是没有什么落难的事情发生，而一旦碰上了难事，首先也不要期待别人帮忙。同时要记得的是，假使获得了朋友全力以赴的帮助，那么这除了朋友的为人上品之外，一定也有你自己先前的"赠人玫瑰"、性情相投的预设造化在。

历史上就有一个人，应该伴随着文天祥而被人记取，他就是张千载。

张千载和文天祥从小就在一起读书，比较要好，后来文天祥高中状元，且一步步当上了宰相，而张千载则一直是个乡里的小文人。文天祥在位居高官地位显要时，张千载从不去找他；文天祥多次征请张千载出来做官，张千载也一概推辞，只在家里种田读书。但是张千载虽然"屡辞不仕"，也久未与文天祥谋面，但是这并不影响他对文天祥的心仪和敬重。二人尽管身份地位不同，但这也没有影响两人的相知相惜。

文天祥率军抗元失败被俘，一路北上被押解去大都。张千载听知此事后，马上变卖了所有家产，当文天祥被押解路过家乡时，张千载去上下打点，试图营救文天祥。但是因为文天祥的官职地位，无人敢徇情私放。无奈之下，张千载就请求跟随文天祥一同北去大都，以一路照料他的生活。当时押解的军官钦佩文天祥的为人，就予同意了。"丞相往燕（大都），千载亦往。"一路上，张千载对文天祥悉心照料。到了大都，文天祥被关到一所会馆，张千载就在附近租了房子住下，每天去给文天祥送饭送菜，前后三年，从未间断，直到最后为文天祥送行。这是怎样的朋友情义和信念啊！文天祥在狱中写了很多诗文，张千载花钱买通看守，悄悄把诗文带出来，其中就包括《正气歌》，它之得以留传后世，是为张千载所为。文天祥受刑后，张千载悄悄做了一个木匣，藏纳了他的首级，并且费劲周折，找到文天祥夫人的尸骨，然后"拾骨置囊，异椟南归，付其家安葬"。张千载为此倾家荡产。而特立独行、心高气傲的李贽却特别为张千载写了一个小传。这位张千载确实是值得大书特书的。

不要小瞧忠言逆耳

忠言是不是逆耳，以及逆耳之后会是什么情况，关键看领导。一些正确分析、积极进言，往往会给好大喜功的领导泼冷水，拂了他的意、逆了他的耳，因此进言者的风险很高。但是魏徵"事有必犯，知无不为"，即使是唐太宗李世民发怒，他也面折廷争，犯颜直谏，以至于李世民气得牙痒痒。不过李世民终究采纳并实施了魏徵的大部分意见，所以李世民能够成就大唐气象。魏徵去世后，李世民说："以人为镜，可以明得失，今魏徵殂逝，遂亡一镜矣！"

忠言不是批评就是反对，如果它们能以各种言说技巧，让领导改弦更张、回心转意，比如触龙说赵太后、荀息说晋灵公、邹忌说齐威王、李斯谏逐客书、张良说刘邦等等，那就皆大欢喜。

但是，大多数忠言逆耳的结果，就没有这么幸运了。

屈原出身世家，"博闻强志，明于治乱，娴于辞令"，官居要职，可惜他遇到的是楚怀王、楚顷襄王这两位让人糟心的主。楚怀王前半段尚能积极有为，后来便利令智昏，竟相信只要与齐国断交，秦国就送600里地的说辞，真是天上掉下了大馅饼，自己捡着了大便宜！屈原竭力忠告：张仪（说客）就是个大骗子、大忽悠！楚怀王热头上遭一盆冷水，恼怒之间，免了屈原的官位。结果事情果为屈原言中，楚怀王赔了夫人又折兵。楚怀王继续犯浑，不听屈原忠言，前去秦国赴会，被扣留到死。继位的楚顷襄王淫乐无度、昏庸误国，注定了楚国必然衰败的无解命数，而屈原的忠言也就必定由逆耳而遭至谗毁以及憎恶，屈原遂遭流放。随后，秦兵攻楚，国都沦陷，百姓蒙难，楚国破碎，屈原自投汨罗江而死。

楚汉相争，峙于汉中，刘邦率部10万人，项羽统军40万。项羽拟于次日攻击刘邦。"亚父"范增说："沛公居山东时，贪于财货，好美姬。今入关，财物无所取，妇女无所幸，此其志不在小。吾令人望其气，皆为龙虎，此天子气也。急击勿失。"（《史记》）刘邦用张良计，拜访项羽。鸿门宴上，范增使人击杀刘邦不成，刘邦即行离去，其实这等于就是项羽放走了刘邦，范增跌足叹道："唉！竖子不足与谋！夺项王天下者必沛公也。吾属今为之虏矣！"刘邦的谋臣陈平又以反间计使项羽猜忌范增，范增怒而辞职，在离去的路上病逝。历史就此改写。而刘邦日后说道："项羽有一范增而不能用，此其所以为我擒也。"

忠言逆耳而被直接杀了的，那就多了，比如关龙逢、比干、杨继盛等等。除了杀头还有一种处罚，就是廷杖，而这样的棍棒政治在明代尤具特色。

御史蒋钦，以执掌权柄的宦官刘瑾大奸大恶，上疏弹劾，被杖责30；数天后，蒋钦再次上疏，再被廷杖30；又过数日，蒋钦又再上疏，又再被廷杖30，终于死在杖下。明武宗朱厚照时，群臣进谏，劝皇帝勤于政务，别去江南游玩，结果皇帝大光其火，对进言的100多名大臣加以杖责，结果当场打死了11人。时隔不久，这个纪录就被打破，嘉靖皇帝同时廷杖124人，其中16人当场死亡。明代朝廷对进谏大臣施以廷杖的理由各式各样：劾严嵩、刘瑾，论抵拒妖僧，谏贵妃干政，谏元夕观灯，谏行名分序伦，谏皇帝服用金丹……因为忠言逆耳，上百的大臣被扒下衣裤，排在太和殿下，上百根棍子同时起落，噼里啪啦，"非同凡响"，一时血肉横飞，不少人昏厥，一些人当场毙命，惨不忍睹，空前绝后。

提意见、进忠言的风险既然那么高，后果那么严重，大伙也就该悠着点，在不那么紧要的事情上，犯不着过于拘泥。可是在事关大局的重量级问题上，忠直耿介之士却不能揣着明白装糊涂，于是在重大军事行动之际，总是忠言发生几率最高的时候，可惜它们又常常因为逆耳而结果悲摧。

蹇叔为秦穆公的右庶长，相当于国相，他辅助秦穆公教化民众、实施变革，使秦国逐渐强盛，秦穆公也成就了霸业。秦穆公因有间谍做内应而准备攻打郑国，蹇叔以知人之明、识势之智，认为不可，"劳师以袭远，非所闻也。师劳力竭，远主备之，无乃不可乎？"劳师动众长途奔袭，没听说过有这种战法，军队辛劳疲惫，远方国家的君主又有防备，这样做恐怕不行吧？然而秦穆公不听蹇叔的意见，一意孤行。在送别秦师时，蹇叔哭着说："吾见师之出而不见其入也！"蹇叔的儿子也是部队的将帅，蹇叔哭送道："晋人御师必于崤，崤有二陵焉……必死是间，余收尔骨焉！"蹇叔因此遭到秦穆公的怒斥："我发兵你却哭师！你早点死的话，你墓上的树都该长粗了！"这话说得真够损，但是事情果然不出蹇叔所料，秦军袭郑不成，回师途中经过崤山，遭晋军伏击，全军覆没。蹇叔只有一样没有说准：儿子没有战死，而是在崤山被晋军俘虏了。

楚人伍子胥背负冤仇投奔吴国，帮助阖闾取得国君之位。阖闾之子夫差继位，觊觎中原，想趁齐国内乱之际攻打齐国，伍子胥认为不可。齐国对于吴国的威胁，只是"疥癣微疾""破齐，譬犹石田，无所用之""夫越，腹心之病"。越王勾践不忘吴仇，正轻其征赋、养其甲兵，"愿王释齐而先越；若不然，后将悔之无及。"越国是吴国的宿敌，当年吴国与楚国交战，越国就曾乘虚而入，阖闾在与越军交战时受伤而死。后吴国击败越国，越王勾践求和，伍子胥当时就认为不行，"夫吴之与越，世仇之敌国也！三江环之，民无所移。有吴则无越，有越则无吴。"

然而卧薪尝胆的越王勾践不是等闲之辈，他"重宝以献遗太宰嚭"，而担任太宰的伯嚭贪财好色，内残忠臣，外通敌国，"太宰嚭既数受越赂，日夜为言于吴王"，一是撺掇攻齐，第二就是谗毁伍子胥阴谋倚托齐国反吴。

夫差听信伯嚭谗言，"乃使人赐（伍）子胥以'属镂'之剑。曰：'子以此死。'"伍子胥自杀前"乃告其舍人曰：'抉吾眼县（悬）吴东门之上，以观越寇之入灭吴也。'"夫差闻之大怒，不许将伍子胥的尸体入土安葬，而是裹以皮革，浮之江中。吴人哀怜他，为他在江边立祠，因此命为胥山。数年后，越国故技重演，乘虚而入，吴国终为越国所灭。夫差自刎前叹道："吾悔不用伍子胥之言，自令陷此。"又令人用帛布蒙住眼睛，说："我无面目以见伍子胥也！"

兴兵举战，兹事体大，必得运筹帷幄、知己知彼才行。田丰是袁绍的谋士，在袁绍的劲敌曹操与别人干仗的时候，田丰建议乘虚攻击曹操的老巢，一战可定大局，袁绍却说俺家娃病了，没工夫。袁绍倒是一个顾家的好男人，却不像是个成就大事的雄主，田丰气得直拿拐杖戳地。等到曹操那边完事了调转身来，袁绍摆下架势要与他PK了，田丰说现在与曹操交战，输多赢少，袁绍眼睛一瞪：咋的？长他人志气，灭自己威风？来人！把他关进大牢，等我打了胜仗再来论罪！结果袁绍果然大败于曹操，怕被田丰讥笑，干脆把他杀了。

明朝建立，明太祖朱元璋和明成祖朱棣连续北伐打击蒙元势力，明成祖更是五次进击漠北。在准备第三次北伐之际，明成祖征询大臣的意见。既然如此，按说大臣可以实事求是、实话实说，于是户部尚书夏原吉、工部尚书吴中、兵部尚书方宾都表示反对，特别是夏原吉据实相告："比年师出无功，军马储蓄，十丧八九，灾眚迭作，内外俱疲。况圣躬少安、尚须调护，乞遣将往征，勿劳车驾。"其中虽然说到灾荒不断，内外交困，圣体欠安，需要调养之类，关键是"连年出兵、无功而返、劳民伤财"，触到了明成祖的逆鳞。明成祖的北伐，既为针对蒙元忧患，也为彰显文治武功，遮盖自己篡夺侄子皇位的污点。但是动辄用兵数十余万，民夫数百万，粮道漫长，补给困难，给财政带来巨大的压力；再加上北建故宫、南修武当、招抚诸番、郑和下西洋，都是烧钱的事。明成祖闻此勃然大怒，将夏原吉、吴中罢职下狱，方宾畏惧自杀。幸亏一些大臣劝说，夏原吉才没被砍了脑袋，旋又被抄家，夏原吉虽掌国家财政，家中却只有一些布衣瓦器。

明太祖连续亲征，因对手坚持游击战而老是扑空白跑。在第五次北伐空手而回的路上，明成祖病倒，所幸老朱在临死前说了一句人话，也是明白话："夏原吉爱我。"

消息传到后，太子跑到内官监呼喊夏原吉，夏原吉听到噩耗哭倒在地。太子让他即刻出狱，商议事宜。太子（明仁宗）即位，夏原吉官复原职。

当好二把手不容易

当好二把手之所以不容易，首先是因为二把手一般都事务繁重、责任重大；而更主要的则是他靠一把手太近，其权位就比较敏感。一人之下，众人之上，要做好了，是一把手的得力帮手；弄不好，就会对一把手构成威胁。因此，二把手戒，戒二把手，是古往今来职场、官场的通则。

当好二把手，要紧的也就一个词——别无二心。

周武王去世，十三岁的儿子继位，是为周成王，武王的弟弟、成王的叔叔周公旦辅佐成王。当时刚建立的周王朝还不稳固，周公摄政，忠心不二，殚精竭虑，排内忧，征外患，巩固了周王朝的统治。《史记》说周公"一沐三捉发，一饭三吐哺"，意思是周公为了繁忙的工作和接待，甚至洗头都会三次握发而止，吃顿饭都会三次停下，"周公吐哺，天下归心"，说的就是这样的情形。周公执政七年，巩固了周王朝的统治，制订了一整套典章制度。周公当时如果要取而代之，那是分分钟的事情。但是到周成王二十岁时，周公归政成王，为"成康之治"奠定了基础，适时而退。

"鞠躬尽瘁，死而后已"，则是诸葛亮功业和心志的写照。刘备三顾茅庐，诸葛亮说三分天下的隆中对策，以后又倾心操作，帮助刘备于三国鼎立中位居其一。刘备建立蜀汉政权后，诸葛亮成为丞相，主持朝政。刘备病重，对诸葛亮说："你的才能是曹丕（时为魏文帝）的十倍，必定能够安顿国家，终可成就大事。如果嗣子（刘禅）可以辅助，便辅助他；如果他没有才干，你可以自行取代。"诸葛亮哭着说："臣必定竭尽股肱的力量，报效忠贞，直到死为止！"此后，所有的军政要务更加系于诸葛亮一身，而且诸葛亮的威望很高，他要废刘自立，也是分分钟的事情，但是诸葛亮始终以辅佐为宗旨，绝无觊觎一把手王位之念，兢兢业业、勤勉谨慎地当好刘禅二把手。

然而，说当好二把手不容易，就是因为权力的诱惑超乎一切，大多数具有周公旦、诸葛亮同样权位的人，却不能像他们那样戒惕自慎、把持定力、恪守本分，他们中相当一些人的做法，一是僭越，二是篡位。

商汤死后，伊尹辅佐商汤的儿子，再辅佐继承王位的商汤长孙太甲。然而不久伊尹就将太甲发配去看守宗庙了。一说这是因为太甲当政后，一味享乐，朝政昏乱，伊尹屡谏不得，无奈之下如此办理，加以教育，以观后效，"天作孽犹可违，自作孽不可逭"这句话，就是伊尹说的；另一说是伊尹辅佐太甲后不久，罗列了太甲的一堆罪名，予以软禁，数年后太甲在忠臣的帮助下逃脱，回来诛杀了伊尹。不管怎么说，伊尹权位凌驾于王位并能处置君主的事情，是坐实的。汉昭帝死后无嗣，大司马大将军霍光主持扶立了汉武帝的一个孙子刘贺为帝，20多天后看看这个新帝不行，又将他废了，另又扶立了武帝的重孙刘病已为帝。"行伊霍之事"的说法，指的就是这种二把手凌驾王位的僭越行为，诸如董卓、曹操、孙峻、司马昭等等。

而更多的二把手在权势超越君主之后，直接就篡位自立了。这样的事情先就充斥在历史之中。因此吸取历史的教训，用二把手又戒二把手，就成为明君的信条，就像刘邦之于萧何。

刘邦称帝以后，将萧何封为第一功臣，任其为相国。尽管萧何治世有方、为人持重，特别是对刘邦尽忠尽职，但是刘邦却还是对他不放心，原因就是萧何成了二把手。刘邦与项羽对峙交战、萧何留守后方，刘邦数次派使者慰劳萧何，有人就对萧何说："大王率军野战，条件艰苦，却来慰劳相国，是对相国有疑心；为相国考虑，您不如让些子孙兄弟到前线去，以解除大王的猜忌。""于是（萧）何从其计，汉王大悦。"此后黥布叛乱，刘邦率兵征讨，每次萧何派人输送军粮到前方时，刘邦都要问相国在长安做什么，使者说相国理政有方、安境抚民，刘邦听后总是默不作声。一门客知道这事后对萧何说："君灭族不久矣！"萧何惊问其故，那门客说："相国自入关后就深得百姓的爱戴，到现在已经十多年了，百姓都拥护您。现在大王几次问您的情况，就是怕您借助民望有不轨企图啊！万一您乘虚而动，关闭函谷关，岂非将皇上置于进不能战，退无可归的境地？如今您何不贱价强买民间田宅，让百姓怨恨您，这样皇上才会对您放心。"萧何为此长叹一声。刘邦班师回朝，百姓拦路控告相国用低价强买民间田宅之事，刘邦回到宫中，萧何前来拜见，刘邦笑着说："你当相国的还要与百姓争利啊。"然后把百姓的控告信全部交给萧何，说道："你自己去向民众谢罪吧。"此事也就被刘邦付诸笑谈了。可是没想到萧何竟然顺势提出，长安地区土地少，皇家园林上林苑有大片空地撂荒，不如交给百姓耕种。刘邦听后大怒，将萧何戴上刑具，打入监狱。刘邦为此道出自己的心结："吾闻李斯相秦皇帝，有善归主，有恶自予。今相国多受贾竖金而为请吾苑，以自媚于民，故系治之。"萧何虽被很快释放，却也更加谨慎低调、自我戒惕了。

刘邦和萧何各得其所、相安无事，然而此后的二把手权臣如王莽、司马炎、杨坚、王世充、陈霸先、赵匡胤等等的篡位自立，仍然不胜枚举。而到了清朝，这老大君主与二把手的故事，就更加有味好看了。

顺治是清军入关后的首位皇帝，六岁即位后，由叔父多尔衮摄政。在多尔衮这位二把手公开的僭越行为下，顺治多年来一直十分憋屈压抑，完全没有当皇帝的感觉。所以多尔衮死后两个月，顺治帝就对其掘墓毁尸。顺治去世后，八岁的康熙继位，也许是吸取了前朝的教训，康熙有四位平起平坐的辅政大臣——索尼、苏克萨哈、遏必隆、鳌拜——用以相互制衡，取消二把手。但是恰如汉武帝托孤时也安排了四名辅政大臣，最后却是霍光一人独大，曹叡托孤以曹爽、司马懿并重，曹爽却先将司马懿"屏蔽"，又被司马懿反杀，结果姓曹的皇位都被夺了，康熙十多岁想亲政的时候，鳌拜已经压制了其他三人，成为了名副其实的二把手。当时在宫廷中的法国传教士就记载说："在康熙十五六岁时，四位摄政王（辅政大臣）中最有势力的宰相（即鳌拜），把持了议政王大臣会议和六部的实权，任意行使康熙皇帝的权威，因此，任何人都没有勇气对他提出异议。"此时的鳌拜已经对康熙的皇权构成了严重的威胁。在朝廷内外均被鳌拜分子把持的情况下，康熙联络了几个小伙伴到宫中健身，这天康熙问："你们是怕鳌拜还是怕我？"众小伙伴齐声道："只怕皇上！"鳌拜应诏入宫，康熙的警卫队长索额图在宫门口要求鳌拜解下佩刀，等鳌拜入宫后，小伙伴们出其不意将其扑倒，鳌拜虽然勇力过人，却难敌七手八脚。康熙将鳌拜放倒，进而瓦解了他的权力集团。

因此，鉴于历史的、老爸的、自己的经验教训，康熙对于二把手的事情应该是特别上心的。

在剪除鳌拜的过程中，有两个人功不可没：索额图和纳兰明珠。索额图负责擒拿鳌拜，明珠负责控制其党羽。此后，这两个人又在平定三藩、收复台湾、讨伐沙俄、征讨噶尔丹等一系列军政大事上，发挥了重要的作用，遂成为康熙的左膀右臂。"左膀右臂"首先当然就是肱骨大臣的意思，其实在这里又是有着两边平衡、互相牵制的含义的。

索额图和明珠同是具有宰相权位的辅政大臣，各有所长——索额图是正版的官二代，老爸是大清国开国勋臣，又是顺治帝为康熙安排的四大辅政之一索尼的儿子，索额图的侄女还是皇太子胤礽的生母，自己又历任国史院大学士、保和殿大学士、议政大臣、领侍卫内大臣等职，人称"索相"，权倾朝野。明珠历任内务府总管、刑部尚书、兵部尚书、都察院左都御史、武英殿大学士、太子太傅，官居内阁多年，"掌仪天下之政"，也是权势显赫，人称"明相"，他的外甥是康熙皇帝的长子胤禔。比较起来，索额图权势更大，权欲更强，明珠能力稍强，更有智见——康熙对他们却是不偏不倚，一视同仁，同为"爱卿"。历史的经验值得注意，为了坐稳老大的位置并且顺利交班，他不会再给自己整出一个二把手来。

索额图和纳兰明珠表面上各司其职，相安无事，主子康熙自然是希望他们团结共事。但是特别要警惕的，又是他们称兄道弟、"私信"联系，甚至成为姻亲那样团结。如果是这样，那康熙皇帝就有麻烦，而这两位的麻烦就会更大，甚至可以说是活得不麻烦了。好在事情是在朝着"健康""合理"的方向发展——"分庭抗礼"，在权力结构的顶层设计中，这正是预期的、通常的，也是必定的结果。事实上，别看索额图和明珠客客气气，唱喏作揖，肚子里都早已是刀光剑影，史称"权势相侔，互相仇轧"。这种情况也许会影响一点工作，但是两位主要副手的明争暗斗、互相掐架，对于康熙来说，又何尝不是得其所哉。

随着索额图和明珠的权势不断提升，以两人为中心自然形成了各自的派系，朝中大臣基本分属两派，两派之间几乎也是旗鼓相当。对于这种局面，主子康熙肯定也有点不爽。

不久，一名御史也就是专职的监察干部举报明珠贪污受贿、卖官鬻爵。明珠赶紧四处打点，但是这位御史的"来头不小"，咬死了不放。结果明珠就被"规"了。

一位宰相级的大臣瞬间就被打进了大牢，这在整个大清国的官场引起的震动可想而知，而这正是康熙所要的效果。

明珠入狱以后并没有坐以待毙。他在夜深人静的牢室里思前想后、冷静推演，想办法自救。可是在整个大清朝，除了康熙皇帝和索额图，还有谁能帮得了自己？明珠做出了一个出人意料的决定——找索额图帮忙。哎哟喂，一向老谋深算的明珠是不是情急之下脑子进水了？这不是与虎谋皮嘛！

其实明珠是在仔细揣摩了康熙皇帝的心思以后，走出了一步险棋。他在狱中指挥，让潜伏在索额图阵营中的一名自家间谍，将一份言之凿凿的举报他明珠这些年意图"谋反"的罪证交给了索额图！这实在是让人瞠目结舌。

索额图看到材料，大喜过望！虽然当时朝廷也是在狠抓风纪，可是贪污受贿对于皇帝毕竟只是头皮瘙痒，但是谋反却是心腹大患，不光是满门抄斩，连同属一派的人也会遭到无情的整肃清洗，这实在是一个一举铲除"明党"的大好机会！于是，索额图连忙向皇上上报了材料。

康熙看了材料，也一下子愣住了，这是什么情况？明珠贪污受贿那是没有问题的，不存在冤假错案，康熙予以敲打，既是彰显我朝整饬贪腐的决心，也是震慑所有官员：老大在这里，你等岂能忘乎所以，恣意妄为？但是要说这明珠图谋造反，这好像就有点低估了康熙的智商。而耐人寻味的是，这份材料又是索额图呈送上来的，他是要干什么？杀掉明珠，只是一念之间的事情。可是朝野不是一直都在说索额图和明珠是朕的"左膀右臂"吗？这个时候骤然废了一条胳膊，致残的是谁？当然康熙也可以另外培植一支势力，以再取平衡，可这也不是一朝一夕的事情。而在这个过程中，索额图的势力必然做大做强……于是乎，索额图一人之下、万人之上的"二把手"形态，好像已经咄咄逼人地来到了跟前。想到这里，康熙不由微微地笑了。

此刻，明珠阵营已经人心浮动，乱了方寸。可就在这个时候，康熙颁旨：免去明珠大学士称号，继续担任其他原有职位，即刻上班履职。

到了这个时候，人们不得不佩服官场老手明珠的精准推算和反向操作，他真正是掐准了康熙帝忌惮二把手的心理，于是玩了一把"水落石出"之计，或者就是制造了一次官场上的越位战术，而索额图果然上了当，他当仁不让，舍我其谁地站了出来。当然，明珠自己自此肯定也会更加谨慎低调、恪尽职守效命皇上了。而对此人们也不得不更加叹服康熙皇帝的深谋远虑和英明决策。康熙在位六十一年，开创了"康乾盛世"，这可不是什么凭运气就能做到的事。

至于最后明珠得以寿终正寝，索额图因参与太子越轨谋事而被处死，就都是后话了。

功高未必震主

功高震主，这是个敏感事儿，领导对此比较计较，部属也须对此常具戒惕。这时候如果某人再因成绩突出而忘乎所以、不讲规矩、居功犯上，那就是在勇闯雷区了。

秦将白起攻城略地，屡建奇功，然而后来对秦王态度倨傲，又是罢工又是怠工，终被秦王赐死。韩信简直就是为刘邦"包打天下"的，平定齐国后，韩信持功向刘邦讨封"齐王"，犯了大忌，最终遭到荼毒。年羹尧战功赫赫，位及人臣，但是自恃功高、骄横跋扈：赴京途中，都统、总督都得跪道迎送；到京时，王公以下官员都得到郊外跪接；更有甚者，他在雍正面前竟也"无人臣礼"，最后被赐自裁，实在是自己作死。

人在职场、官场，只要谨记老大是谁，功高就未必一定震主。

秦国名将王翦，在攻灭六国、一统天下中居功至伟，功名不在白起之下，而得善终，这关键是能摆正自己的位置。同样是在自己正确的意见不被接受，秦军败绩后秦王亲自到府上致歉并再请出山时，白起的回答是"臣宁伏诛而死，不忍为辱军之将"，就是死也不去当败军之将，王翦却不那么牛气任性，只是以年老多病予以推辞："臣罢病悖乱，唯大王更择贤将。"秦王嬴政坚持定见，王翦在提出军队的规模要求以后，也就欣然从命。这个时候的王翦讲政治，识大局，知所进退。

出征前王翦多次向秦王"请美田宅园池甚众""以请田宅为子孙业耳"；"始皇大笑"而允之。部属不解：将军是不是过分了？王翦说："秦王生性多疑而不信人，现在他将全国的军队交给我，我不多多索要田宅说为子孙计，那不是要让秦王对我心存猜忌吗？"王翦这么做，是向秦王表明自己的志向不过如此，借此消除秦王对他拥兵自立的疑惧；同时这种自低境界的做法，实质上也是在政治上向秦王示弱，表明自己甘为人臣的态度。秦王对此果然"大笑"。如此之下，功劳再高也就不会震主了。

王翦攻下楚国后班师回到咸阳，秦王为他举行庆功宴会，封他为侯，王翦就在会上向秦王请求解甲归田。此时天下一统已成定局，这也正是自己急流勇退、消除功高震主之虞的时候。王翦向秦王推荐了其他将领，让他们去完成统一大业的最后一公里，自己则告老还乡。王翦就此功成名就，得以寿终正寝。

敬畏君主、所有的功绩都是在君主的正确领导下取得的——这既是出于理性，也有因人而异的性格因素。

卫青，几乎是汉代抗击匈奴的代名词，他"材干绝人"，"自立汉以来始破匈奴"，继而七战七捷，大大改变了战场形势，巩固了汉朝江山。卫青与霍去病被匈奴敬称为"汉子"，"汉子"一词由此而来。汉武帝为表彰卫青的功绩，在大将军之上又加封他为大司马，使他得以管理日常的军事行政事务，以代太尉之职。此外卫青受封长平侯后，又经两次益封，《史记》称其所得封邑一万六千七百户，《汉书》则记为二万二百户和三万户。卫青的三个儿子也都被封为列侯。

卫青抗击匈奴时勇猛善战，"号令明，当敌勇敢，常为士卒先"，但是对同僚部下却谦和仁让、气度宽广，《史记》称其"须士卒尽得水，乃敢饮。军罢，卒尽已度（渡）河，乃度（渡）。皇太后所赐金帛，尽以赐军吏"，"大将军遇士大夫有礼，于士卒有恩，众皆乐为之用"。也许是自小为奴多经磨难，卫青为人处事始终低调谨慎，甚至在拜将封侯之后，被李广的儿子泄愤打伤，也取息事宁人的态度。在汉武帝对霍去病恩宠日盛之时，过去卫青的许多故旧都转到了霍去病的门下，卫青认为这是人之常情而处之坦然。

卫青一生功勋卓绝，却不因功高而有半点嗫嚅。他从奴隶到将军，全靠汉武帝的知遇，因此自有肝脑涂地之愿，于情于理他对武帝都恭敬有加，百分之百地"遵命"。部将苏建的3000骑兵意外遭遇匈奴上万主力，前将军又临阵倒戈，苏建苦战一天只身逃回。军中有人说苏建以少敌多，奋战一天不降，可见忠勇，不该被杀；也有人说大将军就任以来，还未杀过败将，杀苏建正好立威。卫青则一如既往地多请示、勤汇报，他说自己蒙天子殊宠为大将军，虽有权力，但不敢擅专，还是把这事交给天子定夺，于是用囚车押回苏建，汉武帝放了苏建将其贬为庶人。武帝不喜欢臣子搞团团伙伙，卫青虽然权倾朝野，威信很高，但是谨守规矩，没有一个门客。卫青从不越界干预政事，像霍去病建言分封皇子的事情，卫青是不会做的。有人批评卫青过于"和柔"，然而这就是卫青的风格。卫青去世后，汉武帝为纪念他的功勋，谥号为"烈"，取"以武立功，秉德尊业曰烈"之意，又为之修建了一座阴山形状的墓冢。

郭子仪是历唐肃、代、德宗三朝的元老。平定安史之乱，郭子仪指挥了攻克河北诸郡之战、收复两京之战、邺城之战，儿子郭旰也英勇战死；安史之乱后，他计退吐蕃，说服回纥，威服叛将，平定河东，是为唐王朝的中流砥柱。

但是像历代的名将一样，郭子仪也遭到来自朝廷权臣的猜忌和谗言，有人屡次诬告他拥兵自重，况且郭子仪在部将中威信极高，"朔方将士思子仪，如子弟之思父兄"。这就更让人不放心了，唐肃宗因此几次急诏他回京述职。在受到委屈、受到诬陷时许多人会经不住憋屈，采取顶牛或更为出格的态度，然而郭子仪只要一接到诏书，每次都当即移交兵权，随即启程回京。有一次，他入朝后，发现专权用事的宦官忌惮他功高任重，整天在皇帝耳边吹阴风，于是干脆上表，自请解除所有职务。郭子仪不恋兵权，更无尾大不掉的事情；在朝政急难时，又随叫随到，几上几下，摆平危局，任劳任怨，绝无怨言。

如此这般几次后，唐肃宗彻底打消了对郭子仪的疑虑："国家再造，卿力也。"事实上，安史之乱以及此后的唐朝乱局，如若没有郭子仪，唐朝恐怕早已亡国。而郭子仪谨守名分，从无僭越之念；恪尽职守，做好本职工作。一次，他与肃宗敞开心扉、剖肝沥胆，好几次君臣二人都激动得"涕泗交流"。

郭子仪的儿子娶了公主，小两口一日拌嘴，公主欲以己父压公公一头，小郭气道："啥了不起啊？我爹还不稀罕当这个皇帝呢！"公主气极，"奔车奏之"，回宫告状。唐代宗却平静地说："他说的不错，他爹要是想当皇帝，这天下就是他家的了。"然后劝慰了公主，让她赶紧回家。代宗这是在与郭子仪经历了多次的烈火见真金、危难见真心以后，才这么说的。郭子仪囚禁了"坑爹"的儿子，一路小跑到宫中请罪，倒是代宗宽慰了他。

郭子仪出将入相三十余年，功高而不震主，受到几朝皇帝的尊宠，被呼为"尚父"，八子七婿都身居显贵，麾下数十名部将封王晋侯，获赐良田房产甚多，最后以八十五岁高龄谢世。他之所以能够成为这等人生赢家，就在于后人对他的评说："权倾天下而朝不忌，功盖一世而上不疑。"

功高未必震主，史来多有，另一位可予一说的人物，就是曾国藩。太平天国运动起，曾国藩组建湘军，经多年鏖战，于1864年7月率军攻破天京（南京），剿灭了太平天国，官至两江总督、直隶总督、武英殿大学士，封一等毅勇侯，谥号"文正"。在经历了鸦片战争以后，曾国藩又倡议建造了中国第一艘轮船，建立了第一所兵工学堂，印刷翻译了第一批西方书籍，安排了第一批赴美留学生，对中国近代的政治、军事、文化、经济都产生了深远的影响。

然而一方面，曾国藩对于后清王朝的腐败衰落，深有体察，评议甚多，洪秀全在广西金田起事时，曾国藩的上疏直指咸丰帝的过失，咸丰帝"怒掷其折于地"，数日后复阅，才予纳谏。但是另一方面，曾国藩从小受湖湘学风濡染，读圣贤之书，崇道学名教，而纲常伦理也就框定了他对于君臣关系的根本定位。

平定太平天国数年后，曾国藩与其知心幕僚赵烈文有过一次对话。

曾国藩说："京中来人云，都门气象甚恶，明火执仗之案时出，而市肆乞丐成群，甚至妇女亦裸身无裤。民穷财尽，恐有异变，奈何？"

赵烈文对晚清治下的国家，评价是"抽心一烂"，并预言满清政权将在五十年内瓦解。

然而曾国藩却仍然认为"本朝君德正，或不至此"。也就是说他对朝政可以有批评，对时局可以有忧虑，却绝不会有"犯上"之心。

咸丰与慈禧对于曾国藩的功绩一面大加表彰、给予提拔，一面又始终尽可能地对曾国藩的军权进行制衡，这是为君之道的题中之义。在湘军攻灭太平天国时，曾国藩拥兵三十万，自己的派系遍及军政要津。其时也有人劝曾国藩拥兵自立，但是曾国藩绝对不会有此考虑；相反，曾国藩在攻破天京仅一个月后，就奏准裁撤了湘军两万五千人，以后又一再裁减，也就是把事情做在了主子生有防范和戒心的前面，以免功高震主。

职场禁区——"太子"问题

讨论工作，各抒己见；参政议政，畅所欲言——说是这么说，不过要注意，这并非百无禁忌，而是有前提、有范围的。其实任何社会场合，总有不能谈论的事，总有不能说的话。比如，对于历朝历代的文武大臣，有关太子，也就是立嗣立储，就是一个极为敏感甚至是禁区的话题。

历史上千百年来的动乱和战争，其实围绕的只是一件事情——夺取皇位，或者从外部，或者从内部。而太子及立储问题，因为事关预备皇帝、天下传承，因此高度敏感、兹事体大，即使仅仅是进言，从来都是高风险甚至会启动杀机的。

汉景帝因与栗姬的一次关于皇储的对话，而废了已立的太子，老军头周亚夫介入，站出来反对废太子。周亚夫刚刚率领军队平定了七国的叛乱，又是现任的宰相，然而恰恰如此，更成了景帝的心病。周亚夫终于被逼在狱中绝食，吐血而死。

再牛的功臣，一旦介入了太子的事情，情势都可能立马反转。汉武帝时，就发生了一件蹊跷成谜的事情：霍去病在说了"不该说"的事情以后，忽然莫名去世。

霍去病不满十八岁就跟随大将军也就是舅舅卫青出击匈奴。霍去病一再请战，凭着血气之勇带领八百骁骑突袭得手，"斩首捕虏二千二十八级"，其中包括匈奴的相国、当户等官员，及单于祖父辈的王侯，俘虏了单于的叔父，大胜而还，战果空前。汉武帝取其勇冠三军之意，赐封"冠军侯"。霍去病勇猛善战，胆略过人，多次进击，给予匈奴以重大打击，功勋盖世，十九岁就被任为军阶第二的骠骑将军。在汉武帝给以豪宅奖励时，霍去病的一句名言动人心魄："匈奴未灭，何以家为！"霍去病二十一岁被封为大司马，汉武帝特地指定他的级别与第一军阶的卫青平起平坐。

功成名就以后，霍去病上疏奏请武帝封三位王子为诸侯王。历来武将干政都是大忌，只知骑马打仗的霍去病，怎么忽然关心起这等事情来了呢？这个上疏如果被采纳，对谁有利呢？

霍去病的母亲是卫青的姐姐，他的大姨妈也就是卫青的另一个姐姐，正是当今皇后、太子刘据的母亲。但是在皇家政治中，这种形势总是存在着不确定性。而如果王子被封诸侯以后，必须"就国"，即去封地居住而不能留在京城长安，这就自然会减少宫廷争斗，霍去病的表兄弟刘据的太子之位就更稳当安全了。

霍去病的用心汉武帝会看不明白吗？然后事情明摆着，霍去病关联着卫青、皇后、太子，这就是一个显赫庞大的卫氏集团呀！而鉴于历史的教训——曾祖刘邦之后外戚吕氏的篡权乱政，祖父文帝时的诸侯谋反，父亲景帝时的七国之乱——汉武帝一向是警惕外戚、反对分封诸侯的。武帝同父异母的哥哥刘德被景帝封为河间王，致力于整理国故、传承文化，却仍然被武帝严厉警告："汤以七十里、文王百里，王其勉之。"意思就是殷商汤王、周文王，都是以方圆七十里与百里的小国而夺取天下的，你也好自为之吧。刘德心惊肉跳，回到封地，借酒浇愁，四个月后就死了。

而这个霍去病又是一个勇于担当、敢作敢为的主。李广的儿子李敢认为父亲在漠北会战中因为卫青之过，而受辱自杀，因此冲到卫青的住所将卫青打伤，卫青息事宁人，没有声张，霍去病却不干了。在不久后汉武帝组织的一次狩猎活动中，霍去病射杀了自己的部将李敢。李敢因战功被汉武帝封为关内侯，霍去病却竟能当着武帝的面将他射杀！虽然汉武帝按下此事，对外宣称李敢是被鹿角撞死的，可是他肚子里会怎么想？之前汉武帝大力拔擢霍去病以平衡卫青，以免军中一人独大的意图是明显的；可是现在看来，舅甥之间仍然是血浓于水啊。

现在众臣一看是霍去病上疏，都跟着起哄，武帝遂批示：交御史大夫办理。

但是几个月后，霍去病忽然在长安去世，虽说是病逝，却死得不明不白，年仅二十三岁。有说这是因为霍去病征战匈奴时喝了他们撒了毒的河水，可是匈奴的慢性毒药再怎么厉害，也不至于单单只毒霍去病呀。又有说这是卫氏集团干的，这就更是无稽之谈了。当然也有说这是汉武帝下的手，主要原因就是他介入了太子之事，当然这也没有任何证据，况且霍去病不正是汉武帝对付匈奴的第一猛将吗？霍去病死后，汉武帝还特地命人给他举办了特别隆重的葬礼。

太子问题事关皇位和天下。因此，权臣如果早早与太子结盟，就可能增加皇权完整承续的变数，因此一个权臣如果成为"太子党"，可能是押上了大宝，却也可能是绑上了炸弹。而且，太子的"次中心"与皇帝的"主中心"本来就存在一种微妙的关系，宋太宗赵光义立寿王赵恒为太子，太子在宗庙礼毕回宫时，京城百姓挤在道路两旁观看，街道为之堵塞，太宗不乐意了："民心这就归向太子，要把我放到什么地位上？"大臣寇准回道："百姓拥戴太子，就是拥戴陛下的英明决策，这是国家的洪福，陛下应该高兴才是啊。"太宗这才气顺了。

而康熙、胤礽、索额图之间关于太子问题的纷扰，就占全了上述的两个因素。索额图是康熙朝的第一权臣，还是皇后的叔叔，也就是太子胤礽的叔公，两人关系十分亲密。康熙对胤礽也是"悉心培养"，比如：在他亲自选定的老师为太子上课的第一天，老师就被他竭尽羞辱。以后每日上课前，老师要先给太子下跪，太子背书时，老师要一直跪着，甚至一位老师不如康熙的意，当着皇子们的面，被一顿板子打成重伤，"且走且打，所过处血皆遍地"，康熙还下令抄了这老师的家，把他的父母发配到边远之地。康熙这种待人处事残酷无情的榜样作用，让儿子们个个成了坏料，所以康熙年老时会感叹自己"何为专生恶子"。康熙一次突发高烧，命皇太子胤礽、皇三子胤祉前来看视。不料面对疾病缠身、精神憔悴的父皇，胤礽满不在乎，既无伤心忧戚之色，又无关切问候之语，"绝无忠爱君父之意"，一怒之下，康熙把他撵走了。另一方面，胤礽年届四十还是太子，时有烦言，并为康熙知道：这是盼着老子快死啊！在康熙要废掉屡行不端的太子之际，与太子走得很近的索额图就成了必须拔去的眼中钉，而他们"结党"的罪名是现成的。"索额图助伊（皇太子）潜谋大事，朕悉知其情，将索额图处死。"索额图的累累功绩被一笔抹杀，"诚本朝第一罪人也"。索额图及儿子被处死，部属多被杀、被拘、被流放。

皇帝的立嗣立储，看起来是皇帝的私事，没有他人置喙的余地；可是太子就是以后的皇帝，关乎社稷国运，权臣们不说又不行。这种情况，就将许多功臣推入了极为困难和危险的境地。即使是出于忠君报国之心，一旦介入太子问题，就难有好事。

三国时期的陆逊，夺荆州，杀关羽，"火烧连营（刘备大军）"，再败魏国曹休大军，任丞相又治国有方。这位真正出将入相又恪守职责、睿智谨慎的功臣，却在老年时卷入了太子之争。

当时，吴帝孙权已立孙和为太子。但是四子孙霸觊觎储君之位，由此发生争斗，造成朝野动乱，史称"二宫之争"。孙霸的党羽再加上素与孙和母亲不睦的孙权长女全公主，不断在孙权面前谗毁孙和。小报告听得多了，孙权开始对孙和不满。陆逊数次上疏陈述在立太子问题上以长为嫡的重要性，以及废嫡立庶的危害，被归之于"太子党"。其时，孙权、孙和的父子关系已经恶化，"太子党"大臣已有多人被杀，甚至还有被满门抄斩的。孙权对陆逊的谏言大光其火，但总算看在他功业的分上，没有对他动杀机，却也接连派出宦官去训斥辱骂，年过花甲的陆逊无法忍受这样的屈辱，一代名将名臣就这样因不胜愤忿而死在丞相任上。

宋仁宗时，包拯也曾谏言劝立："东宫虚位日久，请立太子。"仁宗怪他多事，反问他"你说选谁？"这个问题有点棘手，因为宋仁宗四十五岁还没有儿子。之前有大臣建议先选宗室中的贤者顶上，等自己有了儿子再行替下，被削职罢官。包拯说："陛下这么问，是对我有疑。我建议立太子，是为国家社稷，我已七十岁，膝下无子，怎么会有私心呢？"仁宗老大不高兴，"慢慢再说吧。"宋仁宗也是出了名的仁厚，没拿包拯怎么样。

职场、官场有各种各样禁忌的话题，而立储立太子更是政治高压线，于此最悲剧的，应该是岳飞。

岳飞是抗金名将和民族英雄，他十多年里率军与金军作战数百次，战无不胜，一生几无败绩，岳家军所到之处，金军通常溃败。宋高宗赵构一次召见岳飞谈话，岳飞向高宗面奏："乞皇子出阁，以定民心。"赵构听了斥责道："卿言虽忠，然握重兵于外，此事非卿所当预也。"岳飞这是触犯了历代历朝当然也包括宋朝武将不干政的政治规矩。那么这是岳飞行事鲁莽吗？岳飞虽然秉直刚强，不知韬晦，如朱熹所说"恃才而不自晦"，又如《宋史》所说"忠愤激烈，议论持正"，但是岳飞却是一位很有头脑和见解的将帅，他这么做，实属迫不得已。

北宋末年，北方的金国大肆进犯宋国，靖康二年（1127年）攻入汴京

（开封），将宋徽宗、宋钦宗，以及钦宗的嫡长子赵谌全部掳去金国，北宋灭亡。宋徽宗第九子、钦宗的弟弟赵构继而称帝，建立南宋，迁都杭州。金军几次南下旨在灭宋，南宋也是几度岌岌可危。时势造英雄，岳飞由此崭露头角，高宗也给了抗击金国的岳飞以很大的支持和推重，当时这两位君臣心往一处想、劲往一处使。岳飞及其岳家军数次北伐，节节胜利，收复大片失地，形势为之改观。金国在形势不利之际，扬言要把北宋的皇太子赵谌送到开封，另立宋朝中央。那么，届时的"正统皇帝"是谁呢？岳飞对此非常担忧，他的军事行动很可能因此受到极大的政治干扰。

对于岳飞来说，最高原则就是"精忠报国"。他矢志不渝的目标，是打败金国，正如他的《满江红》所言："靖康耻，犹未雪。臣子恨，何时灭。驾长车，踏破贺兰山缺。壮志饥餐胡虏肉，笑谈渴饮匈奴血。待从头、收拾旧山河，朝天阙。"于是他只能冒着大不韪向高宗提出建储之事。当时宋高宗没有生育能力，收养了宋太祖赵匡胤七世孙赵瑗为义子，如果早日立其为太子，就能加强南宋的正统合法地位，稳定南宋军民抗金的决心，岳飞痛扁金军时也就少了投鼠忌器的后顾之忧。

但是宋高宗的最高目标与此显然大相径庭。首先，他当年三十二岁，一定不想早早册立既非亲生又是太祖直系的太子，事实上，他是等到二十五年以后才册立太子的。其次，如果完全支持岳飞等人打垮金国，那么结果就是赵谌归来，"内乱"开始，自己的皇位不保。数年之后，宋钦宗的另一个儿子，也是赵谌十五岁的弟弟赵训逃到南宋和金国的边境淮河附近，想投奔叔叔宋高宗，但高宗不允其入境，他只好北返，流落中原。因此对于高宗来说，岳飞主张的太子人选，要么是赵瑗，要么是灭金之际的赵谌，而高宗却是一个不提，一个不要。那么，宋高宗这又该何去何从呢——以岳飞等人奋力抗金造就的对峙乃至是有利局面，与金国"屈己求和"！一次不行，再来一次！而在第二次媾和时，金朝的完颜兀术在给秦桧的书信中开出的条件就是："必杀岳飞，而后和可成。"

因此在战场形势大好的情况下，岳飞必须收场，必须以十二道金牌诏令其班师回朝。

岳飞就此与宋高宗完全成了"两股道上跑的车"。岳飞与赵构的矛盾还有其他一些原因，但是太子问题无疑是祸端的根本。

岳飞终被以"莫须有"的罪名构陷入狱，秦桧并说："此上（高宗）意也。"岳飞只在供状上写下了"天日昭昭，天日昭昭"八个字，被害时三十九岁。

那么，皇帝主动与大臣谈及太子及立储的问题，情况又会怎样呢？

当宋太宗找寇准谈论立太子的事情时，寇准知道自己是接到了一个"炸弹"。据说当年宋太祖赵匡胤与太后有一个"金匮之盟"：赵匡胤之后由其弟赵光义继位。但是宰相赵普对此极力反对。是时，"太祖赵匡胤大病，招晋王赵光义议事，左右不得闻。席间有人看见宫内烛影摇动，仿佛赵光义离座退避，又过片刻，听到斧子戳地击物的声音。当夜，太祖驾崩"。皇后急召儿子赵德芳，可是撞上了赵光义，皇后大吃一惊，只得对赵光义道："吾母子之命，皆托于官家。"赵光义回道："共保富贵，勿忧也。"这"烛影斧声"说的就是赵光义有弑君夺位的嫌疑。数年后宋太宗赵光义北伐受伤，在乱军之中一时找不着人了，混乱之际，有人议立赵匡胤长子且人望甚高的赵德昭为帝，"上闻不悦"。此后赵德昭因被赵光义严重羞辱而自杀。赵匡胤另一个很有声望的、名列"八贤王"之一的儿子赵德芳"寝疾薨"，睡着觉就突然死了。现在到了宋太宗赵光义嗣立太子了，许多人都觉得，按照"金匮之盟"的精神，应该轮到赵匡胤其他的儿子了，但是赵光义迟迟不动。大臣冯拯上疏请立皇储，宋太宗大怒，立即将他发配岭南。

现在宋太宗揣着心病找寇准听意见，寇准是一位在朝中具有影响力的老臣。寇准对此也早有准备，他对太宗说：为天下选择国君，不能与后妃、中官（太监）商量，也不能与近臣谋划，全得皇帝自己拿主意，应选择众望所归者立为太子。太宗低头想了一阵，屏退左右，轻声问道："襄王如何？"襄王赵恒是太宗的儿子。寇准表示赞成："知子莫若父，陛下选定的一定是最合适的。既然认为襄王可以，就请决定吧。"第二天，太宗便宣布襄王赵恒为开封尹，改封寿王，立为皇太子。寇准接获的"炸弹"总算安然无恙。

因此，即使是被皇帝问到了有关太子的事情，臣子固然应该坦陈己见，不过这个时候就得格外留神了，说不定一柄无形之剑自此就开始悬于头顶。明代"才名煊赫，倾动海内"的大才子解缙，就没有寇准那么幸运了。

明成祖朱棣打下天下的时候，需要整一篇《登基诏书》，方孝儒誓死不从，被诛十族，这活儿后来由解缙完成。诏书以周文王、周武王自况，写得很到位，朱棣很满意。解缙接着为明成祖朱棣修纂《太祖实录》，主编了《永乐大典》，加之解缙学识渊博，时常给朱棣解疑释惑，以至朱棣说："天下不可一日无我，我则不可一日少解缙。"解缙由此风云得意，成为翰林侍读学士、内阁首辅。

朱棣这就和解缙讨论起册立太子的事情了。候选人一个是长子朱高炽，敦厚仁义；一个是次子朱高煦，勇武强悍。朱棣属意于次子朱高煦，解缙则道："为长，古来如此。皇太子仁孝，天下归附，若弃之立次，必兴争端。先例一开，怕难有宁日，历代事可为前车之鉴。"朱棣沉吟不语、举棋不定。解缙又说了一句"好圣孙"。原来朱棣虽不喜长子，却特别喜欢长孙朱瞻基。最后朱棣将留守北京的朱高炽"始召至京，立为皇太子"。

解缙本来就恃才傲物，臧否人物，评议朝政，口无遮拦，树敌很多，现在他又多了一个敌人朱高煦。可是解缙没有因此而有所警惕。朱棣可能对累有战功、救过自己、自己也对之有过承诺的次子朱高煦有所愧疚，因此愈加隆宠，解缙上疏指出礼秩超过标准："启争也，不可。"这事本来就敏感，深度介入的解缙更无异于勇闯禁区。朱棣大怒，称解缙是在离间骨肉，这话就说得相当重了。因为朱高煦的使力和众臣的推挤，关键是朱棣的厌弃，解缙终被贬到广西，继而是交趾（越南）当督粮官去了。

日后解缙入京奏事，适逢朱棣北征未归，解缙便去拜见了太子朱高炽。按说解缙久历官场，难道不知道这是犯大忌的吗？然而这很可能又是解缙的秉性在作怪了。朱元璋当年也曾经赏识解缙的才学，可又批评他"冗散自恣"，让他回家再读十年书，八年后朱元璋去世，解缙连忙从江西老家赶往南京吊唁，随即受到朝臣弹劾：自己母亲去世还没下葬，父亲已九十多岁，他这是借吊唁刷存在感呢。《明史》又记载：朱棣率军攻打南京，城陷前夜，解缙、胡广等人陈说大义，"奋激慷慨"，信誓旦旦要为君（建文帝）尽忠，王艮却流涕不言。然后"缙驰谒"，说解缙到家不久，又连夜出城迎拜"反王"朱棣去了。顺便说下，那个胡广回家后第一句话竟是：兵荒马乱的，"咱家的猪喂了吗？"只有王艮回家后用一杯毒酒自杀了。明代史籍说"缙以迎附骤贵"，其"迎附"二字，点评犀利。解缙如此"违规"拜见太子，孰知不是迫不及待了呢？问题是，你可是上了太子议题之魔咒的人，朱高煦怎么会放过这个机会呢？他立刻向朱棣报告："（解缙）伺上出，私现太子，径归，无人臣礼。"朱棣震怒，将解缙打入牢狱。

数年后，锦衣卫指挥使纪纲奉命呈上在押钦犯名单，朱棣见到解缙的名字问："缙犹在耶？"纪纲立刻听懂了，回去即请解缙喝酒，待其酩酊大醉后，将其拖到外面积雪堆里。解缙死时仅四十七岁。史有恶名的纪纲这次办事还算"仁慈"。

而对于解缙来说，一切都是参与太子议题惹的祸。

第三章　有效打造你的个人品牌

吴起是如何成为跳槽达人的

吴起初始想在卫国谋职，散尽家财以打通关节，却非但没有结果，反而遭到嗤笑：官场也是你这种无名之辈想混就能混的吗？吴起转而去鲁国效力。不久齐国发兵攻打鲁国，鲁穆公想任用吴起领兵，但是吴起的妻子是齐国人，鲁国人为此有些猜疑议论，穆公一时也拿不定主意。吴起是个狠角色，为了建功立业，不惜杀掉妻子以示与齐国势不两立。鲁穆公遂命吴起为将军，吴起果然率军大败齐军。鲁国虽然打了胜仗，但是吴起的杀妻求将，终遭人侧目咋舌，鲁穆公也对吴起产生疑虑，免去了他的官职。吴起审时度势，离开鲁国，跳槽到了魏国。

吴起在鲁国一战成名，魏文侯遂任命吴起为主将，攻打秦国。吴起领军与秦国交战，屡战屡胜，秦军节节败退，魏国由此占有了原本属于秦国的大片地区。此时的秦国还在范雎辅政和商鞅变法之前，内斗频仍，民生匮乏，打仗全靠人海战术。此后秦惠公率兵五十万反攻魏国，吴起率五万人，外加战车五百辆、骑兵三千大败秦军，创造了以一当十、以少胜多的经典战例。此后魏武侯以吴起为将，率军攻打齐国，再次大获全胜。

可是树大招风，嫉贤妒能正是官场永远的病灶。正在吴起功绩卓著、风光无限的时候，一个针对他的构陷诡计已经在酝酿之中，它预设的结论就是：客卿不可靠。吴起打仗是内行，但是在钩心斗角及尔虞我诈方面，不说相当外行，至少也是缺乏警惕，结果吴起不知不觉就中招掉入坑里，而魏武侯察人识事的能力又远比文侯差，开始猜忌吴起。不过，跳槽是吴起的强项，此处不留爷，自有留爷处，他又去了楚国。

到了楚国以后，楚悼王先让吴起担任宛城的太守，经过一年考察，楚王没有让他带兵，却让他当了楚国的令尹，即宰相。吴起随即在楚国进行了大刀阔斧的改革，具体措施有：制定法律并将其公布于众，以此强调依法治国而消弭特权；封爵的贵族已传三代即取消爵禄；精兵简政、紧缩编制，削减官吏俸禄，财政向强军倾斜；纠正官场损公肥私、私人请托、谗害忠良的歪风邪气，鼓励群臣一心一意为国家效力。经过吴起变法后的楚国国力日益强大，随后向南攻打百越，将楚国疆域扩展到洞庭湖、苍梧郡一带。接着又向北出兵援助赵国，与魏军作战。吴起指挥楚军出奇兵穿越关隘，直抵黄河，切断魏国郡邑与都城的联系，最后与赵国联手，大败魏军。

跳槽多见于当时，自有原因。春秋战国诸侯争霸，这就形成了最大的"行业竞争"，而要富国强兵，有所作为的君主常常会诏告天下，求贤纳士，千方百计招募治国带兵的翘楚英才，就像是明智的董事长要招聘杰出的CEO（首席执行官）一样。秦国从秦昭襄王到秦王嬴政，先后任用过二十余位宰相，其中绝大多数都是人才引进。这样的供需关系，使得"士"在社会生活中十分活跃，在官场、职场中十分"吃香"，他们游走各国、追求功名，成为风气时尚。吴起临去魏国时向他的母亲告别，就咬破自己的手臂说："我不做到卿相，决不回卫国。"在这种人才流动的大背景下，除了吴起之外，具有跳槽经历的比比皆是，比如商鞅、范雎、张仪、李斯等等。当时在华夏大地上，各路俊才一定是你来我往、络绎于途、川流不息，成为一道风景。当然，在周朝之下的诸侯列国之间，没有语言障碍，户籍身份和边境管控也不是那么严谨，风俗习惯又都处于华夏文化的范畴之内，这也为跳槽这件事构成了客观的便利条件。

当然促成跳槽的首先是个人的原因，比如遭排挤陷害而另谋他途型，吴起、范雎等等，就是这种情况。范雎一次随领导出国访问，齐国的国君见范雎谈吐不俗，便赠送给他一些钱物，虽然范雎坚辞不受，却仍然遭到了领导的猜疑嫉恨，回去以后就向国相汇报了此事，于是大小领导让人将范雎打得半死，范雎历经风险，才被迫"跳槽"去了秦国，成为秦国的一代名相。再比如志存高远、怀才不遇型，就像商鞅和秦末的韩信等等。商鞅也是先从卫国跑到了魏国，当上了魏国国相公叔痤的幕僚，公叔痤由此了解他的才能。公叔痤卧病，魏惠王探望并问："国相如病体不支，有什么人才可以推荐呢？"公叔痤说："我这里有一个叫卫鞅（后称商鞅）的，年虽少，有奇才，可以当得重任。"魏王的反应却是"嘿然"，就是现在流行的"呵呵"之意。公叔痤说："君如不用鞅，就把他杀了，不要让他出境。"魏王漫应而去。公叔痤随后对商鞅说："我向魏王推荐了你，'王色不许我'，我必须先为君谋，建议他杀了你，然后再为臣僚谋，你现在快走吧！"商鞅却明白，魏王既然不听从国相的话重用自己，也不会听从国相的话杀了自己，因为魏王根本就没把他商鞅当回事。商鞅没有匆匆逃走，在公叔痤死后，商鞅听说秦孝公发布了求贤令，于是跳槽去了秦国。韩信跳槽之前在项羽部下当差，一直只是一个执戟的卫兵。

当然任何时候的跳槽，结果都未必一定如愿，而"朝秦暮楚"甚至还是一个贬义词。成功与否，是评判跳槽成败的标准。因此需要切记的是，跳槽而能获得成功以至出类拔萃，甚至建立丰功伟业，需要的是跳槽者自己具有真才实学，足智多谋。

吴起跳槽之后获得用武之地，然后以自己的真本事成为兵圣战神，史称"与诸侯大战七十六，全胜六十四，余则钧解。辟土四面，拓地千里，皆起之功也"。曹操说："吴起在魏，秦人不敢东向，在楚则三晋不敢南谋。"此外，吴起还创立了"武卒制"，即以正规军代替战时临时动员的农民军，然后对之进行严格的军事训练和考核，职业士兵可以享受各种待遇，这样就把军队打造成了"居有礼，动有威，进不可挡，退不可追"的无敌劲旅。同时，吴起能文能武，还是社会政治的卓越改革家。诚如李贽所说："吴起用之魏则魏强，用之楚而楚伯。"要是魏文侯、楚悼王活得久一点，也许兼并诸侯、统一列国就没有以后秦国的什么事了。

范雎到秦国以后，向秦昭王进言：在诸侯列国间实行"远交近攻"的策略，从而走活了外交上的一盘大棋；在内政上必须收归权柄，革除太后、穰侯、华阳君、高陵君、泾阳君任意妄为的权力。范雎的进言对秦昭王如醍醐灌顶，秦昭王随即以范雎为相，使秦国步入强盛之途。

商鞅入秦获得施展才干的舞台后，随即提出了一整套变法求新的发展策略，比如：重农抑商，奖励耕织，特别奖励垦荒，政策规定，生产粮食和布帛产量多的，可免除本人劳役和赋税；推行个体小家庭制度，"编户齐民"，五家为伍，十家为什，按户籍人口征收军赋，扩大了国家赋税和兵徭役来源；废除旧世卿世禄制，奖励军功，颁布按军功赏赐的二十等爵制度；实行统一度量衡制，颁布度量衡的标准器具；建立郡县制，加强政府的层级管理；焚烧儒家经典，禁止游民及加强思想管理，实行连坐之法，等等。商鞅变法，奠定了秦国经济和军事的坚实基础，使秦国发展成为战国后期最富强的集权国家，统一六国已经呼之欲出。

那么，这些跳槽者的才干又是怎么来的呢？答案是：师从大师、智者，由勤奋好学加努力实践而来。吴起先从孔学传人曾申学习儒学，后再学习兵法；李斯同样先从荀子学习儒学，再又学习帝王之术。这说明他们既潜心研学，又不墨守成规，善于通过实践分析比较，融会贯通，然后形成自己的学识专利和方法体系。商鞅好刑名之学，与张仪、苏秦一样，师从著名谋略家、集兵法大成者的鬼谷子，又有说商鞅的老师是别人；不管怎么说，商鞅在离魏去秦时，带着的是前辈政治家、思想家、改革先驱的经验，商鞅的"徙木立信"也完全是拷贝了吴起的"偾表（推倒树立的麦杆）立信"，李悝、吴起不是商鞅的老师，但是商鞅同样能够从前辈高人处悉心学习、借鉴经验，然后为己所用。商鞅第一次见秦孝公游说帝道，孝公听得直打瞌睡；商鞅第二次见秦孝公说以王道，孝公兴趣索然；商鞅第三次说了霸道之术及富国强兵之策，秦孝公听得十分入迷，盘坐的膝盖不知不觉向商鞅挪动，二人畅谈数日毫无倦意。

吴起、商鞅不怕跳槽，他们本身就是牛人，只要抓住机缘，要他们不发光、不出彩都难。

文天祥、胡林翼从"纨绔"到"栋梁"

古人穿衣多为襟衫，下摆间容易进风。有钱人为了保暖，在小腿套上长筒袜，叫做"绔"；条件再好一点的还能穿上丝袜，叫做"纨"。纨绔子弟从身份上就是指锦衣玉食、养尊处优、拥有豪车豪宅的官二代或富二代。纨绔子弟的做派，上品一点的是放浪形骸、声色犬马，低端一点的就是炫酷比富、过度消费、挥霍无度。总之，纨绔子弟就是一句骂人话，即使确为纨绔子弟，也是不愿意被称作纨绔子弟的。

不过，对于纨绔子弟也不能一棍子打死。家庭条件好的子弟，抛开荫庇、克勤克俭、自我打拼、自成功名的，大有人在；更有意思的是，许多沉溺于游山玩水、花天酒地、纸醉金迷的纨绔子弟，在风云际会之间，也能挺身而出，或抒发情怀，有所作为，或站上时代的风口浪尖，建功立业。

谢安的父亲谢裒官至九卿之一"太常"，谢家这样的名门望族，没有几家能及。既然有这种出身以及必然优渥的经济条件，谢安就十分地"纨绔"起来。他多次拒绝应召做官，隐居到会稽郡的东山，纵情山水，与王羲之、许询、支道林等名士和名僧频繁交游，出门即捕鱼打猎，回屋即吟诗喝酒，就是一个大玩家。此外，"谢公在东山畜妓"，"携妓东山"，出游"必以妓女从"，寻欢作乐，放任不羁，不一而足。

都知道谢安有才，但是他不务正业，就是不想当官。扬州刺史仰慕他的名声，几次三番督促逼迫，谢安迫不得已，勉强赴召，仅一个多月，他又辞职回家了。谢安年逾四十时被大将军桓温邀为帐下司马，十分礼遇，不久谢安找了个借口，还是走了。如《晋书·谢安传》所说："谢安少年既有名声，屡次征辟皆不就，隐居会稽东山。"有关官员为此上疏，认为谢安屡被朝廷征召，历年不应，应该禁锢终身。

然而谢安玩物而不丧志。一次，他邀子弟谈论诗文："（谢安）问《毛诗》（《诗经》）何句最佳。遏称曰，'昔我往矣，杨柳依依；今我来思，雨雪霏霏。'公曰，'讦谟定命，远猷辰告。'谓此句偏有雅人深致。"（《世说新语·文学》）"讦谟定命，远猷辰告"大意就是要胸怀远大的抱负，并告之于众。谢安的"纨绔"习性也许只是"君子不器"，其与他的志存高远两不相悖，完成它们之间的转换只需要一个恰当的时机。

后谢安再被征召入朝，其所谓"东山再起"。当时桓温权倾朝野，废黜了一个皇帝，改立司马昱为帝，是为简文帝。不到一年，简文帝病重，迫于桓温的淫威，打算将皇位拱手相让。朝中无人敢言，只有谢安、王坦之极力劝阻，简文帝遂立司马曜为太子。

桓温得知后大怒，率兵直抵建康（今南京），召见谢安和王坦之。建康城里人心浮动，都说桓温要杀谢安、王坦之，晋室的天下就要转落他人之手。此行凶多吉少，王坦之非常害怕，问谢安要不要去。谢安毫不犹豫地回答："晋祚存亡，在此一行！"俩人来到城外桓温的大帐，大帐后已站立刀斧手，只等一声令下。王坦之汗流浃背，手中笏板都拿倒了，谢安却从容不迫地就座，直视桓温说："安闻诸侯有道，守在四邻，明公何须壁后置人邪？"随后谢安吟诵起嵇康的诗，"浩浩洪流……"说的是看望朋友的情景以及对朋友的思念。谢、桓两家原是世交，谢安还曾当过桓温的助手，桓温为谢安的心胸所感，遂撤去了刀斧手。

数年后，前秦的苻坚亲率九十余万军队大举南侵，抵达淝水，意欲灭了东晋。苻坚放言"投鞭断流"，东晋朝野人心惶惶。主掌朝政的谢安却十分镇定，众将都不知谢安有何良策，谢安也从未透露，只在私信王献之时说了一句："可将当轴，了其此处。"我将率众将，在此地了结秦军。

谢安的侄子谢玄领军八万御敌，心里没底，请示谢安这个仗怎么打，谢安只答"朝廷已有安排"。谢玄不敢再问，便派好友张玄再去请示，谢安只与张玄坐下下棋，到晚上才召集焦虑不安的众将领面授机宜。

前秦的先头部队锋芒毕露，连克数地，但是晋军并未一味防守，而是连续发动了漂亮的反击，斩杀甚众，成功打乱了前秦的整体部署以及抑制了其咄咄逼人的势头。苻坚由此受到震慑，"（苻）坚与苻融登城而望王师，见部阵齐整，将士精锐。又北望八公山上草木，皆类人形，顾谓融曰：'此亦劲敌也！何谓少乎？'怃然有惧色。""八公山上，草木皆兵"就源出于此。寒冬的淝水，一边是前秦的百万大军，另一侧是谢玄率领的八万东晋精锐。晋军传话："传语苻坚，要想速决胜负，请秦军稍微后撤，让晋军渡河，一决雌雄！"

苻坚求之不得！然而秦军一后撤，军阵中就有人大喊"秦军溃败啦"，其实谢安早已看到，前秦军队虽然庞大，内部整合却大有问题，一旦后撤，就会刹不住阵脚，加上事先安排的奸细煽惑，秦军顿时大乱。谢玄身先士卒，率军发起猛攻。前秦军顿时兵败如山倒。

捷报传来，正在下棋的谢安"意色举止，不异于常"，只平静地说道："小儿辈大破贼。"但是在步入户内时，因为踏脚不稳，他竟折破了脚上木屐，"不觉屐齿之折"。

　　"人生自古谁无死，留取丹心照汗青"——以此诗句作为人生写照的文天祥，却也曾经是一个"纨绔"中人，但是这并没有妨碍他成为一个奋勇作为、慷慨悲壮的爱国英雄。

　　文天祥二十岁中进士，在全国大考的殿试上，被宋理宗亲点为状元。《宋史》说文天祥"体貌丰伟，美皙如玉，秀眉而长目，顾盼烨然"，真正是才貌双全。《宋史》又记载"天祥性豪华，平生自奉甚厚，声伎满前"，也就是说文天祥性格洒脱开放，平生惯会奢靡享乐，家里随时都有戏班子、歌舞班子的堂会，《二十四史全译》的解说是："平常自己享用很丰厚，跟前满是歌舞伎。"清人说文天祥"留情声色"，年轻时放浪不羁。按照李敖的说法，"文天祥生活奢侈，又好美女，在生死关头，从容就义，谁比得了这个'坏人'。"当然这个"坏人"是打了引号的。看来文天祥家境殷实，全料的高富帅，条件摆着，他也没耽误花天酒地、寻欢作乐，并无道貌岸然、正人君子之"规定格式"。但是，家国情怀无疑是他最高的道德情怀，精忠报国无疑是他至高无上的人生准则。

　　蒙军南侵时，文天祥挺身而出，首先与朝中的奸佞之臣做斗争，屡遭打击，决不退缩。在战局告急、宋廷诏令勤王时，文天祥捧着诏书流涕哭泣，随后聚集兵众万人入卫京师。朋友劝阻说："你以乌合之众敌虎狼之师，等于驱赶群羊同猛虎相斗。"文天祥答道："国家危急，征集天下的兵丁，没有一人一骑响应，我虽不自量力，但即使以身殉国，也义不容辞！"文天祥后被任为宰相，率军转战东南江西，不折不挠，不避困苦，与元军做殊死抗争。其间，文天祥不惜毁家纾难，将家中资产全部用作军费，儿子和母亲都死于军中，妻子、女儿被元军俘虏。

　　文天祥被俘以后自杀未成，被囚燕京三年，在威逼利诱下，誓死不降。文天祥在狱中曾收到女儿柳娘的来信，得知妻子和两个女儿都在宫中为奴，过着囚徒般的生活。文天祥明白：只要投降，家人即可团聚，一切都可改变。但文天祥不愿因妻子和女儿而丧失气节，他在写给自己妹妹的信中说："收柳女信，痛割肠胃。人谁无妻儿骨肉之情？但今日事到这里，于义当死，乃是命也。奈何？奈何！……可令柳女、环女做好人，爹爹管不得。泪下哽咽哽咽。"

文天祥终被杀害，临刑时面朝南方，也就是宋廷曾经所在的杭州方向。文天祥死后连元世祖忽必烈也颇为惋惜地叹道："好男子，不能为吾所用，杀之诚可惜哉！"

说到玩家，不能不说明末的张岱。张岱诚为"纨绔子弟"一族，同样也锲而不舍地成就了自己的功业。

张岱出生于江南繁华的绍兴山阴，祖上四代为官，家声显赫。张岱在万千宠爱中渐渐长大，自述："少为纨绔子弟，极爱繁华，好精舍，好美婢，好娈童，好鲜衣，好美食，好骏马，好华灯，好烟火，好梨园，好鼓吹，好古董，好花鸟，兼以茶淫橘虐……"

张岱好饮茶，有辨水焙茶的功夫，他不仅能辨别水质水味，还能吃出产地，曾放言杭州周边一带，过口就能确认是什么泉。他还自己精制了一款"兰雪茶"，其形状"如百茎素兰同雪涛并泻也"。继而此茶成流行品牌。张岱热衷于到处搜尝美食，他的"三不吃"是：非时鲜不吃、非特产不吃、非精致烹调不吃。张岱爱吃蟹，每年十月都要大办蟹宴，这蟹必须"壳如盘大，中坟起……小脚肉出，油油如蝤蛑……膏腻堆积，如玉脂珀屑，团结不散。"吃蟹还要搭配肥腊鸭和牛乳酪，街上买的牛乳酪不行，他要亲自监制，"夜取乳置盆盎，比晓，乳花簇起尺许，用铜铛煮之，瀹兰雪汁，乳斤和汁四瓯，百沸之。"张岱爱看戏，还会演戏、导戏、写戏，张家家伶曾说，主人不仅精于赏鉴，还亲自开班授课，戏班在张家演戏就像"过剑门"，"焉敢草草！"某年中秋，张岱组织了一场盛况空前的戴山亭聚会，"每友携斗酒、五簋、十蔬果、红一床，席地鳞次坐。缘山七十余床（席）"，绕山铺了七十多席，一众朋友豪客公子哥儿，携美搂妓，对酒当歌，好不快活。

然而张岱又自幼博览群书，学识深广，才情一流。其所著《夜航船》用浅显的文言，叙述了从三教九流到神仙鬼怪、从政治人事到典章沿革的四千多个故事小品，有趣可读而有意味；《陶庵梦忆》八卷是明末的杂事杂谈，涉及茶楼酒肆、说书演戏、斗鸡养鸟、放灯迎神，以及山水风景、工艺书画等等，其中反映的社会生活和风俗人情，成为研究明末社会文化的重要参考；《西湖梦寻》五卷，对杭州一带的山水景色、佛教寺院、先贤祭祠等进行了游记似的描述。张岱的著述善于思考，独出机杼，他二十二岁开始编撰《古今义烈传》，辑录东周至明朝沦陷期间的义烈之士五百余人，历时十年而成。张岱痛感"我明二百八十二年金瓯无缺之天下，平心论之，实实葬送于朋党诸君子之手"，而"有明一代，国史失诬，家史失谀，野史失臆"，于是决心重修历史，"事必求真，语必求确"，以还历史本来面目。从崇祯元年张岱即开始动笔，十七年后明朝覆灭，张岱携书稿屏居深山，直到顺治十年，才写成史书《石匮书》。

清人评价："吾越有明一代，才人称徐文长、张陶庵（张岱）。"学者陈平原说："张岱是中国散文史上的大家。他的散文所表现出的'空灵之气'，只可意会而难以言传。"作家黄裳称："生于明末山阴的张岱，是一位历史学家、市井诗人，又是一位绝代的散文家，是我平素非常佩服的作者。"文学史家郑振铎说得更全面："（张）岱为明末一大家，身世豪贵，历劫，乃家资荡然。然才情益奇肆，一腔悲愤，胥付之字里行间。《梦忆》一作，盖尤胜《东京梦华》《武林旧事》。其胜处即在低回悲叹，若不胜情。"

胡林翼与曾国藩、左宗棠、李鸿章并称为晚清四大中兴名臣，可他也曾经是一个"不良青年"。胡林翼出身于官宦世家，父亲胡达源曾经以殿试优等的成绩，直接进入翰林院任职，后官至四品。在这种优渥的家庭环境下成长，胡林翼成了典型的纨绔子弟。据说在结婚的那天，胡林翼连洞房都没进，居然与狐朋狗友跑去喝花酒了。婚后，胡林翼仍然留恋秦淮河的胭脂风流，整日不回家，在外面宴饮酬酢，去烟花场所寻花问柳，缺银子了就找家里要，相当腐化堕落。胡林翼"非法嫖娼"甚至还被巡警逮住关押过。

丈母娘看不下去了，责怪老公——时任两江总督的陶澍，怎么选了这么一个浪荡败家女婿。可是陶澍却说："此子是瑚琏（古时祭祀时的尊贵器皿）之器，将来必成大事，年少纵情，不足深责。"陶澍甚至指示账房，只要是女婿拿钱尽量满足。陶澍向来对部下管理严格，这下有些幕僚不平衡：为什么你女婿可以花天酒地，我们却不行？陶澍回答说："润芝（胡林翼）他日为国勤劳，将无暇晷以行乐，今之所为，盖预偿其后之劳也。"至为可叹的是，这位陶澍怎么可以看人看得这样精准。

其实胡林翼二十岁时就曾出手不凡。那年家乡遭受水灾，当时在家受学的胡林翼担心灾民缺粮而成为乱民，便去面见县令，"请按灾区编户口，劝富民出钱粟以赈"，还提出了具体的赈灾方案。鉴于劝捐遭富户抵制，他又"一出倡之"，先请岳父家捐出两千两银子以做表率，然后对其他富户苦口婆心地做工作，"以至诚感之，以大义责之，以危言动之，以赏劝诱之"，终于使大家踊跃捐款，立致数万金，"已而，散米裹食，全活甚众"。

此后，胡林翼为父守孝期满，回到北京候缺补官，但是这却难有作为，家属朋友遂凑了一万两银子给他捐了个官位。花钱买官在当时是个通例，而一万两银子可以捐一个四品知府，还可以自己选择任职的地方，胡林翼却出人意料地选择了贵州。他在给弟弟的信中说："天下官方，日趋于坏。输金为吏者，类皆择其地之善者，以为自肥计。黔，硗瘠之所，边僻之境也，为人所掉首而不顾者。然兄独有取于黔者……治理庶几可冀。"对于友人的不解，他解释说："我的任职费用都是他人赞助，贵州的贫瘠也许可以帮助我秉持廉正，而不致辜负家人朋友的厚望。"赴任前，胡林翼还敬拜了祖坟，发誓不取官中一钱中饱私囊而让前人蒙羞。可见他的心志非同一般。

胡林翼把自己放到最艰苦的基层历练，八年中剿匪安民，政绩斐然，随而进入了朝廷的视野。在太平天国声势正高之际，胡林翼率军经鏖战苦战，收复被太平军攻占了三年之久的军事重镇武昌，朝廷随即任其为湖北巡抚，并授一品顶戴。其后胡林翼又会同曾国藩击败太平军骁将石达开、陈玉成，奠定了安庆之役胜利的基础，曾国藩认为此战的首功当属胡林翼。接着胡林翼从大局出发，主动与湖广总督官文搞好关系，开创了湖北有序治理的局面。曾国藩评价："（胡林翼）以湖北瘠区养兵六万，月费至四十万之多，而商民不敝，吏治日懋，皆其精心默运之所致也。"还说，"润芝之才胜我十倍。"

据称在胡林翼对击败太平军已经胸有成竹的时候，忽见江上两艘洋船驶行，速度之快，非寻常风帆所能及。胡林翼见此，"变色不语，勒马回营，中途呕血，几至坠马"。平定太平天国已是十拿九稳之事，而世界却变得愈不可知，国事也将更加多舛。胡林翼终因思虑过度，加重病情，不数月间，就病殁于军中。

"芈月"们是如何成为太后的

说到古来主掌国事的女性，都知道有吕后、武则天、慈禧太后，虽然都是厉害角色，公众形象却比较差。而主持国政并且卓有建树者如秦国宣太后，则有电视剧《芈月传》的故事演义；北魏冯太后的两部电视剧正在筹备中；有关辽国萧太后的多部影视剧知名度似乎不高；清代孝庄太后则是电视剧《孝庄秘史》《庄妃轶事》的主角，还在《康熙王朝》当中露面。看来女性一旦进入政治和权力的平台，还真是有戏。

"太后"的称谓，就是从宣太后开始，而宣太后的出场，纯属偶然。那年秦武王自恃力大，与人比赛举鼎，结果被压伤暴毙。秦武王无子，王后与公子们开始抢班夺权。宣太后虽然蠢蠢欲动，但看来希望渺茫，她的大儿子嬴稷在燕国做人质，小儿子还小，二儿子虽可竞争，但是在王后及武王亲弟弟的正牌阵容面前，基本没有胜算。可是突然之间，赵武灵王与燕昭王共谋联手，派遣大军将十八岁的嬴稷送回国内，宣太后和弟弟魏冉与之里应外合，果然将嬴稷扶上了君位。

到了这个时候，宣太后的才干显露出来了。"王少，宣太后自治事，任魏冉（宣太后弟）为政"，宣太后与魏冉随即辣手出招，将因不服而谋反的武王亲弟及其同党、母亲、祖母全部予以"处理"。宣太后此刻的动机自然是夺位，但是她很快稳定了君位和政局，于国于民，大有好处。

宣太后以太后身份主持，或与秦昭襄王共同主持国政长达四十年，在此期间，她与魏冉、秦昭襄王将秦国打造成了一部战争机器。秦军连年征战，凶悍凌厉，斩首随时以数万数十万计，不愧是前无古人、后无来者的铁血太后。其后秦相魏冉推荐白起为主将，获宣太后与秦昭襄王批准，秦军随即在"伊阙之战"中大破魏韩联军，再又攻陷楚国国都郢城，"东益地，弱诸侯，尝称帝于天下，天下皆西向稽首"。宣太后主政，虽说是出于权欲，却又何尝不是为国家大局计。是时秦国高强度地提升国力、削弱敌国，宣太后功不可没。

"义渠"是秦国西部一支强劲剽悍的部族势力，老在秦国背后侵扰搞事，秦国征讨，它即臣服，一有机会却又翻脸，在秦国东向作战时背后捅刀，成为心腹之患。宣太后决定改变正面攻打的策略，采用拉拢、腐蚀的方法。这宣太后也真是敢作敢为，她请义渠王来到秦国都城的甘泉宫，与其同居，还生了两个儿子。这样的"亲善"之举，既是"私人性"的，当然也是"政治性"的。但是在义渠终究不可靠并且成为隐患时，宣太后以大局为念，心狠手辣地将义渠王诱杀于甘泉宫，接着发兵攻打义渠，义渠国亡，领土并入秦国。这应该是电视剧中最精彩，也是观众最津津乐道的篇章。宣太后本身戏份就很多，她十分宠爱情夫魏丑夫，宣太后患病即将离世时，传令让魏丑夫为自己殉葬。"爱"成这样，让人吃不消。魏丑夫请人游说太后，说客问太后人死后能否感知人世，太后说不能。说客道："既然不能，那您何必将自己心爱的人置于死地？而如果能的话，您与情人同葬，死去的先王又情何以堪？"宣太后觉得有理，魏丑夫逃过"爱"的一劫。

那么宣太后主政期间是否对秦昭襄王的君位造成危害呢？看起来没有。在秦昭襄王继位不久，楚国攻打韩国，韩国派人到秦国讨救兵，宣太后不同意，她对使者说："当年我服侍秦惠文王时，大王把大腿压在我的身上，我感到吃力；而他把整个身体压在我身上时，我却不感觉到重，因为这样我觉得舒服。韩国要秦国帮忙，秦国就要付出，这对我和秦国又有什么好处呢？"宣太后将自己的"床事"当成了外交辞令，绝对独创，其泼辣无拘，令众人目瞪口呆。韩使再说秦昭襄王，秦昭襄王即下令出兵，楚国闻讯撤军。母子没有因为主张不同而不合，看来这主要是宣太后明智地维护着秦昭襄王的君权。事实上，秦昭襄王即位后就开始在重大外交和军事行动上逐步主事，虽说他也"旦暮自请太后"，这多半不是请示而是商量。

宣太后在主政参政多年以后，秦昭襄王为大权独揽而免除了她的权位；而对于宣太后来说，这也正是她功成身退的时候。

　　要说"情事"戏份，北魏时期的冯太后一点不逊宣太后，当然冯太后首先是一位治国理政、促进民族融合的高手。冯氏出身于北燕汉族皇族之家，北燕灭亡、家遭横祸，年幼时即没入北魏宫中成为婢女。但是冯氏肯定天资出色，十二岁时成为"贵人"，十五岁被册封为北魏文成帝拓跋濬的皇后。从公主到奴婢再到皇后，足够传奇。

　　在此之前，冯氏应该就有了政治"历练"：北魏一代雄主太武帝拓跋焘，被他宠信并封爵的宦官宗爱杀于宫中，宗爱再假立皇后之命，将与己不睦而将继位的拓跋翰及几位大臣杀害，然后立拓跋余为帝，自封为大司马、大将军、太师，拓跋余想夺回皇权，同年又遭宗爱所杀。几位大臣和将军拥十三岁的太武帝皇孙拓跋濬入宫即位，是为文成帝；宗爱及同党被处死，夷灭三族。

　　北魏的皇族拓跋氏是鲜卑族，文成帝即位后，面对权贵腐败、鲜卑贵族与汉族平民的矛盾突出、谋反夺位的动乱接连不断，殚精竭虑，积极作为。冯后与文成帝十分恩爱，作为皇后，她也更多地了解了国家的政治运作，并且十分钦佩文成帝推动鲜卑与汉族的融合、任用汉族官员的做法。

　　可惜文成帝英年早逝，二十六岁便因病去世。冯后悲痛欲绝，在按照北魏习俗焚烧文成帝御衣器物时，冯后竟不能自持地扑进火堆，等被人救出时，已不省人事。

　　在冯后被立为皇后第二个月的时候，不足两岁的拓跋弘被立为皇太子，按照"规矩"，后妃之子被立为储君，生母李氏即被赐死，就像当年汉武帝立刘弗陵为太子，赐死了生母钩弋夫人一样。李氏被赐死后，自己没有生养的冯后将拓跋弘视若己出，竭尽慈爱。

　　十二岁的拓跋弘即位，是为献文帝，冯后成皇太后。是时，大将军乙浑根本没把这孤儿寡母放在眼里，大权独揽，诛杀异己，僭越之心昭昭，谋反势在必行。冯太后凭借多年宫中生活的阅历和非凡的胆识，先退让示弱，然后出其不意抓捕乙浑，夷灭三族，稳定了局势；接着冯太后临朝摄政，确定了胡汉融合、推进汉化的政策，因为她身为汉人，对汉文化和鲜卑文化有着切身的认识。

那时盛行早婚早育，献文帝十四岁生了儿子拓跋宏。还不满三十岁的冯太后停止临朝。献文帝亲政以后，积极作为，却也建功心切，年轻气盛，力气用错地方。他首先是排斥太后的人马，培植自己亲信，这当情有可原。他令塞外鲜卑人与其他胡人大量内迁关东，搞得鸡飞狗跳，也与太后的汉化政策显然不是一个调调。然后他也许觉得太后"内行不正"、影响不好，找个理由就把太后的相好李弈给杀了，再将陷害李弈的家伙提到尚书的高位。除了不懂事，献文帝简直不把太后当个人物，直接打脸。冯太后忍无可忍，终于安排部署、出手反击，四年后，逼迫献文帝禅位给不满五岁的太子拓跋宏。《魏书》说："上迫于太后，传位太子。"冯太后成了太皇太后，再度临朝听政。冯太后知人善任，组建起效忠而有力的领导班子，整顿吏治，诛除皇后家族势力。"能行大事，杀戮赏罚，决之俄顷，是以威福兼作，震动内外。"献文帝十八岁"被退休"，实在憋屈，于是仍然操持国政军事，五年后遭太后软禁，随即死于宫中，"显祖暴崩，时言太后为之也"。

冯太后二次临朝，大刀阔斧地推进的汉化政策包括：推广定居农耕，转换游牧射猎的经济模式；倡导胡汉通婚，禁止"父死子妻其妾，兄死弟妻其嫂"的鲜卑陋习；定"班禄制"即薪俸制，去除掳掠瓜分的传统；兴办汉学，"朝堂上断胡语"；特别是太后从小督促孝文帝拓跋宏学习儒学汉史，从而使孝文帝日后成为推进汉化的一代明君。冯太后的汉化政策以及移风易俗、促进社会转型，遭到鲜卑传统守旧派的强烈反对，冯太后无所畏惧，坚定不移，可叹可敬。她对五胡十六国时期汉文化在中国北方地区的延续发扬，着实做出了极为重要的贡献。

冯太后颇具性情。一次她卧病，宫女把粥端到她跟前，碗里却发现有只虫子，一旁的孝文帝大怒，却被太后笑着阻止，怕得要死的宫女这才免罪。冯太后的又一位情夫叫王叡，一次后与孝文帝观虎时，一头猛虎从栏中窜出，众人惊散，王叡抓起长矛勇退猛虎，保护了太后与小皇帝。但是王叡已有家室，难以全职伺奉太后，于是引荐了李冲。而冯太后"选人"，必是才貌双全，堂堂君子，不似嫪毒那货。李冲才学一流，风度不凡，既是太后的生活伴侣，也是太后施政的得力帮手，冯太后的许多改革措施，多有李冲的参与谋划。冯太后死后，李冲对孝文帝仍竭忠奉事，明断慎密，孝文帝也对他"深相仗信，亲敬弥甚"。当时南朝齐国的使臣刘缵器宇轩昂，冯太后一见倾心，"议事"延入后宫。齐国国君遂派刘缵时常出差北魏，发挥特长，两国"自此岁使往来，疆场无事"。

冯太后四十九岁去世，遗旨葬礼从简，不与文成帝合葬。

萧太后萧绰是契丹辽景宗的皇后，因萧太后明理善断，辽景宗曾吩咐萧皇后说话传令可以称"朕"，他临终时留下遗诏"梁王隆绪嗣位，军国大事听皇后命"，将辽国交到了二十九岁的萧后手里。萧后十二岁的儿子耶律隆绪是为辽圣宗，摄政的萧后即为萧太后。当时辽国诸王宗室二百余人拥兵握权，盈布朝廷，"族属雄强"，对皇权构成极大威胁；宋、辽边境战事频仍，"边防未靖"。萧太后父亲去世，没有兄弟，遂召见顾命之臣韩德让和耶律斜轸，垂泪担忧。萧绰与韩德让少年时曾有婚约，以后嫁于皇室，耶律斜轸是萧绰的侄女婿，两人告说："信任臣等，何虑之有！"萧太后遂在两人支持下，敕令诸王各回自己宅第，不许私自聚首开会，然后撤换一批大臣，收归兵权。

北宋宋太宗趁此对辽国发动"雍熙北伐"，开初取得了一些胜利。危急时刻，萧太后披上戎装，亲任前敌主帅，古今太后独此一款。不争气的宋军竟连吃败仗，名将杨业也在撤退中受伤被俘，绝食而死，他的儿子杨延玉在内的所有部属也全数殉国。

嗣后萧太后亲率二十万辽国精锐部队南征大宋，势如破竹，两个月工夫，就攻到了澶州（今河南濮阳），距宋都开封仅一河之隔。辽大将萧挞凛在察看地形时被宋军强弩狙击手远程射中头部，当晚死去，辽军士气受挫，又孤军深入，萧太后审时度势，利用宋真宗急于求和的心思，与宋朝谈判，以"澶渊之盟"达成了辽宋之间的百年和局。

"后（萧太后）明达治道，闻善必从，故群臣咸竭其忠。"萧太后摄政期间，奖励农耕，"编民数十万，耕垦十余里"，减免税赋几十次，八次下诏赈济灾民和贫民，开创了辽代中期兴旺繁荣的局面。萧太后虽为契丹人，却以汉契"一等科之"，即法律同等，"契丹人犯十恶者，依汉律"，又以汉化方式，开科取士。

女强人萧绰，也是情事斐然。史传她在成为太后以后，对汉人大臣韩德让旧事重提："吾常许嫁子，愿谐旧好，则幼主当国，亦汝子也。"为此，相传萧绰还秘密处死了韩德让的妻子。自此，萧绰与韩德让情同夫妻，出则同车，入则共帐，就连接见外国使臣的时候都不避忌；而颇具政治军事才能的韩德让同时也成了太后的肱股之臣。也有人说，萧、韩的情事不确，有宋人的污名成分，"（萧后）好华仪而性无检束"。不过在澶渊议和时，宋臣曹利用前往辽地，回来记录道："利用见虏母（萧太后）于军中，与蕃将韩德让偶坐（并坐）驼车上……共议和事。"与太后同车并坐，不是一般情况，可见两人情事非妄。

孝庄是清代皇太极的妃子，顺治皇帝的母亲，康熙皇帝的祖母。她一生没有直接操持权柄，却以强大有力的政治母性，对顺治、康熙做出了卓有成效的辅佐。

皇太极去世时未及指定接班人，皇太极的弟弟多尔衮与长子豪格争夺皇位，几乎兵戎相见。这时候庄妃瞅准时机，果断出手，积极运作。不久多尔衮提出他和豪格共同放弃，让皇太极六岁的第九子福临嗣位，而福临正是庄妃所生。多尔衮的提议得到希望息事宁人的众王公大臣的赞同，当然庄妃背后的斡旋说合不可小觑。那么强势跋扈的多尔衮为什么会偏偏提议皇太极的九子继位呢？关键是庄妃做了他的"工作"，虽然正版清史中没有记载，但是大量的史说和分析指出，庄妃就是以"下嫁"亦即"委身"而说服多尔衮的。当然，即使如此，这也只能是原因之一。因为当时多尔衮与豪格的竞争难分胜负，不如退一步争取主动，既避免了八旗内乱，维护了政局稳定，也对庄妃做了人情，继而形成一种有利的政治联盟。

而庄妃对于政权与皇位的辅佐，也是蛮拼的。传说明代重臣、对清作战的总督洪承畴战败被俘，坚决不降、绝食求死。当时清军尚未入关，洪承畴的投降与否对清朝的入主中原影响甚大。在皇太极无计可施的情况下，庄妃只身入帐予以"说服"，对洪承畴的最终降清起到了作用，这样的"美人计"自然也构成了诸多故事演义的重要剧情。

庄妃成为孝庄太后以后，多尔衮以摄政王之位指挥清军入关，入主中原，"定国开基，成一统之业，厥功最著"，封号从叔父摄政王、皇叔父摄政王，干脆成了耐人寻味的"皇父摄政王"。

然而顺治却有点悲剧，他入朝即在权势熏天的多尔衮的阴影下。多尔衮不用向顺治帝行礼，"所用仪仗、音乐及卫从之人，俱僭拟至尊"，一切政务，不需请示，一律称诏下旨，甚至将皇帝玺印搬到自己的府中，以为使用方便。顺治回宫后，面对的又是孝庄太后为他指定的娘家人、性格刁蛮的皇后。因此顺治对孝庄太后有气，至死不睦。但是他不知道，在这期间，孝庄太后又是如何处心积虑、忍辱负重，运用政治手腕，化解抵御着多尔衮咄咄逼人的态势，维护了顺治的皇权无虞。"皇子即帝位，更复何言？惟以他人篡权为忧。"她何尝是为了自己，即使是与多尔衮有那么一腿，那也不是自己多情，而实在是为了儿子的皇权着想。其后多尔衮狩猎时坠马受伤而死，年三十九岁。多尔衮死后两个月，即遭众臣投诉，顺治帝遂宣布多尔衮十四项死罪，其中一条就是"自称皇父摄政王，亲到皇宫内院"，然后对刚刚下葬的多尔衮掘墓毁尸；而这一切，显然是在孝庄太后的默允之下进行的。

顺治二十岁时早逝，八岁的康熙继位，孝庄太后成为太皇太后。有人奏请太皇太后"请垂帘，以勷盛治之隆"，孝庄却没有"垂帘听政"，而是一心一意地辅助小康熙。在康熙早期复杂的政治形势下，孝庄用自己的影响力竭力平衡了各种关系。康熙二十岁时，发生吴三桂、尚可喜、耿精忠的"三藩"叛乱，康熙帝倾全国兵力投入了平叛，孝庄太皇太后把宫廷省下的银两捐出犒赏出征士兵。平时若逢荒年歉岁，她也会把宫中积蓄拿出来赈济，总之就是全力配合并支持儿孙的帝王事业。三藩叛乱，蒙古的察哈尔王也乘机造反，军情紧急，康熙帝因京师空虚，首尾难顾，十分担忧。孝庄随即果断指定人选，紧急招集八旗王府家丁，一举平定了察哈尔王的谋反。康熙对太皇太后极为敬重爱戴，多年以后孝庄病重，康熙率领诸王、贝勒、文武大臣徒步走到天坛，祈祷上苍以减少自己的寿命换取祖母生命延续。诵读祝文时，康熙泪流满面："忆自弱龄，早失怙恃，趋乘祖母膝下三十余年，鞠养教诲，以至有成"，"设无祖母太皇太后，断不能有今日成立"。发自内心的感激之情确实让人为之动容。

孝庄太皇太后去世前对康熙说："皇太极的陵墓奉安已久，不要为我轻动，况且我心中也舍不得你们父子，就将我葬在你父亲的孝陵附近吧。"孝庄太皇太后最终未与皇太极合葬，也是令人寻味的事情。

精忠报国与职业担当

"精忠报国"，出自岳母刺字，也精准概括了岳飞的一生。精忠报国同时也让人联想到屈原、苏武、张骞、卫青、霍去病、诸葛亮、杨继业、文天祥、戚继光、郑成功、于谦、袁崇焕、史可法、林则徐、邓世昌、谭嗣同……。他们是中华民族公认的英雄偶像，是历史天空中永远闪耀的星辰。

精忠报国既为个人心志，所谓"位卑未敢忘忧国"，但是当它同时成为职业行为与职业担当时，就毫无疑问地更具影响力和感召力。汉代的苏武原来只是汉宫庭园中管理马厩的官员，然而汉武帝的过人之处，就在于能慧眼识人，在放手起用卫青、霍去病这样出身微贱的小青年以后，武帝为回应新任匈奴单于王的和解意愿，以苏武为中郎将，持汉节作为使臣前往匈奴，随同前往的有副将张胜和常惠及士卒、斥候百余人。

苏武抵达之后，适逢匈奴高层谋划政变，而张胜也牵涉其中。事泄后，张胜连带着苏武、常惠一同被捕下狱。单于想杀汉使，谋臣建议就此招降汉使。单于派卫律审讯苏武，苏武拔刀自刺，幸被救活。苏武的伤势逐渐好转，卫律再行审讯，在当场斩杀了谋反者后，剑指张胜，张胜请降。卫律对苏武说："副官有罪，主管应当连坐。"卫律又举剑对着苏武，苏武不为所动。卫律说："苏君，我之前背弃汉朝归顺匈奴，有幸受到了单于的恩宠，被赐予了爵位和财富。苏君今日投降，明日也会跟我一样。否则白白拿身体去做野草的肥料，谁会知道啊？"苏武怒斥卫律道："你为汉臣，不顾恩义，背叛君主和父母！当年南越国杀汉使者，最后被汉朝灭国；宛王杀汉使者，最后被汉朝消灭，他的人头被悬在城门示众；朝鲜杀汉使者，也被灭国；现在只有匈奴还没遭到这样的下场。我是堂堂汉使，你明知我不降而要杀我，欲令两国开战，匈奴的覆灭就从我开始吧。"

单于于是将苏武囚地窖内，不给吃喝。苏武嚼雪同毡毛一起吞下，几日不死。匈奴又将苏武迁至北海（今贝加尔湖），让他放公羊，说等公羊生小羊才可归汉。

苏武到了北海，没有粮食，只能掘野鼠储藏的果实吃。他挂着汉节牧羊，起居都拿着，以致节上毛全部脱落。过了五六年，单于的弟弟于靬王到北海打猎，器重苏武，给了他衣服、食物。

李陵投降匈奴后，去北海探望苏武："我来的时候，你的母亲已经去世，我送葬至阳陵。你的妻子年少，听说已经改嫁了。两个女儿一个儿子，从你离家至今已经十几年了，是不是还活着也不知道。人生如朝露，你到死也不能归汉，白白在这荒无人烟之地苦守，即使坚守信义又有谁能看见呢？先前你哥哥苏嘉做奉车都尉，扶辇下阶，撞到柱子折断车辕，被指控为大不敬，伏剑自刎；你弟弟苏贤领诏追捕罪臣，因为没有抓到，只能服毒自杀。况且陛下年事已高，法令无常，大臣们没有犯罪就被灭族的有数十家。你连自身安全都无法保证，还顾得上别的吗？"

苏武说："臣子侍奉君主，就如同儿子侍奉父亲。儿子为父亲而死没有什么遗憾的。我早就已经死了，如果一定要让我投降，我直接死在你面前！"

汉武帝崩，昭帝即位几年后，匈奴和汉朝达成和议。汉朝寻求苏武，匈奴谎称苏武已死。后汉使又到匈奴，常惠设法于深夜面见了汉使，述说了这几年在匈奴的情况。汉使遂面讯单于："汉天子在射猎时射得大雁，雁脚上系着帛书，上说苏武等人在北海。"单于只能向他致歉说："苏武等人的确还活着。"

苏武历尽十九年的非人磨难，矢志不渝，坚贞不屈，意志如铁，只因心中有着精忠报国的信念以及那份职业担当。在长安城内，满城的百姓都拥到大街上迎接苏武。苏武青壮时出使，如今已经白发苍苍，衰老干瘦，却仍神情坚毅，很多人流下了眼泪。苏武随后拜见了汉昭帝，交还那杆早已脱成光杆却仍然是他使命象征的汉节，这情景不能不让昭帝和所有的大臣为之动容。

文天祥个性鲜明，其爱国情操也是铿锵作响、有声有色。二十岁时他以进士身份参加殿试，不打草稿，一万多字的宏文一气呵成，宋理宗亲自钦点他为第一名，真正是一位青年才俊。为官不久，文天祥即上书请杀因蒙军南下而提议迁都的皇帝宠臣，朝廷不做回应，文天祥干脆辞职回了老家。

蒙军南侵，文天祥慷慨陈词，严斥投降派，以致屡遭打击；同时他投笔从戎，置生死于度外，与蒙军做殊死抗争。形势危急，朝廷诏令勤王，文天祥即以赣州知府身份召集兵众万人入卫京师。有人劝说："蒙军攻势凶猛，已破京城市郊，你以临时召集的乌合之众赴京入卫，这与驱赶群羊同猛虎相斗没有区别啊！"文天祥的回答却是："我也知道不自量力。但是国家危急，征召天下军士，却无一人一骑入卫京师！我即使以此殉国，只望对天下忠臣义士有所激励！"文天祥抗击元军，不惜毁家纾难，家里的资产全部用作军费，儿子和母亲都死于军中，妻子女儿被敌军俘虏。在家国破碎之际，文天祥被任为宰相。

大厦将倾，非独木能支。宋朝终于败亡，时为宰相的文天祥也被元军抓捕。元主忽必烈知道文天祥是宋朝最有才能的大臣，又敬重文天祥的人格气节，将其解到元大都燕京，待之优厚，竭力劝降，甚至为此等待了他三年。但是文天祥"铁石心肠"，决不屈服。最后元廷召谕文天祥："你还有什么愿望？"文天祥回答："天祥受宋朝的恩德，身为宰相，不能侍奉二姓，愿赐一死就满足了。"

即到刑场，监刑官仍劝文天祥回心转意，以免身死。文天祥从容不迫，面朝南方也就是宋廷曾经所在的杭州方向，英勇就义，时年四十七岁。文天祥留下的诗句，成为千古绝唱："人生自古谁无死，留取丹心照汗青。"

郑成功的报国之志的特别之处，在于因政治立场不同而毅然决然地与父亲、师长分道扬镳。郑成功十四考取秀才，继而师从名儒钱谦益。明朝政权覆亡之际，郑芝龙兄弟在福州拥立新帝，新帝对郑成功很为器重，郑成功遂以明确职责与身份投入到反清复明中。但是第二年清军攻陷福州，进逼泉州。当时老师钱谦益已在南京降清，父亲郑芝龙鉴于形势所迫，再则因清廷的爵位利诱，遂聚合部将商议投降。二十二岁的郑成功却坚决反对，在苦劝父亲无果的情况下，郑成功义无反顾，与父亲决裂。此后，郑成功收拢不愿降清的父亲旧部，开始了自己的反清斗争。其间父亲也曾写信规劝他归顺清朝，清廷也不断提高招降的价码，郑成功矢志不渝，百折不挠。

在经过了十五年的反清作战以后，郑成功将收复台湾纳入了战略部署。台湾自古是中国领土，后为荷兰侵占，明朝政府一直无力顾及。郑成功率军两万五千人，战舰三百余艘，从金门出发，冒狂风巨浪直抵台湾禾宁港登陆，当地百姓纷纷以酒食劳军。几经战斗，荷军败绩，荷军总督提出以十万两白银并"年年照例纳贡"的条件，换取郑成功撤兵。郑成功严词拒绝：台湾一向属于中国，理应把它归还原主。之后，荷兰援军自印尼雅加达驶近台湾，也被郑军水师击溃。荷兰总督势穷力竭，终于宣告投降，随后撤离台湾。

郑成功收复被荷兰殖民者侵占达三十八年之久的台湾，并赋成《复台》一诗："开辟荆榛逐荷夷，十年始克复先基。田横尚有三千客，茹苦间关不忍离。"成功收复台湾后，开始整肃吏治，颁布屯田令，分派各镇赴各地开荒，允许各级官吏将士建屋开矿，永为世业，鼓励官兵从事渔业、经商，建造大船与日本及南洋诸岛通商，因此"台湾日盛，田畴市肆"。

郑成功收复台湾不到半年，因戎马倥偬，积劳成疾，猝然辞世，年仅三十九岁。然而郑成功却就此让台湾不仅从法理上，也从事实上，回归了中国。

精忠报国的故事层出不穷，它们将成为我们永久的财富，常说常新，精神流传，激励后人。

海瑞有点"独"

海瑞的故事从他进入职场开始。清正廉洁、死磕贪渎，为他赢得了道德名声，也为世人构成了某种精神价值。但是恰恰在职场的上班族里，海瑞却因其一根筋、少变通的"独"，而格格不入；这首先就表现在他让同僚敬而远之的特立独行。

海瑞在任淳安县令时，收拾过巡抚为非作歹的儿子，还让气焰嚣张的当朝红人灰溜溜地滚蛋，这样的作为可能会令同僚钦佩，但是对于他们来说，却没有实际操作性以至没有办法学习跟进。海瑞因为已有的清廉刚直的名声得以避祸，但是别人如果揣着身家性命与权贵如此较劲冲撞，可能就不会这么幸运了。因此海瑞的做法，是难以效仿、难以复制的。

当时嘉靖皇帝时至晚年，不理朝政，一味求仙问道。海瑞准备好棺材，安排好后事，然后向皇帝上了一道《治安疏》，一番歌功颂德之后，《治安疏》切入正题，用今天的话说就是：陛下富有四海，却不念及那都是民脂民膏，大兴土木，大修宫殿庙宇。陛下二十余年不理朝政，导致纲纪败坏，官吏贪污成风，军队疲弱，水灾旱灾无时不有，民不聊生……您与方士一起炼丹，不与儿子们相见，缺少父子之情；您整天待在西苑不回宫，缺少夫妇之情；您猜疑诽谤戮辱臣下，缺少君臣之礼……看来嘉靖帝作为君主、父亲、丈夫，统统不合格。

嘉靖读罢海瑞的《治安疏》，掷其于地，怒喝道："快把他抓起来，不要让他跑了！"侍从说："这个海瑞向有愚名。听说他上疏之前，自己已经准备了棺材，他是不会逃跑的。"嘉靖帝听后默然良久道："他是要做比干，但朕不是商纣王。"海瑞被关进监狱，却一直未被定罪。

"棺材"加上"天下第一疏"，海瑞惊世骇俗、耸动听闻之举，以后成就了《海瑞上疏》《海瑞骂皇帝》的戏目，他这种"舍得一身剐"的劲头，着实令所有同僚相形见绌，却也绝对令他们不敢学步，而只能是敬而远之。

有大臣主张对如此狂妄犯上的海瑞处以绞刑，被内阁首辅徐阶挡了下来。半年后嘉靖帝病逝，隆庆帝即位，海瑞被大赦出狱，在徐阶的举荐提拔下一路升迁，做到应天（南京）巡抚，辖区包括应天、苏州、常州、镇江、松江、徽州、安庆等十府。海瑞到了应天以后一如既往地整治豪强，扶贫济困。应天是"恩主"徐阶的老家，海瑞要求徐阶的家人也将家里的土地划出一半分给农民。但是一些地主包括徐阶家里的土地虽有兼并之嫌，却都是合法取得的，现在如果以权力加革命的方式劫富济贫，既于法不合，也难以持续。徐阶为此给海瑞写了一封信，海瑞不予理会，六亲不认，一意孤行。其实海瑞此时的理政行事，已经脱离了理性意志，甚至脱离了本来的海瑞，而成了一个被"海青天"的盛名推着走的身不由己的海瑞，不这样做，他就不是人们所瞩目的海瑞了。

然而即便是当年铁面无私的包拯也有私心，其弹劾某两位官员，被欧阳修批评为"上纲上线"，而这两位官员与包拯的恩师吕夷简恰有过节。许多人认为包拯为恩师出头其实无可厚非，这反而体现了包大人也有人情味。

而海瑞的做法，不但不能在职场同僚中形成共识和引领，反而普遍地不被认同。

海瑞的"独"还在于他的我行我素，以至成为孤家寡人。

毫无疑问，职场、官场有着群体属性，是社会关系高度聚合的领域，若要成功地履职施政，依靠团队、凝聚人心、协调人际关系，都非常重要。海瑞却是一味地单打独斗，甚至成为团队合力的拆解者。

他初入职场在某地当"教谕"时，就写了一篇《严师教戒》，训诫教师、学生要以圣人的标准要求自己。一次延平府知府带人到县学视察，按照惯例，教师、学生都要跪地迎接。站在海瑞两边的人已经跪下，海瑞却以教师的尊严为凭只作揖为礼，三个人由此像是个"山"字笔架。海瑞此举可能会让领导不快，然而更会让同事们难堪。又一次领导来校视察，县官随口说了一句讨好上级的"德高望重，泽如甘露"，一位学生在旁对上"政理讼明，昭若青天"，领导称赞对得好，并赏他一锭元宝。海瑞走过去，不由分说地夺过元宝掷出门外，斥责学生道："你读的是圣贤之书，却趋炎附势、拍马奉迎，将来朝中奸臣就是你这种人！"领导脸上下不来不说，这又让教师、学生们情何以堪。

海瑞当教谕不久就得罪了几乎所有的同事。然后他们想了一招：联名举荐。等到海瑞离职高就时，想必大家都松了一口气。

海瑞一到淳安，立刻革除官员的灰色收入。海瑞自己甘于清贫，每天青菜豆腐，穿着破旧，甚至自己种菜。母亲过生日，他上街买了两斤肉，竟成为一件在当地职场、官场流传的稀奇事。如此这般，下属、同僚没有一个人受得了。据说他们开始是消极怠工，然后也是联名举荐，当然在海瑞调离时他们也一定是同样松了一口气。

职场情商本来是事业成功的要素，海瑞却几乎没有朋友，也拒绝所有的人情来往。真正形同"孤家寡人"。同样上了舞台登上银屏因而为人熟知的著名清官狄仁杰、于成龙，在反腐肃贪的同时，却颇具人情味。狄仁杰见同僚要到很远的地方公干，但是他母亲年老多病，就主动对上级陈述了同僚的家庭困难，要求自己代他出行。于成龙遇百姓家结婚办喜事，会随个份子，喝杯喜酒；哪家乔迁新居，他会去给人家题匾写对联，然后坐下来喝几杯；他给百姓办了好事，大家送来两瓶自酿的好酒，他也不推辞，欣然笑纳，还掏腰包请了客。于成龙闲暇时常和同僚一起吟诗作赋，也偶以扇子、橄榄果等小礼物互相馈赠。这样的人情味，融洽了同僚之间的关系，也增加了必要的人脉。

海瑞被贬，愤而辞官，在给隆庆帝的辞职奏折中，指说当今朝廷的官员"都是妇人"。这既得罪了所有官员，也正反映了他与全体官员的紧张关系。如果海瑞是与少数同僚不睦，那可能是别人的问题；但是与几乎全体同僚不睦，则就是自己性格偏执、我行我素所致了。与此相联系的是海瑞的家事。海瑞第一任妻子被休，第二任妻子成婚不到一个月又被海瑞所休，第三任妻子与小妾竟然在十一天内相继自缢身亡。同样按照常理，如果与一位妻妾感情不好，那可能是她的问题，而妻妾们的全体悲剧，就不能不探问海瑞性格和行事的方式了。

海瑞回海南老家闲居，张居正给他写了封信予以安慰。等到两年后张居正当了首辅，却驳回了吏部起用海瑞的提议，张居正说："海瑞秉忠亮之心，抱骨鲠之节，天下信之。然夷考其政，多未通方。只宜坐镇雅俗，不当重烦民事。"意思很明确，海瑞品德高尚，清正刚直，但其理政处事，缺乏变通，因此只适宜用作道德说教，不适合参与政事。所以，张居正掌权期间，一直没有起用海瑞。

等到万历皇帝亲政主事，重新起用海瑞。海瑞一上任就向皇帝提议：要杜绝官吏的贪腐，应启用太祖皇帝朱元璋当年的严刑峻法，凡贪赃八十贯以上的官员即予剥皮填草。这个提议引起了众人的震动。现在再启用将近一百七十余年前的酷法可行吗？真要是用太祖之法，你海瑞如此顶撞皇帝，早就被灭族凌迟了。随后，有同僚在家中招戏班看戏，也遭海瑞弹劾为破坏风俗。海瑞弄得同僚官员全体侧目，甚至上班下班都没有人和他打招呼。

海瑞终于遭到一位御史上疏弹劾："莅官无一善状，惟务诈诞，矜己夸人，一言一论无不为士论所笑。"弹劾中还批评了海瑞"示穷"的做法。海瑞的贫困是出了名的，他死后的屋内只有粗布蚊帐和几件旧竹器，令人唏嘘。然而这样的情形孰又不正是海瑞自己的既定标配呢？

这位御史的奏疏引起了热烈讨论，吏部也就是组织部的官员向万历皇帝建议：海瑞品德高洁，个人主张却过于偏激，不宜出任要职。万历皇帝同意吏部的建议："（海瑞）虽当局任事，恐非所长；而用以镇雅俗、励颓风，未为无补。"此后海瑞几次辞职，都未被批准。

万历十五年，七十三岁的海瑞死在任上。朝廷给了他很高的荣誉：赐谥忠介，追赠太子太保。

脱颖而出的职场黑马

人在职场，谁都想着进步。进步一靠领导，二靠自己。个人通过勤奋工作而获得进步，是按部就班、论资排辈的常规路数。因脱颖而出并进入领导视野，受到赏识，进而获得越级提拔，成为职场黑马，这样的故事在历史上也多有演绎。

职场上的脱颖而出各种各样，巧妙不同，但是基本原理是一条：既需要适逢机遇，又需要有自身的禀赋，即角色担当。

汉武帝时候的田千秋从一个看守祀庙的郎官，一举封侯拜相，起因于他受良知驱使、敢为先声。

雄才大略的汉武帝到了晚年的时候开始犯糊涂，总觉得有人要用巫蛊之术，即以制作木偶再针刺诅咒的方法来加害于他。当时受命负责搜捕巫蛊之人的是心术不正的武帝宠臣江充，他借此广设牢狱，滥施酷刑，被害者成千逾万。而太子刘据对其十分憎恶。

江充明白，一旦太子继位，自己就难逃杀身之祸。于是，他上奏称皇帝病体不愈，是因宫中巫蛊作祟引起。在得到武帝允许后，江充等人指使巫师在后宫和太子宫中到处挖掘，搜寻埋于地下的人偶。不久，巫师果然在太子宫中挖掘出一具木偶！刘据十分惊恐，他想觐见父亲，又担心无法说清。情急与愤怒之下，刘据杀了江充，又将巫师烧死在上林苑中。

如此作为，形同造反。汉武帝调兵平乱。太子逃亡，悬梁自尽。太子一门除一襁褓孙儿被投入死牢外，皆被武帝下令诛杀，卫皇后也自杀身亡。汉武帝之辣手那是毫不含糊，在此之前，丞相公孙贺被灭族，卫子夫皇后之弟、威震匈奴的卫青的儿子都被处死。"巫蛊之祸"株连甚广，我们学古代汉语必读的《报任安书》中的任安，只是因为持观望的态度，就被汉武帝下令腰斩。

当时的长安一片血腥，朝廷内外一片肃杀。这时，一个毫不起眼的底层官员田千秋站了出来，上书为刘据鸣冤！"太子调动军队，最多是鞭笞之罪；太子即便有杀人之错，又算得了什么呢？"须知当时，汉武帝还余怒未消，这样的上书，基本上就是带着全家老小去送死的节奏！然而田千秋为人朴实敦厚，他只是对眼下的巫蛊之祸、太子罹难、株连虐杀太过痛心，在满朝群臣忧惧惶恐、钳口不言，甚至还不乏追究太子谋反的声音时，朴素的良知驱使他冒死上书，众人都惊呆了！

然而此时的汉武帝，已经开始冷静清醒：太子的"巫蛊谋反"毫无道理，看来确实是被构陷的。在看了上书之后，武帝召见了田千秋，叹道："父子间的事，外人很难说话，唯独你能向我阐明太子的心迹，这一定是高祖皇帝的神灵让你来开导我，你该做我的辅政大臣。"于是田千秋被任命为掌管礼宾事务的"大鸿胪"，几个月后又补缺成为丞相，封为富民侯。

田千秋没有战功，也没有突出的才干，而且资历又浅，却脱颖而出，成为"火箭干部"，连匈奴王都感到诧异：这是谁呀？然而正是田千秋敢冒天下之大不韪，道出心声，从而成为"拨乱反正"的契机，实在是功不可没。田千秋当了宰相以后，继续以自己的忠厚正直对时局做出积极贡献。在巫蛊之祸的影响仍然萦绕社会的情况下，田千秋"思欲宽广上意，尉安众庶"，牵头与众臣一起上奏，请武帝"施恩惠，缓刑罚，玩听音乐，养志和神"，延年益寿。这可是让皇帝退居二线呀！武帝对宰相的上奏点了赞，下诏说自己"远近为蛊，朕愧之甚，何寿之有"。

田千秋出自基层而擢升高位，却受到了上至几代皇帝，下至几代群臣的敬重，并且终老于丞相位上。

另外一位人物黄霸的脱颖而出，则是秉持公义、敢作敢当的一款。黄霸在基层任职时，亲政爱民，口碑良好。他的一个政绩还成了著名的典故：一户人家的妯娌同时怀孕，兄长媳妇生了个死胎，隐瞒下来；弟媳妇生了个男孩，兄长媳妇便生了恶念，将孩子强夺过来并声称是自己所生。那时候对簿公堂，也没有DNA（遗传物质）啥的，黄霸遂令两妯娌抢夺小孩，谁抢过去算谁的。兄长媳妇争抢时不管不顾，使劲猛拽，弟媳妇既想把孩子抢回来，又怕伤着孩子而不敢使劲用力，表情极为悲伤。看到这里，黄霸当即斥责兄长媳妇："你只想得到孩子，不顾孩子会受伤害。孩子是谁所生，已经非常明白！"

黄霸调到京城的廷尉署也就是司法部当了个小官时，适逢一个奸商大案，大司农即农业加财政部长田延年先期予以查抄，货值三千万钱。当时位列三公的高官，年薪才只七十五万。案子到了廷尉署，廷尉署的官员却都以各种理由予以回避，结果查账这件事就落到了刚到京城的黄霸身上。没想到这是个工作认真又有点"轴"的人，他一查下来，不对呀，查抄的货值该有六千万呀！还有三千万哪去了？他当即将情况汇报给领导，也知会了田部长。田延年一看是个年轻人，就说"这事知道了，领导会认真调查，你回去吧"。

黄霸一回去，领导们就再没动静了。黄霸觉得事有蹊跷，想着去求见操持国柄的霍光，可他一个小干部，要见大人物哪那么容易，再说这田延年恰恰又是霍光的铁杆亲信。

田延年听说黄霸这小子爱较真，就派人盯上他了。

一天黄霸匆匆出门，特务即刻报告部长："这小子恐怕要去拦驾！"田延年吓了一跳，连忙带了一队人马前往堵截。刚追上黄霸，宣帝的銮驾已经到了，田延年的人马因为赶得急，来不及"刹车"，直接冲进了皇帝的仪仗队！惊动圣驾，事情闹大了。田延年当时肯定跌足叫苦，怎么就没有当机立断，灭了这黄霸的口呢！

汉宣帝可是一个聪明人，他琢磨这里一定有故事，于是就秘密召见了那个已经被打了板子说不定马上就要被发去边远地区的黄霸。黄霸忍着屁股的伤痛，将自己了解的情况一五一十全部禀报了皇帝。三千万啊！而且这还事关修建先帝和当朝天子的陵寝！

事情到了这一步，就没黄霸什么事了，他只要回去歇着就行了，当然安全也暂时无虞了。对于汉宣帝来说：如果他面对的只是大司农，这还好办；问题是大司农背后的大司马大将军霍光。这就不仅仅是金钱，而是政治了。所以，汉宣帝巧妙地发动朝廷甚至军界的大员"群众"，形成舆论态势，破解阻挠，推动了事件的有利进展。田延年最终选择了自杀。

　　黄霸接着一路高就，仍然体恤民情，勤事农桑，恪尽职守，屡获褒奖。如果黄霸仅仅是兢兢业业，基本就是一个基层至多是一个中层干部，这也不错，正如班固称之为"自汉兴，言治民吏，以霸为首"，朱元璋赞为："古称任官惟贤才。凡郡县得一贤守令，如颍川有黄霸，何忧不治。"然而黄霸因为敢作敢当、脱颖而出，嗣后被任为丞相，封建成侯，成就了历史功名。

　　三国时期的陆逊能够脱颖而出，则在于他出众的才干，再加上伯乐的引荐。陆逊年轻时入伍当兵，后因参与剿匪成为一名基层军官"校尉"。数年后，驻守长江要隘的吕蒙途经芜湖时与陆逊有过一番交谈。此后孙权问吕蒙谁可接替他的职位，吕蒙以"意思深长，才堪负重"推荐了陆逊。

　　陆逊一经到位，即写信给镇守长江重镇荆州的关羽，在书信竭力赞赏关羽的功德，以晚生后辈的身份对之表示仰慕。

　　这个名不见经传的陆逊是谁？关羽看信后，果然轻敌，将本来用来防范东吴的军队全数调至对付曹军的前线。

　　看到时机已经成熟，陆逊报请孙权后，忽然率军攻打荆州，迅速占领了蜀军的大片要地。关羽首尾难顾，进退失据，只得领兵退守麦城，不久关羽率骑兵从麦城突围，被吴军擒获并遭斩首。

　　青年才俊陆逊抓住时局赋予的机遇，展现才华，脱颖而出，犹如一颗突然升起的璀璨将星，一举登上了建功立业的高位平台。

　　一年后，刘备不顾诸葛亮、赵云的劝谏，兴兵伐吴，攻势凶猛。东吴大臣阚泽推荐尚不到四十岁的陆逊领军御敌，遭到张昭、顾雍、步骘等元老的反对。现在这不是偷袭荆州，而是大部队正面对决，元老们认为陆逊"年幼望轻""必误大事"，然而阚泽竭力举荐，"若不用陆伯言，东吴休矣！臣愿以全家保之。"孙权最终采纳了阚泽的建议，任陆逊为大都督即总司令。

　　一开始蜀军一路进攻，吴军一路后撤。不久蜀军围攻驻守夷道的孙桓，吴军诸将请求出兵增援。陆逊知夷道城坚粮足，有意让其牵制蜀军，坚持不予分兵。蜀军在陆逊阵前大肆叫骂，陆逊不为所动。吴军的将领有的久经沙场，有的是王室的宗亲，他们本来就没怎么把陆逊放在眼里，此刻他们几十人冲进陆逊的大帐责问为何一味畏敌怯战。陆逊拔出佩剑喝道："有违军令者斩！"

刘备果然在山谷埋伏了精兵八千人，见辱骂激将不灵，又将伏兵全部调出，正面向吴军营地发起进攻。陆逊只是严防死守。

这样对峙了七八个月，时至盛夏暑热，蜀军无法急战速胜，兵疲意懈。他们调整营房，将部队移到陆地，依傍溪涧，结营四十多个，以做持久打算。

这时陆逊决定向蜀军发动进攻。趁着某日风劲，蜀军又防备松懈之际，吴军摸到蜀军营帐前射出许多火箭。那连在一起的四十多个营寨，顿时被一起烧着，大火映红半边天。陆逊命令部队出击，蜀军全体溃败，"舟船器械，水步军资，一时略尽，尸骸漂流，塞江而下。"这就是那著名的"火烧连营"。

陆逊不仅战功卓著，而且任宰相治国理政也是一把好手，成为"从士兵到元帅的典范"。

特立独行比较酷，却谈何容易

在单位集体或者在社会人群中，人们的处事方式可能会是个性张扬、我行我素的风格，也可能会是顺应潮流、从众从势的类型。前者自然是比较有型，后者则就流于一般，比较平庸。至于它们的是非对错，很难一概而论，需要因人、因事、因时而论。在历史的职场、官场中，古人为此提供了许多事例，对于其中的大多数，我们也是需要具体分析，然后才能确定其参照意义。

魏晋时期的竹林七贤，是个文人名士的朋友圈。他们放荡不羁、纵情山水、酣饮高歌，特别是其中的阮籍、嵇康，以特立独行、卓尔不群著称。阮籍说"时无英雄，使竖子成名"，可见他愤世嫉俗、睥睨群小的心态。他几次被迫为官，都心不在焉，佯狂避世。而他的放浪形骸、行止无端、目无礼法、"越名教而任自然"，甚至被人上奏要以发配来予以惩罚，然而阮籍的说法是："礼法这种事，难道是为我这样的人规定的吗？"所以王勃在《滕王阁序》中会以赞叹的口吻说"阮籍猖狂"。其时，架空了皇帝而独揽朝政的司马昭曾经还想与阮籍结成儿女亲家，阮籍竟大醉60天，终于让这档子事情不了了之。

嵇康才华横溢，在诗、书、画、音律上，造诣尤深，可是此人率性放任，桀骜不驯，行为举止几近荒诞不经，与寻常世俗格格不入，比如他体貌俊朗，却极端地不修边幅，穿着邋遢破旧，身上长满虱子，不剪头发，蓬头垢面，基本就是一个济公模样，此即所谓"天质自然"。司马昭想聘他为官，他跑出去躲避。权臣钟会前去拜访，嵇康不予搭理，自顾打铁，钟会讪讪欲去，嵇康问："何所闻而来？何所见而去？"钟会答道："闻所闻而来，见所见而去。"说完拂袖而去。同为竹林七贤中人的山涛调职时，举荐嵇康代替自己的原职，嵇康写了一篇《与山巨源绝交书》，表示决不同流合污，其中说道："足下傍通，多可而少怪；吾直性狭中，多所不堪，偶与足下相知耳。闲闻足下迁，惕然不喜，恐足下羞庖人之独割，引尸祝以自助，手荐鸾刀，漫之膻腥。"——您处事通融，对人称赞多责怪少；我性格直率偏狭，不识时务。我只是偶然跟你交上朋友。听说您升迁了，我不感到高兴。恐怕您就像厨师不好意思一个人操刀做菜，要拉人帮忙一样，可这等于使我手执宰刀，也沾上一身腥臊气味。嵇康的这种做派，令"大将军（司马昭）闻而怒焉"，并且最终引来了杀身之祸。

　　而竹林七贤的发起人山涛，同样喝酒放达，具体处事却完全是另外一种风格。山涛见识不凡，明辨情势，他原在曹爽手下任职，后在曹氏与司马氏权斗之际，料知事变在即，"遂隐身不交世务"。待司马氏掌控政权以后，他顺应形势，出仕为官，以效经世致用。与阮籍、嵇康的超然世俗不同，山涛处事恰恰有"行不违俗"的风格，在他为官之时，有人送给他高档丝绢上百斤，他不想要，可是世风之下，拒绝就会显得与众不同，显摆自己清廉，他思忖再三收下以后，将丝绢藏在阁楼上。同时山涛又有着自己的政治操守和原则，到了适当的时候他将丝绢交公，包裹上积满了灰尘，封条印章都未动过。因此山涛既有顺应潮流、行不违俗的一面，也有坚持原则、不随波逐流的一面。他的官做得很大，照例应该是家大业大、锦衣玉食，但是他始终洁身自好、两袖清风，以至司马昭、司马炎都要给予米和布的生活补贴。山涛去世后，家中只有十来间旧房，一大家子住房紧张，还是晋武帝司马炎出面为其家人建造了一些住房。特别是山涛好心举荐嵇康，嵇康却以"绝交书"告白天下与山涛决绝断交。山涛大度宽容，始终对此保持沉默。嵇康入狱，山涛几次上疏请为嵇康减刑，没有成功。嵇康有一对小儿女，他没有将他们托付给意气相投的阮籍等人，而是托给了山涛，并且对年仅十岁的儿子嵇绍说："山公尚在，汝不孤矣。"山涛没有辜负这份重托，视他们为亲生子女，悉心培养，待嵇绍长大成人，山涛推荐他担任了公职。

　　特立独行、不入流俗、不屑功名的阮籍和嵇康，为后世留下了一种人格的范本，而山涛因为不能免俗、耽于功名而为后人有所侧目和不屑，其实顺应潮流、行不违俗而又坚守自我的山涛，又何尝不是另一种为人处事的范本？我们在看阮籍、嵇康时，自会有一种高不可攀的感觉，而在看山涛时，就会感觉更多一些亲和力。

　　隋唐时期的名臣裴矩，顺应时势、左右逢源，前佞后忠，适时而为，却遭至历史的质疑和诟病，原因则是因为他有能力应世，却无原则信念立身。在隋炀帝杨广前期振作有为时，裴矩经略西域，独当一面，消弭边患，大有功绩；等到隋炀帝好大喜功、横征暴敛、荒淫无道、朝政昏暗时，裴矩也曾有过劝谏，却遭隋炀帝贬斥。杨广曾对大臣宣称："我天性不喜欢听反对意见，所谓敢言直谏的人，都说他们忠诚，我最不能忍耐。"于是裴矩趋应事态、投其所好。"是时，帝既昏侈逾甚，矩无所谏诤，但悦媚取容而已。"隋炀帝劳师动众，几次出兵百万攻伐高丽，裴矩予以支持，然而军事行动终究无功而返。隋炀帝性喜豪奢，裴矩就建议在东都洛阳举行元宵庆典，召集全国数万名艺人前来汇演，丝竹喧嚣，灯火辉煌，闹腾一个月，耗费惊人。裴矩随炀帝出巡江都，当时义军四起，御林军士气低落，逃跑不断。裴矩向隋炀帝建议，让军士就地娶妻纳妾，以安军心，隋炀帝大喜，"公定多智，此奇计也"，立即下令照办，包括尼姑、道姑在内的众多女子顿时遭殃"。隋炀帝曾称赞裴矩："大识朕意，凡所陈奏，皆朕之成算，朕未发顷，矩辄以闻。自非奉国用心，孰能若是！"然而司马光指裴矩就是佞臣。

隋炀帝被杀，隋王朝覆灭，裴矩辗转归顺唐朝，唐太宗李世民时期，政治清明，国事振兴，在这样的形势下，裴矩对自己的处事方式做了重大调整，正所谓"君明臣直"，他秉公办事，屡献良策，更能净言直谏，敢于为皇帝纠错。唐太宗得知许多官员涉嫌受贿，决定予以惩治，于是暗中派人以财物行贿，有个官员接受了一匹绢缯，太宗大怒，要杀了他以儆效尤。裴矩犯颜进谏，指出太宗这是"钓鱼执法"，不合道义，"此人受贿，诚合重诛。但陛下以物试之，即行极法，所谓陷人以罪，恐非导德齐礼之义"。太宗感觉裴矩言之有理，欣然纳谏，并召集百官对他们说："裴矩遂能廷折，不肯面从，每事如此，天下何忧不治！"

两位皇帝的赞许，指涉的内容与性质却截然不同。然而正所谓"淮南为桔，淮北为枳"，裴矩虽无原则信念之根，但是时势造人，他顺应风向形势的做法，算是"情有可原"吗？

正是因为如此：像海瑞那样在行为方式上全程特立独行的，难能可贵；而像李贽那样在思想理念上系统地独树一帜并且予以高扬的，更不容易，以至青史留名。

李贽称自己的著述是"离经叛道之作"，他的离经叛道，主要表现为对主流、正统的儒学礼学的批评。他对儒家经典《六经》《论语》《孟子》都提出质疑，认为：这些言论多非圣人所言，是经过后人拔高形成；即使是圣人之言，也只是一时有感而发，不能成为"万事之言论"，不能"以孔子之是非为是非"。李贽的"非圣无法"本身就大不合时宜，所谓"狂诞悖戾"，而他进而抨击许多官吏是借儒学的仁义道德之名而行鱼肉百姓之实，是"冠裳而吃人"。李贽以"异端"自居，在他对800位历史人物的评价中，常常不循成说定论，自称"读史时真如与百千人作对敌"，比如他赞扬秦始皇是"千古一帝"，武则天是"政由己出，明察善断"的"圣后"。同时，李贽激烈抨击当时官学和士人的独奉儒家，指斥程朱理学是伪道学，许多道学家是伪君子："本为富贵，而外矫词以为不愿，实欲托此以为荣身之梯，又兼采道德仁义之事以自盖"；"名为山人，而心同商贾，口谈道德，而志在穿窬（男盗女娼之意）"；"阳为道学，阴为富贵，被服儒雅，行若狗彘"。道学家满口仁义道德，实际只是"以欺世获利"，他们"口谈道德而心存高官，志在巨富"。这种口是心非、言行不一的伪君子，实不如"市井小夫"与"力田作者"的直率实在。而对于被假道学贬斥的个人私欲，李贽却竭力为之正名："私者，人之心也，人必有私而后其心乃见。"理学有说"存天理，灭人欲"，李贽却偏说"穿衣吃饭，即是人伦物理"。

李贽的学说与观念绝对不合时宜，却又造成了很大的影响。于是某官员秉承首辅的旨意上奏明神宗，攻讦李贽。李贽终以"敢倡乱道，惑世诬民"的罪名被捕入狱，著述遭焚毁。桀骜不驯、狷狂激进的李贽以剃发为名，夺下理发师的剃刀割喉自尽，"卓吾（李贽）血流二日以殁，惨闻晋江，士庶甚闵"。李贽也算是身体力行地为自己七十六岁独具一格、不同凡响的思想人格写下了人生的最后一笔。

当然，像阮籍、嵇康、海瑞、李贽这样的特立独行，是为世间极品，其所难为。于此也可见：如果没有出色的才学禀赋，那么所谓的特立独行可能就只是标新立异、脾气乖张而已，不值一提；而如果没有百折不挠的心志守持，那么所谓的特立独行基本也就是个笑话。而其最大的障碍，还是它在现实环境中的可操作与否的问题。所以我们钦佩阮籍、嵇康、海瑞、李贽，至或引以为偶像，可是真正地要如此这般，又几人能为？当然，事事时时地不盲从、不跟风，而只一时一事地、"记件式"地表达独立见解并且坚持己见，比如像韩愈的"不迎佛法"，虽然也很难，也有风险，但是相对而言，于我们的可接近度就要高一些了。

当时社会兴盛信佛，适逢扶风县（宝鸡市）的法门寺地宫开塔，取出供奉的一枚佛指舍利供人瞻仰。唐宪宗也信佛，下旨派人前往法门寺迎佛骨入京城皇宫供养三日。此事件在全国引发一场浩大而狂热的礼佛风潮，百官无不铺张奉迎，百姓更是趋之若鹜，甚至有不惜废业破产、烧顶灼臂而求供奉的。奉迎佛骨的活动，耗费巨大的人力、财力。韩愈时任刑部侍郎，他以《谏迎佛骨表》，上表劝谏，反对佞佛。"焚顶烧指，百十为群，解衣散钱，自朝至暮，转相仿效，惟恐后时，老少奔波，弃其业次。若不即加禁遏，更历诸寺，必有断臂脔身以为供养者。伤风败俗，传笑四方，非细事也。""枯朽之骨，凶秽之余，岂宜令入宫禁。"所以应该取消奉迎佛骨，以"断天下之疑，绝后世之惑"。同时韩愈还指出：不是说佛法有灵吗？可是历史上一些崇佛的王朝，结果都不好，寿命都不长。

韩愈面对皇帝亲自发动的奉迎佛法的举世热潮，头脑清醒，绝不人云亦云、亦步亦趋，并且态度鲜明，勇于批评，彰显自我，不惜溯流顶风。韩愈为此受到了唐宪宗贬职外放的处分，而他我自为我、表明己见的风骨，留下了历史的口碑。

古今职场皆以一"惰"字致败

有一种人之常理，就是希望拿更高的薪酬，干更轻省的活儿；劳动模范、先进人物毕竟是少数，因此庸政懒政就在几千年的职场、官场源远流长，甚至各个朝代都有一些这方面的典型人物。

唐代的苏味道曾两度跻身相位，其在主政时擅长打哈哈。他常对人说："处事不欲决断明白，若有错误，必贻咎谴，但模棱以持两端可矣。"时人称为"苏模棱"，现在的话说起来就是"捣糨糊"。唐玄宗的宰相卢怀慎是个清官，但在政务上毫无作为，任职期间，他把事务都推给同僚，自己概不问事，人称"陪吃宰相"。唐文宗时翰林院规定太阳光照到甬道第五块砖时就要准时上班，有个叫裴颜祺的翰林学士爱睡懒觉，总是等到日光照到第八块砖时，才慢吞吞地到岗，因此绰号"八砖学士"。北宋时王珪上朝主要就是三件事："取圣旨""领圣旨""已得圣旨矣"，人称"三旨宰相"。至于"纸糊三阁老，泥塑六尚书"，顾名思义，就知其人浮于事、上班就是混日子的情况。"三阁老"中曾任内阁首辅的刘吉，因为不作为而屡遭弹劾，但是他既"没犯错误"，又"善附会，自缘饰，锐于营私"，因而"上宠眷不衰"，弹劾不起作用，人称为"刘棉花"。"三阁老"中的万安更绝，明宪宗好不容易召见群臣议政，大家憋了一肚子的意见才没说几句，宰辅万安顿首呼万岁，然后转身告辞离去，大家不知所措，只好跟着走。太监嘲笑群臣道："你们群臣老说见不到皇帝，现在见着了，你们却只会呼万岁。"万安因此被称为"万岁阁老"，其实他就是官场的老油子。如此等等，不一而足。

只为"贪位窃禄"，而致庸政懒政，则"国一无所赖，民一无所神"。因此治国先治吏，是历朝历代都遵循的基本规律。《管子》说："虽有明君，百步之外，听而不闻，间之堵墙，窥而不见也。而名为明君者，君善用其臣，臣善纳其忠也。信以继信，善以传善。是以四海之内，可得而治。"《韩非子》说："当今之时，（选用）能去私曲，就公法者，则民安国治。"而治吏的一个重要内容，就是治庸治懒，狠抓劳动纪律以至职业道德。

那么怎么来治庸治懒呢？这首先自然是开展思想教育，提高认识，劝勉勤政，批评慵懒；其次就是制定规章制度，惩治庸政懒政。

唐代武则天曾亲自撰写过约束、规范臣子思想行为的读本《臣轨》，这从思想认识上抓起，是为治本。另一方面治标也绝对不可或缺，为了治庸治懒、整顿劳动纪律，武则天之后的唐玄宗时期，就制定了"迟到扣工资"的条例，"文武官朝参，无故不到者，夺一季禄"；到唐肃宗时，"朝参官无故不到，夺一月俸"；再到文宗时，"文武常参官，朝参不到，据料钱多少每贯罚二十五文"。此外，唐代官场法纪还有无故旷工要坐牢的规定，凡旷工达三十五天者判处有期徒刑一年，如果是在军事重镇或边境地区工作的官员，还要罪加一等。如此动真格地双管齐下，对于改变官员的懒散作风、加强劳动纪律、提高行政效率应该是有所裨益的。

到了宋代，各种各样的"官箴"即官员学习材料达四百多种，说明有关廉洁勤政的思想教育力度很大。北宋庆历年间，范仲淹被任为参知政事（副宰相），主持新政。经过调查研究，他发现当时不问政绩、论资排辈地升迁官位，以至形成了一大批贪官庸官，于是决定先从整顿吏治下手。他亲自阅览记载各路官员政绩的班簿，对那些贪官自然是毫不留情，而对那些碌碌无为的混混干部，他也绝不手软。在一次地方人事考核中，有个主管路政的官员在工作上毫无建树，考核结果为不称职。范仲淹决定给予该官员撤职调换的处分。不过这个人平日没有贪腐劣迹，家境也较贫寒，因此有人对范仲淹说："大人，您这一笔勾下去，他一家人都会哭啊。"范仲淹说："一家人哭总好过一个地方的百姓哭。"那么如此这般地狠抓，宋代官场的廉政勤政、劳动纪律一定是特别好了？也许事情应该这么说：如果不是这样的整顿、狠抓，官场风气一定是每况愈下，更加糟糕。

明朝的"治庸"也是两手抓，明宣宗朱瞻基就亲撰《官箴》，至于其他劝勉官员廉洁勤政的戒规、官箴石、官箴亭、戒石亭，不胜枚举，当时邹县立下的一块"仁廉公勤碑"，现在已经成为文物；与此同时，明代整治懒政怠政的措施，也够严厉。当时规定，缺勤一天处笞（鞭或竹板抽打）二十小板，每再满三天加一等，满二十天处杖（大竹板拷打）一百大板；官员赴任过期限，无故不朝参、不办公，一日笞十，罪止杖八十。对于迟到缺勤，除了廷仗，还有扣俸禄、降官级、罢免，甚至坐牢等各种处罚措施。为了强化吏治，促使官吏尽职尽责，明律还规定："若各衙门遇有所属申禀公事，随即详议可否，明白定夺回报。若当该官吏，不与果决，含糊行移，互相推调，以至耽误公事者，杖八十。"官吏受理公务，必须件件有回应，事事有结论，如果推诿拖沓、敷衍了事，也要打屁股。而张居正推行的"考成法"更不含糊。考成法规定，各级官员事先须确定一段时间的工作目标和规划，然后这份责任书一式三份分交三个职能部门，届时予以对表考察，如果完不成任务，就会受到相应的处罚。考成法考核内容明确，考核方法简单易行，操作性强。该法实施以后：查出未完成工作任务的高级干部（巡抚、巡按）五十多人，均受到相应处分；许多征赋不足九成的地方官遭降级处分，而因懒政怠政被裁撤的官吏有两千多人。

清朝康熙皇帝曾以宋朝某官箴"当官唯有三事：曰清、曰慎、曰勤"而书写"清慎勤"三字赠予某位大臣，以谕示百官；雍正让模范官员李卫、田文镜以身说法撰写《州县须知》，让群臣学习，以效廉洁勤政。上行下效，各种官箴类的匾额、楹联、警语当时十分流行，一位直隶总督以自箴联"将勤补拙以俭养廉"挂于堂中，雍正点赞道"公勤不懈"。曾国藩也告诫道："天下古今之庸人，皆以一惰字致败。"与此同时，清代的有关规章条例也很严苛，比如《大清律例》中就规定："擅离职役者，笞四十，若避难，因而在逃者，杖一百，罢职役，不叙。所避事重者，各从重论。"

雍正是位有名的勤勉皇帝，登基后决心全面整顿朝廷大臣怠惰懒散、玩忽职守的作风。但是官场上这种尸位素餐的不良风气已经积重难返、陋习难除，教育宣传、制定法令，似乎也不好使，收不到很好的效果。于是雍正想了个杀鸡儆猴、以儆效尤的主意。一天，雍正使人悄悄地将刑部大门上的招牌摘了下来，藏在刑部大堂的屏风后面，然后耐心等待刑部的反应。然而一天过去了，没有反应，两天过去了，依然没有动静，直到第七天，雍正召见了刑部主管官员。一见面，雍正就问："你们刑部衙门外的匾额还在吗？"官员不知皇帝的用意，毕恭毕敬地回答："在。"这时候雍正的脸色已经铁青，官员不知就里，慌忙又道："应该还在吧……"说完，不敢言语。

这时，雍正让两个侍从把匾额从屏风后面抬出来。刑部主管官员一看，什么情况？不由吓得直哆嗦，还不知发生了什么事。雍正指着刑部大堂中的匾额，厉声道："这块匾已经放在这里七天了！可你们上下这么多人，竟然没人发现！如此懈怠，不知你们平日疏忽了多少政务！堂堂刑部之首，尚且玩忽职守到如此地步，又怎么能以身作则、教导下属勤于公务呢？！"雍正大发雷霆，刑部主管吓得双腿发软，连连叩头，俯首请罪，并且表示，立即整改，引以为戒，马上开展行动，整顿刑部吏治。要知道雍正是个厉害的皇帝，像这样的事情被逮着了，降级撤职都还算是轻的。此事传开后，朝廷六部拖拖拉拉、出工不出力的办事作风很快有了改观。

懒政怠政既是某种"人之常理"，与它们的斗争因此也就绵延了数千年，并且始终都在路上。

出来混总是要还的

秦国主将白起善于用兵，屡立战功。伊阙之战，白起率军大破魏韩联军；伐楚之战，攻陷楚都郢城；长平之战，重创赵国主力。白起担任秦军主将三十多年，攻城七十余座，重挫列国的军事实力，为秦国统一六国做出了至关重要的贡献。在大败赵国以后，白起欲乘势灭赵，被宰相范雎和秦昭襄王阻止。后秦王再欲让白起伐赵，白起认为已不合时宜，秦王遂派别人为大将，结果屡遭败绩，伤亡惨重，白起道："秦王不听我说，结果如何？"秦王闻言大怒，强令白起出兵。白起再三推诿拖延，并且口出怨言。秦昭襄王终于命其自刎。白起这样一个对秦国功勋盖世的大将，只是因为闹情绪说怪话，就这么被秦王处死了，死得真是有点冤。白起自刎前仰天长叹："我何罪于天而至此哉？"然后他沉默良久，缓缓说出的话语却耐人寻味："我固当死，长平之战，赵卒降者数十万人，我诈而尽坑之，是足以死。"

当时秦军伐赵，初与廉颇率领的赵军对峙相持，后赵王不耐，改以赵括为主将，而秦军也改以白起为将。白起后退诱敌，然后派数万精兵长途跋涉，绕到赵军背后，截断了赵军的后防与粮道，赵军陷入包围。白起再令两翼部队迅速出击，将赵军截为三段。赵军首尾分离，粮道被断。断粮四十六天后，赵军军心动摇，赵括突围时被秦军射杀，赵军崩溃，四十万赵兵投降。"不杀降""杀降不祥",是历来通行的战场规则,那么白起是怎么处理这四十万降卒的呢?他以"诈"的手段,比如说是分批释放,然后竟将四十万赵军降卒一批一批地全部活埋,只留了二百四十个年纪小的士兵让他们回赵国报信。这就和战场上的对攻杀戮不一样了。白起率军在伊阙打败韩、魏联军,斩首二十四万;他率军攻打救援韩国的赵、魏联军,斩首十三万,溺赵兵两万;白起攻打韩国陉城,斩首五万。还包括他最后的这次大败赵军,后世中无论是"四大战将""武庙十哲",还是"七十二入祠名将",都有他的名位。但是他这次大规模地杀降,却为他镌刻了恶名。甚至白起对于自己的死,也感觉是自己杀孽太重而招致的报应。

世事有"因果报应",这是禅意说法;文气点是说"多行不义必自毙",如孔子所说"恶不积,不足以灭身";民间说"善有善报、恶有恶报";现时的流行说法是"出来混总是要还的"。它们说的都是一个意思,历经岁月,这样的说法被广泛认可。

李斯千古留名,是因为他以杰出的才能和建树,影响了中国的历史,这在当时又主要表现为对秦国的贡献。在十分关键的时候,李斯以《谏逐客书》帮助秦王扭转了关键性的错误。他以卓越的才干和远见,协助秦王制定了吞并六国、实现统一的策略和部署,并努力组织实施,秦"用其计谋,二十余年竟并天下"。秦国统一天下后,李斯与几位大臣尊秦王嬴政为皇帝,并制定礼仪制度。李斯成为秦朝丞相,建议秦始皇废除了造成诸侯割据、长期混战的分封制,实行郡县制以加强中央集权;主张禁绝诸子学说,以加强思想统治,"始皇可其议,收去《诗》《书》、百家之语,以愚百姓,使天下无以古非今",以至有"焚书坑儒"。李斯制定法律,统一车轨、文字、度量衡制度,取消了诸侯国分治时的"各行其是",有力地加强了秦始皇的集权统治,巩固了国家统一的局面,也奠定了中国两千多年封建专制的基本格局。正如李贽所说："秦始皇出世，李斯相之，天崩地坼，掀翻一个世界。"

秦始皇死后，秦二世胡亥昏庸不堪、穷奢极欲，宦官赵高设计让胡亥对宰相李斯产生不满，然后再诬李斯以"谋反"罪，胡亥据此对李斯处以五刑，即黥刑、削鼻、断舌、砍趾后再腰斩于市，并夷灭其三族。人们对秦国的超级大功臣李斯竟遭秦二世如此加害，不免叹惋，即便是一朝天子一朝臣，又何至于此？

但是司马迁对此却有不同看法，"人皆以斯极忠而被五刑死，察其本，乃与俗议之异"，人们都说李斯对秦国尽忠尽职却被处以五刑，但探究事情的本源，却与世人的评议不同。而这事情的本源，就是"沙丘之变"。

当时秦始皇东巡，在沙丘这个地方暴毙，死前诏命太子扶苏将边境军权交给蒙恬，然后返回咸阳主持始皇葬礼。可是赵高压下这份遗诏，在与胡亥密商后找李斯说："现在由谁继位，就是你我两人说了算了。"李斯惊道："安得亡国之言，此非人臣所当议也！"然而赵高有备而来："君侯（李斯）材能、谋虑、功高、无怨、长子信之，此五者皆孰与蒙恬？"李斯自以为不如蒙恬，赵高又说："如果扶苏即位，必用蒙恬为丞相，您将不得不赋闲归乡。胡亥慈仁笃厚，可以即位。请丞相审慎考虑做出决定！"赵高的这番说辞，掐准了李斯的心理，因为李斯正有"前科"在那里。当时秦王嬴政慕韩非才名，千方百计将韩非弄到秦国，李斯妒贤嫉能，感受到威胁，进谗言诋毁韩非，使韩非入狱，并进而让秦王决定处死韩非，韩非在狱中提出要见秦王一面，遭到拒绝，李斯立逼韩非饮鸩自杀，手段不可谓不狠毒，等到秦王果然后悔要赦免韩非时，韩非已死。现在赵高这么一说，"（李）斯以为然，乃相与谋，诈为受始皇诏，立胡亥为太子"。伪造诏书立胡亥为太子，这还不算，李斯又与赵高伪造诏书赐死扶苏，冤杀蒙恬。如此大逆不道，只为保住自己的权位。等到日后被赵高构陷入狱，李斯在狱中上书二世胡亥，自陈于秦有大功，"书上，赵高使吏弃去不奏，曰：'囚安得上书。'"这般情形，与韩非临死前欲见秦王而不得，何其相似乃尔。

李斯在狱中受尽折磨后，又这么悲惨地冤死了。但是这事又正如司马迁的语中之意，是一种报应，正所谓：善恶终有报，天道好轮回；不信抬头看，苍天饶过谁。

韩信是历史上最出色的军事家之一，刘邦拜韩信为将后，韩信即在北方开辟第二战场，相继攻灭了魏国、代国、赵国、燕国和齐国，最后以"十面埋伏"的垓下之战，打垮楚军主力，逼项羽于乌江自刎，从而奠定了汉朝江山的基础。刘邦评价韩信"连百万之军，战必胜，攻必取"，张良说韩信"汉王之将独韩信可属大事，当一面"，萧何说韩信"至如信者，国士无双……必欲争天下，非信无所与计事者"——总而言之，没有韩信，就没有汉朝以及"汉高祖"。但是韩信最终却因种种错误和嫌疑，被吕后与萧何残忍地杀害，并被夷灭其族，不要说时人与后世对韩信之死多有叹息，就连刘邦当时都对之"且喜且怜之"。

韩信为自己的错误和嫌疑承受了惨痛的后果，然而韩信的这些事儿，比如索封齐王、收留项羽的部将种离昧，甚至包括涉嫌谋反，本来就是"此亦一是非，彼亦一是非"，就算它们是政治错误，其在人格和道德评判上，也并非恶性。但是，他所做下的缺德昧心之事，则会给他带来"报应"。在韩信率军向齐国进发时，齐国陈兵数十万严阵以待。当时汉营的重要谋士、名嘴说客郦食其老先生向刘邦请缨，要求让他前去齐国做说服工作，争取不战而屈人之兵。虽然郦食其此计似乎不太靠谱，但当时刘邦正与强敌楚军对峙，形势吃紧，如果郦食其果然能行，那么早日搞定齐国然后调转兵力对付项羽，岂不是好事？毕竟郦食其能言善辩、颇有谋略，再说这本来也没啥成本。郦食其到齐国后，对齐王摆明形势，指出最终得天下者绝不会是项羽，而只能是刘邦，接着又晓以大义，"在这样的关键时刻，齐王您何去何从？归顺刘邦，以分享天下，实在是不二的选择"。齐王最后竟然被郦食其说服，决定归顺刘邦。接着齐国撤除了兵守战备，齐王天天和郦食其一起纵酒作乐，只等汉使前来收编。

这时候韩信咋整？他另有打算。他的谋士对他说："郦生，一士，伏轼掉三寸之舌，下齐七十余城，将军以数万之众，岁余乃下赵五十余城。为将数岁反不如一竖儒之功乎？"郦食其一介儒生，一个人乘车赴齐，以三寸不烂之舌，令齐国率七十多座城池归顺，将军您率数万大军，用了一年多才打下赵国，还不如一个儒生，情何以堪？于是韩信率军于夜晚在齐军完全没有戒备的情况下对齐国发动突袭，长驱直入。他非但将郦食其造就的兵不血刃而下齐国的不世功业遽然摧毁，又完全置郦食其的身家性命于不顾，直接将他推入了火坑！齐王闻讯大惊，认为是郦食其把自己卖了。汉军不是王师吗？怎么竟然如此背信弃义？齐王对郦食其说："汝能止汉军，我活汝；不然，我将烹汝！"这时候的郦食其已经完全明白：不是自己卖了齐王，而是韩信把他坑了；韩信既能这样做，又怎么会听他郦食其的呢？结果齐王就把老先生给活煮了。其实韩信这么做还并不仅仅是要与郦食其争功，齐国幅员广阔，物产丰饶，人口众多，他是看上了齐王的位置，于是不惜"喋血盈野"，这跟白起的杀降也差不多了。而郦食其也就活该倒霉了。

明代思想家王夫之说起韩信这事："其唯贪功之人乎！郦生说下齐，齐已受命……韩信一启贪功之心，从蒯彻之说，疾击已降，而郦生烹。"而韩信的结果就是"毒天下而以自毒者"，这说的也就是韩信在这事情上，把事情做绝，从而招致了冥冥之中的恶有恶报。

而所谓的世间报应，在很多时候又是违背天良的恶质事态直接导致的报复性后果，而且经常具有必然性的规律。

西汉的吕后在途中遇到被废为庶人、流放蜀地的彭越，彭越向吕后诉说无罪，吕后答应为他说情。在将彭越带回咸阳后，吕后即让刘邦杀了彭越，并剁成肉酱分赐给其他诸侯王。刘邦死后，吕后杀赵王刘如意，并将刘邦宠爱的戚夫人斩去手脚，熏聋双耳，挖掉双目，又以哑药将她毒哑，这才抛入茅厕之中，称为"人彘"。大司马大将军霍光的妻子霍显毒杀皇后再推自己的女儿为皇后，然后又图谋毒杀太子，意图谋反。结果吕氏与霍氏均被灭门灭族。北魏时期的胡灵太后秉政期间，叛军兴兵攻打洛阳，胡太后见大势已去，令后宫嫔妃和她一起到寺庙中出家为尼，但是叛军仍然将她和三岁的幼帝丢入黄河溺死。而在此之前，胡太后为长期控制朝政，竟然毒死了亲生儿子——北魏孝明帝元诩。这样蛇蝎心肠的伤天害理之为，直接导致兵变，酿成了"河阴之变"的惨祸。

世间有因果，一报还一报。

明朝覆亡之际，各地兴起搜捕追杀皇族成员的行动，而自朱元璋建立明朝以来的二百多年里，享受特权、养尊处优的朱姓宗室后人，人数已经相当庞大。然而史书记载："凡王府宗支，不分顺逆，不分军民，是朱姓者，尽皆诛杀。"这实在是有点"违反政策"。但是明朝皇帝曾经对臣民的杀戮，又实在是太过酷烈，不说朱元璋以云遮雾罩、扑朔迷离的所谓宰相胡惟庸谋反案，株连屠杀了三万多人，不说他为将继位的年幼孙子扫除可能的障碍、制造"蓝玉案"杀戮一万五千人，也不说明成祖朱棣因为名儒方孝孺不肯从命而杀害其十族包括老弱妇孺八百七十三人，就说当年明军与元军对峙拉锯，怀庆府（焦作）一带的百姓苦不堪言，明军来时他们就举牌欢迎大明，元军来时他们又举牌欢迎大元，结果这样的事情穿了帮，明军非但不体谅百姓，反而受命对当地百姓进行了血腥屠杀，明朝统治，积累了太多的民愤。

不 作 不 死

从古至今一个理——不作不死。小民百姓是如此，君主帝王也是如此。

夏桀、商纣、周幽王，除了恶贯满盈，还有一个共同的特点，就是"作"。"夏桀作倾宫、瑶台，殚百姓之财"，搜寻美女，藏于后宫，日夜饮酒作乐。据说他建造的酒池大到可以航船，宫人醉而溺死的事情时常发生，使宠姬妹喜乐不可支。商纣对外连年征伐，对百姓狂征暴敛，宠爱妲己，兴"酒池肉林"，荒淫无度。为对付不满的大臣，"膏铜柱，下加之炭，令有罪者行焉，辄堕炭中，妲己笑，名曰炮烙之刑"；公卿九侯有个美丽的女儿献给了商纣，她不喜淫荡，商纣王怒而杀之，又对九侯施以醢刑（剁成肉酱）；鄂侯进谏，遭脯刑（被制成肉干）；比干劝谏，商纣怒道"听说圣人的心有七个孔"，于是剖开比干的胸膛来看。周幽王废黜王后申后和太子，立宠妃褒姒为王后，立褒姒所生之子为太子，并加害了原太子。周幽王一次点燃烽火，诸侯率兵赶来，却发现没有敌情，褒姒看到诸侯惊慌失措的样子，哈哈大笑，周幽王因此多次点燃烽火以博褒姒一笑。若这几个君王没有如此大作特作，何至于全部被杀？夏朝四百多年、商朝五百多年、西周二百多年，又何至于一朝崩塌？

"作死"这个词，就是指原本走在正道上的、好端端的人，却非要没事找事、自寻烦恼、自作自受，以至自寻死路。

卫懿公是个宠物控，特别喜欢养鹤。懿公好鹤，那些想求官邀宠的大小官吏便千方百计驱使百姓捕鹤。于是，卫懿公的宫中到处都养着鹤，宫苑空间不够了，就不断扩建，百姓负担越来越重。卫懿公还按品质、体姿将鹤封为不同官阶，享受相应俸禄；卫懿公出游，这些鹤也分班侍从，各依品第，乘载于华丽车中。至于百姓的温饱，他全然不顾。卫懿公好鹤荒政，卫国人心离散，北狄乘机以二万骑兵突袭而来。卫懿公急忙命令出战，将士们说："使鹤，鹤实有禄位，余焉能战。"于是卫军迅速崩溃，卫懿公被狄兵团团围住，惨死在乱刀之下，据说他身上的肉都被野蛮的狄人分而食之了。

　　类似这般不务正业、玩物丧志，以至死于非命的君主还有五代十国时期后唐皇帝李存勖。李存勖骁勇善战，长于谋略，南击后梁，北却契丹，东取河北，西并河中；称帝以后，尽取河南、山东等地，定都于洛阳。就在平定中原乱局众望所归之时，这李存勖忽然中了邪似的痴迷起唱戏来，整日与戏子嬉闹厮混，还提拔了许多伶人担任各级领导，国政由此一塌糊涂，一代枭雄最后竟死于哗变的乱军之中。

　　齐灵公和齐庄公则是春秋时期生生把自己作死的一对父子。齐灵公为改立宠姬所生的儿子为太子，废了原太子，并让他出使鲁国，这还不算，为除掉原太子，齐灵公竟发兵攻打鲁国。大夫崔杼等人趁齐灵公病重，迎回原太子，杀死灵公的宠姬和新立太子，灵公闻变吐血而亡，这个当爹的就这样作死了。接下来就轮到了儿子。原太子即位，是为齐庄公。这事情原本天经地义，天下归心，都好好的吧？可是齐庄公却节外生枝，作了起来。原来他看上了具有扶立大功的重臣崔杼的老婆东郭姜，两人一来二去还勾搭成奸了。要说你一个国君，看上谁不行啊？就算这个东郭姜是个出了名的美女，可是于情于理你齐庄公也不能打她的主意呀。齐庄公多次去崔府，还把崔杼的帽子拿来赏给别人，近臣说这不好，齐庄公不以为意。这一切让此刻正手握重权的崔杼情何以堪？于是崔杼以东郭姜的名义将齐庄公骗到崔府，门客执兵器一拥而上。庄公见势不妙，请求和解，众人不允；庄公请求到宗庙自杀，众人仍不准许。庄公跳墙想逃跑，被射中大腿跌落，随即被砍死，正所谓自作孽不可活。

　　庄公即死，齐国的史官如实记载："崔杼弑其君。"崔杼将史官杀了。

史官的两个弟弟继续秉笔直书，相继被杀。崔杼对史官的另一弟说："你仨兄弟都死了，你难道不怕死吗？"这弟弟道："据事直书，是史官的职责。这件事大家迟早会知道，不写反而会成为千古笑柄。"崔杼只得作罢。这弟弟出去，遇到另一位史官赶来，他以为这弟弟也会被杀，是来继续记载这事的。而崔杼也因此成为"历史名人"。

燕王哙也是一个作死的主。也许是古书看多了，神经搭错，燕王哙对唐尧虞舜禅让王位以至青史留名的传说很是着迷，然后就在几个别有用心的大臣的忽悠下，废了太子，把王位禅位给了相国子之，又把俸禄三百石以上的官印收回交给子之。子之是个什么人呢？"子之托于贤，以夺其君者也"，《韩非子》说他假装贤良，就是为了谋取君位。这么一来，燕国就乱套了。齐国以讨伐子之、匡扶正义的名义发兵攻燕。燕国臣民因为痛恨子之篡位，大开城门欢迎齐军，齐军很快攻占燕国都城，燕王哙被杀，子之被擒获后处以醢刑。在齐军"毁其宗庙，迁其重器"的同时，中山国也趁火打劫，攻占了燕国的数十座城池，曾经"拥地千里，执戟十万"的燕几乎亡国。《韩非子》说："子哙身死国亡，夺于子之，而天下笑之，此其何故也？不明乎所以任臣也。"燕王哙弄不清君臣之间的道理，食古不化，鬼迷心窍，搞什么禅让，结果作成了这副模样。

赵武灵王是大名鼎鼎的一代雄主，他推行"胡服骑射"，国势强盛，赵国先后灭中山国，败林胡、楼烦二族，辟云中、雁门、代三郡，并修筑了"赵长城"。可是一世英名的赵武灵王最后竟被自己的儿子饿死，说到底也是被他自己作死的。赵武灵王原本立长子公子章为太子，夫人去世后，赵武灵王宠上了美女吴娃，吴娃死前请求赵武灵王立自己所生的公子何为太子。于是，赵武灵王废了章的太子位，改立何为太子。赵武灵王经常率军作战，为了全心专注于军事斗争，也是为防止万一在战场上遭遇不测而国中动乱，他提前退位，太子何即成为赵惠文王，从而形成父子两人分主内外的格局。数年后，赵武灵王对外征讨基本消停，赵国成为仅次于秦的强国，而赵惠文王也已成为一个基本称职并且羽翼已成的国君。这个时候，赵武灵王对于自己"名誉国君"的地位以及接班人的事情，又想推倒重来了。赵武灵王原来已经折腾过一次，现在总算是好端端的了，却又随心所欲，激起阋墙之乱，这是在折腾啥呢？要知道现在的形势已经不一样啦。

接着，赵武灵王和公子章成为一个营垒，赵惠文王成为一个营垒。老大的营垒设计谋杀老二，老二赵惠文王早有戒备，于是老大先杀了赵惠文王的重要谋臣，赵惠文王随即反制，包围了老大营垒，包括赵武灵王，一番激战后，公子章被杀，老二的人马驱赶了赵武灵王身边的宫女，将其一人围困在宫中，一百天后，赵武灵王被饿死在里边。

要说被饿死的雄主贤君，还有齐桓公和梁武帝，而他们也都是被自己作死的。

春秋时期，齐桓公在管仲的辅佐下，君臣同心，励精图治，对内整顿朝政、推行改革，实行军政合一和兵民合一的制度，对外"尊王攘夷，存亡续绝"，北击山戎，南伐楚国，使齐国逐渐强盛。齐桓公"九合诸侯"，搞定宋国，还灭了谭、遂、郜等小国。各诸侯与齐桓公盟会，齐桓公就此成为天下诸侯共推的霸主。齐桓公晚年开始昏聩，尤吃"马屁"。开方在齐国十多年从不回卫国看望母亲，而从齐国到卫国也就几天的路程，开方表示自己忠诚于桓公胜过爱自己的母亲，桓公因此对开方十分宠信。竖刁是个宦官，他为了进宫服侍齐桓公而自行阉割，桓公认为他忠心超过常人，因此对竖刁也是十分宠信。上有好者，下必效焉。一次桓公对厨师易牙说："寡人尝遍天下美味，唯独未食人肉，倒是憾事。"桓公本是无心的戏言，易牙却上了心。国君要吃人肉，不能用死囚、平民来对付，于是易牙杀了自己4岁的儿子，做了肉汤献上。当桓公得知这是易牙儿子的肉时，对易牙的忠心大为感动，从此擢升易牙，甚至要让他当宰相。管仲病危时特别告诉桓公：易牙没有人性，不能为相；开方背弃父母迎合国君，不近人情。"人情莫过爱其身者，竖刁不爱其身，岂能爱君乎？"所以国君务必疏远这三个人，宠信他们，国家必乱。齐桓公开始还听从了管仲的告诫，过了段日子，说是离了这三人，吃饭都不香了，于是又把他们召了回来，这可就是作死的节奏啦。桓公病危时，易牙与竖刁迫使太子昭逃亡，拥立公子无亏，齐国因此发生内战。易牙、竖刁等把持宫门，假传君命，不许任何人进宫。桓公终被饿死。桓公死了六七十天，寝室蛆虫遍地，尸臭熏天，方才下葬。无亏与竖刁后被齐人杀死，易牙逃亡，公子昭回宫。经过这场内乱，齐国的霸业开始衰落，中原霸业逐渐移到了晋国。

南北朝时期的萧衍是位出色的军事家和政治家，建立了梁朝。成为梁武帝之后，他勤勉有为，每天天没亮就起床批阅公文奏章。梁武帝理政有方，为了广泛地纳谏，听取众人意见，最大限度地用好人才，他下令在门前设立两个函盒，一个是"谤木函"，一个是"肺石函"。如果功臣和有才之人，没有因功受到赏赐和提拔，或者良才没有被使用，都可以往肺石函里投书信。如果是一般的百姓，想要给国家提什么批评或建议，可以往谤木函里投书。梁武帝经常召见各级官员，训导他们遵守为国为民之道，清正廉明，并且以政绩考核作为擢升依据。梁武帝十分节俭，"一冠三年，一被二年"。他每天只吃一顿饭，多是蔬菜和豆类，太忙的时候，就喝点粥充饥。梁武帝博通文史，琴棋书画无一不精。在梁武帝的统治下，梁朝政通人和，"南朝盛世"前景可期。可是到了晚年，他就作起来了。某年，梁武帝突然前往寺庙舍身出家，群臣慌忙跑去，哭着喊着跪求他赶紧回宫，梁武帝说自己一心向佛，你们别管。君臣这么拗了三天，梁武帝终于回宫。没过多久，他又第二次出家，脱下帝袍，换上僧衣，去寺庙宣讲佛经，群臣捐了巨款，向"佛、法、僧三宝"祷告，请求赎回"皇帝菩萨"，梁武帝于是还俗。过了几年，梁武帝第三次出家，群臣又集资将其赎回。然后梁武帝又第四次出家，朝廷再出资将其赎回。如此这般，这寺庙业就大大发展了，"都下佛寺五百余所，穷极宏丽。僧尼十余万，资产丰沃"。而这梁武帝也就作得太厉害了。如此作法，国事纷乱可想而知，加上梁武帝的决策失误，造成了"侯景之乱"。此后侯景率军将86岁的梁武帝困厄在台城（邢台）的行宫，将他活活饿死了。其实当时梁武帝问过禅宗初祖菩提达摩："朕即位以来，造寺、写经、度僧不可胜数，有何功德？"禅宗答道："并无功德。"梁武帝造了那么多寺院，供养了那么多僧人，最后却落得国破家亡。后世唐朝的六祖慧能大师对此说道："武帝心邪，不知正法。"

"作"是一种认知和心理的病毒，只要环境气候合适，这病毒就会迅速发酵蹿升，难以遏制，这时候的情况就是没有最作，只有更作了。这时候的作死，也就应了一句西谚"神欲使之灭亡，必先使之疯狂"，又应了据说是老子说的"天欲其亡，必令其狂"。秦二世胡亥的所作所为，反常理，反人类，最后被杀，都是恶作的结果。

胡亥与赵高、李斯改诏篡位，杀了兄长扶苏，自己当了皇帝，随即在咸阳杀了自己的十二个兄弟，这还不算，又在杜邮（咸阳东）将六个兄弟和十个姐妹处死，怎么整法呢？全部碾死，那时候大石碾可能不少，史载那刑场真叫惨不忍睹。胡亥为什么要如此变态？他这是在恶作。

皇帝穷奢极欲并不稀奇，可是胡亥与众不同的是还有"理论指导"。他对赵高说：人生在世，白驹过隙，"吾既已临天下矣，欲悉耳目之所好，穷心志之所乐，以终吾年寿，可乎"。赵高当然说皇帝圣明。但是李斯虽然参与了"沙丘之变"，却毕竟是宰相，肩负治国理政的责任，于是数次劝谏胡亥，胡亥很不耐烦，他说韩非讲过：尧治理天下的时候，房子是茅草盖的，吃野菜做的汤，冬天裹鹿皮御寒，夏天就穿麻衣；大禹治水奔波东西，劳累得脱形，最后客死异乡。然而贵为天子、拥有天下，一定都要这样"苦形劳神"，住苦行者的屋舍、吃看门人的饭食、持劳役者的工具吗？"此不肖人之所勉也，非贤者之所务也。"贤君拥有了天下，就是要让天下为己所用所享，这样才能安天下而治万民。如果天子自己都不能享受快乐，那么是不是就要让百姓都辛劳困苦呢？所以"吾愿赐志广欲，长享天下而无害，为之奈何"。比起秦国的先祖，胡亥真是不肖至极。秦孝公即位后痛感"诸侯卑秦，丑莫大焉"，后用商鞅以变法，为收买六国权臣、以图利秦，秦孝公宁倾国君私库，不动国库军饷，不征敛于民众；秦昭襄王为求强国之策，是"跽"也就是长跪着向范雎请教的。

胡亥继续胡作非为，作个不休，在杀了蒙恬、蒙毅、李斯后，又杀了许多中央高官和地方官员，这样就犯了君主制臣的大忌——打破了权力结构的制衡之道，一边倒地倚重宦官赵高，此后甚至在赵高整出"指鹿为马"的政治威慑剧时，胡亥仍然没有警醒，甚至还觉得是自己的脑子出了毛病。胡亥最终被他最宠信的赵高杀掉，也是事所必然。而强秦二世而亡，也就是被胡亥作掉的。因此班固说："俗传秦始皇起罪恶，胡亥极，得其理矣。"司马相如说："二世持身不谨，亡国失势。信谗不寤，宗庙灭绝。"

说到胡亥的"理论指导"及其恶作，可以联想到另一个人——唐玄宗。唐玄宗有一次在与大臣裴士淹谈话时点评了多位宰相，评语都很到位，足见他有识人之明。说到李林甫时，玄宗说："李林甫的妒贤嫉能，没有人能和他相比。"李林甫是出了名的奸相佞臣，却在玄宗时期任宰相十九年，时间最长，本以为玄宗是被他蒙蔽，原来却是玄宗对他早有认识。于是裴士淹问道："陛下既然早就知道李林甫不是好人，为什么还要用他当了这么久的宰相呢？"玄宗听到裴士淹这个问话后默然不语。实际上唐玄宗重用李林甫自有他的道理，只是他没有像胡亥那样说出口罢了。

唐玄宗李隆基曾经年轻有为、雄才英武，通过"唐隆政变"和"先天政变"以匡扶唐室。成为唐玄宗以后，他决意再创伟业。在此期间，玄宗干练果断，知人善任，重整国事，国家由此被拨乱反正，走上正轨。其间唐玄宗的英明作为和丰功伟绩令人瞩目，他也就此开创了中国历史上一个辉煌的高峰"开元盛世"。

然而盛世之后，唐玄宗逐渐沉溺享乐，昏聩怠政，特别是还又"作"了起来。唐玄宗与淑贤温良的王皇后本是患难夫妻，然而玄宗宠上武惠妃以后，就将王皇后废了，这是一作；随后玄宗听信武惠妃的谗言毁谤，要废太子，经宰相张九龄极力劝阻方才作罢，这是二作；张九龄被罢官后，武惠妃再设计构陷，玄宗遂将太子在内的三个儿子废为庶人，然后杀害，这是三作。武惠妃死后，玄宗将另一个儿子的妃子，也就是他的儿媳妇杨贵妃纳为己有，这就作得实在太离谱了。杨贵妃的哥哥杨国忠因此成为宰相，其他兄弟姐妹全部封官进爵。唐玄宗虽然知道李林甫、很可能也包括杨国忠有很多劣迹，作为朝臣于国于民都是坏料，但是当唐玄宗的君主理念一旦变质成为自己可以胡乱作为以及以个人的恣意享乐为主，那么像张九龄那样以社稷苍生为重的忠诚骨鲠之臣，就必然遭到了玄宗的排斥。而李林甫的揣摩上意、阿谀逢迎却很为自己受用。只要把自己伺候好了，让自己舒服了，那么李林甫的种种恶行，对这个时候的唐玄宗来说，都不是主要的问题了。

这样一个不作不休的唐玄宗，加上李林甫、杨国忠两人的为非作歹，致使朝政腐败昏乱，而他们的各种决策和作为又直接导致了"安史之乱"。叛军攻到长安，唐玄宗带着杨贵妃等人仓皇出逃，到了一个叫马嵬坡的地方，随护的将士因为愤慨而发生哗变，他们杀了宰相杨国忠，又逼迫李隆基赐死了杨贵妃。唐玄宗最后逃到成都，太子李亨即帝位，是为唐肃宗。自"安史之乱"，唐朝由盛转衰。回到长安后，唐玄宗被迫迁居，亲信近臣统统被除掉，弄得唐玄宗只身一人，茕茕孑立，好不凄惨。之后，肃宗总算又安排了些侍从来服侍他的日常生活。唐玄宗终在郁郁之中去世。《新唐书》说唐玄宗："及佚心一动，穷天下之欲不足为其乐，而溺其所甚爱，忘其所可戒，至于窜身失国而不悔。考其始终之异，其性习之相远也至于如此。可不慎哉！"苏辙说玄宗："善其始，而不善其终。"晚唐诗人元稹的诗句"白头宫女在，闲坐说玄宗"，则道出了许多的沧桑感慨。

如唐玄宗一样将儿媳妇占为己有因而作死的，还有北宋时期在西北割据自立、建立起西夏王国的李元昊。这李元昊真是一个厉害角色，他凭据两百万人口的抵御，却连续大败几十万的宋军，又再败强大的辽军，创文字、易服饰，铸就了当时宋、辽、夏三国鼎立的格局。可是在志得意满之时，他竟将儿媳妇纳为妃子，儿子难抑夺妻之恨，进宫一刀砍削了父王的鼻子，李元昊因血流不止而死。一个叱咤风云的强人，死得如此掉份，也是自找。

即如帝王，如果他们凭借至高无上的权位，在其位乱谋其政或者不谋其政，离经叛道，肆意妄为，荒唐离谱，然后自作自受，自寻死路，作到国破身亡的还真有不少，又比如宋徽宗和天祚帝。宋徽宗重用蔡京，任其胡作非为、无恶不作；宋徽宗喜欢花石，运送花石的船舶不断，称为"花石纲"，为征集花石大肆扰民；他罔顾国计民生及内外交困，在汴京修建超大规模超级豪华的宫苑"艮岳"；宋徽宗还尊信道教，大建宫观，自称"教主道君皇帝"；他声色犬马，画艺也在精进。在如此腐朽的统治下，梁山起义和方腊起义先后爆发。金军进犯，宋徽宗被掳去北国胡地，北宋就此覆亡，宋徽宗在受尽精神折磨后，死于金国。辽天祚帝"拒谏饰非，穷奢极欲，盘于游畋（打猎），信用谗谄，纪纲废弛，人情怨怒，故金人乘其敝而攻之"，"耽酒嗜音，禽色俱荒。斥逐忠良，任用群小。远近生灵，悉被苛政"。天祚帝狩猎捕到一只天鹅，一高兴就将豢养猎鹰的人一下子擢升到尚书的高位；他当政时，财政向佛寺倾斜，百姓民不聊生；天祚帝崇佛，却又毫无慈悲情怀，甚至发掘了诸多骇人的酷刑以对付百姓。弱小的女真部落曾受尽天祚帝欺凌，最后天祚帝竟被女真的金国俘虏，辽国就此灭亡。天祚帝和宋徽宗在金国成为难友，都死于金国。

不管是谁，"作"都有着潜意识的心理特征，其中的一种就是有恃无恐，然后循错误甚至是恶质的方向，由着性子，胡搞乱来，可是"有恃"最终是靠不住的。不把自己作死不肯罢休的，就有明朝的朱高煦。朱高煦是明成祖朱棣的二子，累有战功，为朱棣喜爱，而他自己觊觎起太子的位子，觉得下一届的皇帝应该由他来当，于是朱棣封他这个王那个王，他都于心不甘，因此多次枉行不法、忤逆犯上、有恃无恐，朱棣拿他没有办法。等到他哥、太子朱高炽继位当了皇帝，朱高煦蠢蠢欲动、准备谋反，朱高炽还是关爱这个兄弟，召见了，给予大量赏赐，好言劝导，让他好自为之，可谓仁至义尽，于是朱高煦继续有恃无恐。朱高炽死，太子朱瞻基继位，朱高煦起兵造反，明宣帝朱瞻基亲征平叛，参与造反的军将几乎全部被杀，对于这个叔叔，明宣帝还是网开一面，让他回到京城的宅邸好生待着。这朱高煦总该消停了吧。一次宣帝去他府上探望，朱高煦趁宣帝不注意，伸脚将宣帝绊了个嘴啃地，明宣帝朱瞻基终于忍无可忍，命人用三百斤的大铜缸将他罩住，朱高煦孔武有力，竟将铜缸顶起，朱瞻基命人在铜缸外燃火，朱高煦终被炙死。

总而言之，不作不死，no zuo no die。

第四章　怎样成为带团队的高手

看曹操是怎么做"猎头"的

一个领导的水平，很大程度取决于他是否能够选对人才、用好人才。历代明君强人治国兴邦，都有贤臣良将的辅助，比如楚悼王之于吴起，秦孝公之于商鞅，齐桓公之于管仲，秦始皇之于李斯，刘备之于诸葛亮，以及李世民之于魏徵。但是在取人用人上形成明确思路和系统方法的，是曹操。

曹操自己就是人才招聘上最大的"猎头"，拜官者如荀彧、程昱、郭嘉、贾诩、刘晔、满宠、吕虔、毛阶、司马懿；拜将者如许褚、典韦、张辽、徐晃、曹洪、夏侯惇、张郃、夏侯渊、高览、乐进、于禁。这些都是史书留名的人物，不愧是一流团队，超豪华阵容。曹操甚至还想策反、招揽关羽和周瑜。在人才问题上，曹操是认真的，除了实事实办，他的指导思想在几次的"求贤令"中得以反映。

其一，"明达不拘，唯才所宜"。

这是曹操智囊团的首席人物荀彧对曹操用人之道的评价。为成就大业，曹操曾先后几次求贤，而求贤的标准是有才而不必品行端正，"夫有行之士，未必能进取，进取之士，未必能有行也"；"识拔人才，不拘微贱，随能任使，皆获其用"。他又列举伊尹、吴起、管仲、萧何、韩信、陈平等人，虽然"负污辱之名，有见笑之耻"，但却"卒能成王业，声著千载"。因此，"不仁不孝而有治国用兵之术，其各举所知，勿有所遗"。只要有才，不仁不孝没有问题，这不免有点惊世骇俗，可是曹操却对此开宗明义。

曹操最厉害的高参郭嘉，就是他取人不拘一格的典型例子。郭嘉的计谋，在曹操灭吕布、败袁绍等重大战役中，发挥了重要作用。曹操和袁绍开打之前，曹操担心东吴的孙策让他腹背受敌，郭嘉却料定孙策必将死于匹夫之手，这使得曹操能够集中兵力对付袁绍——郭嘉绝对是未卜先知的神人。

郭嘉几乎从未失算：史书说他"才策谋略，世之奇士"；曹操说他"使孤成大业者，必此人也"。但是郭嘉有一处短板——生活作风问题。《三国志·郭嘉传》中说："陈群非嘉不治行检，数廷诉嘉，嘉意自若。太祖愈益重之，然以群能持正，亦悦焉"——曹营的御史中丞即纪律监察官陈群，以郭嘉的生活作风问题，对他进行弹劾。看来诸如贪财好色之类的问题，郭嘉一定不少，不然陈群不会多次举告。郭嘉对此毫不在乎。曹操挡下了郭嘉的问题，并且对他愈加倚重，"此乃非常之人，不宜以常理拘之"。这恰恰是曹操识人取人的重要思路，而犯有错误、留下辫子的人物，通常也更容易掌控，也会更加效力。郭嘉说曹操的用人是"唯才所宜，不问远近"。而对于陈群的办事严正，曹操也给予了表扬。郭嘉英年早逝，曹操在赤壁遭遇大败后，曾经叹道："郭奉孝在，不使孤至此。"其时荀彧留守后方，有说程昱对于火攻和黄盖的投降都有过警言，然而曹操未予采纳，结果曹军果败于黄盖的苦肉计以及火攻。

曹操取人不拘一格最具特点的，大概要算他惯于"招降纳叛"了。曹操的谋士战将，大多数不是起家时候的原班人马，而是从别家阵营，尤其是从敌方阵营挖过来的，从袁绍处投奔曹操的，就有荀彧、郭嘉、许攸、荀攸、陈琳、张郃、高览等等。对于弃袁投曹、被曹操称为"吾之子房（张良）"的荀彧，曹操除了理所应当地给予高薪之外，更重要的是马上给予了"别部司马"的高位，因为真英雄最渴望的是用武之地。如此推重荀彧，是曹操"招降纳叛"的模本化做法；同时在曹营之中没有亲疏之分、嫡系旁系，归顺者大都被因材使用，许多人成为重要骨干。于是乎，士为知己者用。在乱世期间，这样的取人方法直接吸引的是各路高人熟手，避免了人才培养、锻炼、考察的时间和人力成本；同时在短期内，造成了敌消我长的力量对比呈几何级转变。

　　曹操取人不拘一格而让人大跌眼镜的，是他不计前嫌的尺度。陈琳原是袁绍的部下，曾为其起草讨曹檄文，辱骂曹操为"赘阉遗丑"，是下贱的阉宦出身，这是曹操最忌讳的事情。除了恶毒的人身攻击，檄文直骂到曹操祖宗三代。曹操当时正苦于头痛，病发在床，卧读陈琳檄文，竟惊出一身冷汗，翕然而起，头风顿愈。袁绍兵败后，"只见刀斧手拥一人至，操视之，乃陈琳也。操谓之曰：'汝前为本初（袁绍）作檄，但罪状孤可也，何乃辱及祖父耶？'"你骂我也算了，为什么骂到我祖上呢？陈琳答道"箭在弦上，不得不发耳"，也就是人在江湖，身不由己。"左右劝操杀之；操怜其才，乃赦之，命为从事。"非但没杀，曹操还给了他个文官职位。

　　再如张绣，与曹操有杀子之仇。但张绣归降后，曹操不计前嫌，仍拜他为扬武将军，并与之结为儿女亲家。官渡之战中，张绣力战有功，曹操论功行赏，增邑二千户，当时其他诸将"未有满千户者"。

　　这样的人都能在曹操处得到优待重用，还有什么人不能呢？只要你有才。

　　其二，用人不疑。

　　曹操于官渡之战大败袁绍，曹军从袁营缴获了大量的文书信札，其中有不少是曹操大本营许都的官员和军队将领与袁绍的通信。这事情说严重了，是通敌背叛；说轻一点，是两头下注，脚踩两条船。毕竟当时，袁绍实力雄厚、兵强马壮，胜算看起来更高。"左右曰：'可逐一点对姓名，收而杀之。'操曰：'当绍之强，孤亦不能自保，况他人乎？'遂命尽焚之，更不再问。"

　　要说曹操大度，不如说曹操睿智。如果按图索骥，搜杀相关者，那就有一大批有用的人才人头落地，以至全体惊悚，那又能解决什么问题呢？曹操现在的做法，无疑令许多人在松了一口气之后，对主公心悦诚服。曹操此举，极大地收揽了人心，增强了团队的凝聚力。

再看袁绍那边的情况，谋士将领本来也是阵容强大，但是袁营内部的钩心斗角、倾轧陷害，就没有消停过。从袁营投奔曹操的诸多高人强将，有的是因为诋毁谗言而为袁绍所疑，有的是因为家人犯事而恐遭到牵连，有的是因袁绍指挥失当而至败绩很可能被问罪，于是才不得已而走人的。袁营内部这种谗毁掐架的风气，责任在领导，是袁绍为此提供了市场和空间。

当然，放任利用部属的不和争斗，常常是驾驭掌控部属的一种有效手段。但是在征战攻伐、争夺天下的非常时期，用人不疑应该成为主导并且也是更为科学合理的用人方法。曹操的谋士程昱性子急，人缘差，直至弄到有人借机举报他谋反，但是曹操却全然看清其中的情势，非但没有对程昱生疑，反而对他愈加信任，这种做法的示范效应，就是极大地压缩了内部缠斗的空间，增强了团队的合力。事实上，曹操阵营很少内讧，也很少叛离。曹操所以能够成为三国期间的第一霸主，主要原因就在这里。而袁绍再怎么"四世三公"、家大业大，输也是输在这里。

官渡之战之前，曹操率兵征讨刘备。袁绍的谋士田丰对袁绍说："同您争夺天下的是曹操，现在攻击曹操的后方，一战可定。军队应时而动，现在就是时候！"袁绍却说儿子生病，不能组织军事行动。田丰用拐杖敲地："咳，大事完了！本来的天赐良机，竟然因为小孩子生病丧失机会，可惜啊！"袁绍听到后很是恼怒。曹操打败刘备，袁绍这才发兵攻曹，田丰极力劝阻："现在不能打了！"袁绍非但不听，还以田丰破坏军心将其下狱。曹操知道田丰不在袁军中，喜道："袁绍必败。"袁军溃败，曹操叹道："假使袁绍用田丰之计，胜败局面还不知会怎样呢。"袁军土崩瓦解之际，众军士捶胸而哭："如果田丰在，何至于此！"狱吏对田丰说："您这下要受到重用了。"这如果是在曹操这边，基本上是肯定的，曹操曾经多次因为失败而主动认错，并向部下道歉。然而此刻的田丰说："袁公表面宽厚，内心却猜忌。如果他出师得胜，我或许可以得到赦免；现在打了败仗，他心中怨恨，猜忌就会发作，我就不指望活命了。"袁绍回来后说："我没有采纳田丰的意见，被他耻笑。"于是杀了田丰。袁绍为此背负了永久的恶名，自己也离彻底败亡不远了。

其三，为我所用。

曹操用人不管是不拘一格还是用人不疑，最高原则都是"为我所用"。如果说曹操用人也讲德才兼备，那么这个"德"就是遵从忠诚，唯我是从，并且随着基业已定，这个原则愈加明确。谁要是违反这个原则，曹操是翻脸不认人的。因此而遭殃的人有这么几种情况：

一、咎由自取。杨修自恃聪明机灵，每每揭穿曹操的用意心机，是为不恭，终被曹操处死。许攸投奔曹操时，曹操光着脚就跑出来迎接。许攸献计说："今孟德（曹操）既无援军，亦无粮草，岂非危急？现袁军的粮草屯于乌巢，并无重防，只须派军急袭乌巢，烧其粮草，不过数天，袁军必然败亡。"曹操从其计，大破袁军。但此后许攸自恃功高，得意忘形，出席会议直呼曹操小名："阿瞒，没有我，你得不到冀州。"曹操表面上嬉笑，心里已成芥蒂。一次，许攸出邺城东门，对左右说："这家人（曹家）没有我，进不得此门。"如此不敬犯上，许攸终被收押并被处死。

二、言辞不慎。崔琰曾为曹操屡献上策，待曹操势位已定，某人上表歌功颂德，崔琰则说："随着时间变化，情况也会变的。"曹操知道后十分恼怒："也会变"是啥意思？于是派人监视崔琰，可崔琰没有思过的意思，照旧人来客往。于是崔琰被杀。

曹操的性格本来既有大度的一面，也有忌刻多疑的一面。娄圭与朋友外出，见曹操父子出行的威势，朋友不胜赞慕，娄圭却说："人生在世，功名要靠自己，怎么能光看别人呢？"有人将娄圭的言语报告曹操。这是要另起炉灶吗？曹操于是就把娄圭杀了。

三、离心离德。曹操的重视人才、礼贤下士，都是实用主义地为了实现自己的霸主目的服务的，然而一些"士"原本的政治理想和独立品格，渐渐与之发生了矛盾。孔融是天下名士，与曹操的所作所为越来越格格不入，并且说话很重，常常冒犯曹操。因为孔融名重天下，曹操还容忍了他一段时间，然而最终还是指使人枉奏孔融"招合徒众""谤讪朝廷""欲图不轨"，并将孔融处死，株连全家。"覆巢之下复有完卵乎"，就是孔融希望八九岁的小儿得免时，儿子说的话。

在一些曹操认为的重大问题上，如有背忤，曹操也是不留情面的。曹操挟天子以令诸侯，欲进爵国公、加封九锡（对大臣的最高礼遇）。荀彧却说："（曹公）本兴义兵以匡朝宁国，秉忠贞之诚，守退让之实；君子爱人以德，不宜如此。"荀彧此议惹怒了曹操，曹操当即给以颜色，荀彧因此忧虑而死。也有史书称，荀彧患病时，曹操赠送食物给荀彧，荀彧打开食器，见器中空无一物，明白其意，遂服毒自尽。

有不少早年曾为曹操的大业做出贡献的人，到后来不得不通过退隐以求自保。程昱以"知足不辱"为由，乞求退休。贾诩"自以非太祖旧臣，而策谋深长，惧见猜嫌，阖门自守，退无私交，男女嫁娶，不结高门"。

史上"家族企业"接班小秘密

宋孝宗即位的第二个月，就为岳飞平反。岳飞是他父亲宋高宗赵构下诏杀害的，现在为岳飞翻案，却也是秉承了赵构的旨意。杀害岳飞，天人共愤，赵构将带着这历史的污名而去；而继位的宋孝宗，则可借此揽人心、立威信、开新局，这等于就是赵构送给了自己的接班人一份特殊而又优质的政治遗产。

史上的一些新君，初登大位即对先帝的重臣予以裁夺，其事理明显却又内含玄机，耐人寻味。商鞅变法，再造秦国，但是在秦孝公去世、秦惠文王即位不久，商鞅就遭杀害并被车裂。商鞅之死固然有一些必然因素：秦惠文王做太子时犯错，商鞅处罚太子的老师公子虔以劓刑，即割去鼻子。另一位老师公孙贾遭墨刑黥面。秦惠文王如今即位，岂有不报此仇之理？商鞅变法，触动了秦国宗室贵族集团的利益，司马迁说："商君相秦十年，宗室贵族多怨望者。"新君为缓解、平衡关系，也要杀了商鞅——不过商鞅新法既行十年，保守势力其实已经不成气候，虽有文艺作品说秦惠文王主政三年后，甘龙、杜挚等贵族集团的核心人物曾策动复辟，但是《战国策》《史记》《资治通鉴》等正史均未记载，不足为凭。

那么除了秦惠文王的报仇动机，以及不太具有说服力的传统势力的压力，商鞅之死又有着什么更具必然的，也就是政治的逻辑呢？

距当时史实最近的《战国策》中这样记载："孝公……疾且不起，欲传商君，辞不受。"

这是真的假的？秦国传承500多年，到秦孝公已是第31代，怎么说转让就转让了？而且还是转让给一个入秦才10年的"外国人"？商鞅推辞不受，除了谦虚之外，他应该明白自己根本不具备这个条件。商鞅的新法峻厉激进，以使秦国短期内富国强兵，但是在这个过程中他也招惹了太多的人，"商君，其天资刻薄人也……卒受恶名于秦"（《史记》），如此之下，怎么服众？其实秦孝公也肯定知道商鞅虽有能力和权位，却不具备为君的条件；那么他为什么还要这样征求商鞅的意见呢？这无非是要试探商鞅的想法。秦孝公这么问，表面上显示他认为商鞅有为君的资质，然而潜层次里是他可能感觉商鞅自己会认为具备担任国君的可能和条件。既然现在商鞅"辞不受"，那么，这种情况对于必定继位的秦惠文王又意味着什么呢？

首先商鞅之法已经在大刀阔斧地推进后，行之十年，成为定法，形成制度，现在的主要问题是执行，商鞅于此已不会造就更多的增量，也就是说，商鞅的存在对于秦惠文王已经并非必不可少。"制度比人强"，这是秦孝公给予儿子的最重要的政治遗产。

其次，孝公出此语，表明的情况又是：19岁的秦惠文王可以被废黜，因为尚属稚嫩。然而与此同时，商鞅能力超强又十分强势。对于将他引进、委以重任、鼎力支持的秦孝公，商鞅当然服膺；可是他对于稚嫩的秦惠文王就很可能构成一种负面的压力，甚至构成不稳定、不可知的因素。

那么在这样的情势之下，如果没有了商鞅，对于秦惠文王以及未来的秦国又会怎么样呢？事情明摆着：情况会更好。于是，一个明智的选择就浮现了。对于这一点，商鞅和秦惠文王未必会想到，而秦孝公却不会想不到。秦孝公在病重弥留之际，思量并介入了未来秦国政权的布局与商鞅的安排，关键是这样的布局安排究竟是什么？以及在传位交班中例行的人事安排和臣僚点评中，孝公又会怎样对儿子评说商鞅？

秦孝公崩、秦惠文王立的当年，就由那位公子虔出来举报商鞅谋反，这个罪名完全站不住脚甚至违反常理，这一切只是让人感觉到"安排"的痕迹很重。那么，在商鞅"必然"的命运轨迹中，有没有秦孝公的影子呢？值得思量。

在这一点上，清代和珅的命运，也有点殊途同归的意思。从当时的人事态势来看，和珅的人生结局，也是处在了预设的必然之中。

和珅精明强干，从一名草根侍卫擢升为朝中大员，深得乾隆的宠信。和珅的能力表现在几个方面，一是理政处事十分干练，二是敛财聚财是一把好手，更为强项的是，他将"乾隆爷"服侍得十分周到。和珅的一生，就是全心全意为乾隆奉献的一生，他既为乾隆办理政务，又陪乾隆找乐子，乾隆在世，于公于私都需要和珅。和珅一门心思为乾隆服务，并不志存高远，虽在高位，不结党羽，"凡怀不轨者，必收人心，和珅则满、汉几无归附者"，在这一点上他又很懂规矩很合上意。但是和珅却有一大人生败笔，就是变了态的贪赃枉法。乾隆去世后，和珅即被抄家，他所聚敛的财富，约值八亿两至十一亿两白银，而乾隆年间朝廷每年的财税收入才只七千万两！

和珅跟随乾隆23年，除去当侍卫的几年，他能在20余年中大规模地贪贿囤积如此巨量的财富，必定吃相难看，因此在朝野声名狼藉。问题是，在"康乾盛世"中占有一半、颇能洞察世事的乾隆皇帝，对于和珅明目张胆的贪污受贿，20多年里竟然没有察觉？这是不太可能的。关键是乾隆需要和珅这么一个忠诚贴心的"全职"奴才。

然而乾隆再怎么长寿，终有交班的一天。那么和珅面对继位的嘉庆皇帝，又会处于一个怎样的境况呢？

第一，和珅既然是乾隆的"一人之臣"，那么他对嘉庆就全然失去了价值。

第二，和珅已经成为朝野隐忍不发的众矢之的，如治其罪，将昭示新帝的开局新气象，政治上可大大得分。

第三，和珅囤积了巨量的财富，说白了，这就是乾隆让他给嘉庆积的钱。

对于这样的处境及其危机，和珅想不到，可是乾隆却应该早就想到。而和珅不除，对嘉庆开局不利。

于是，乾隆去世没几天，嘉庆即下旨将和珅革职下狱，8天后即公布了和珅的20大罪状，15天时即被赐死，一切就是早已规划、按部就班而已。

那么在和珅命运的必然性上，乾隆、嘉庆爷俩会不会早有默契、暗示、约定，甚至授意呢？

在"事为来者虑"上做得更绝的，也许是汉景帝。

汉代自吕后乱政之后，外戚干政就始终是几代皇帝心头的阴影。汉景帝时，窦太后甚至提出景帝以后要把帝位传交给他的弟弟，也就是窦太后最宠爱的小儿子。汉景帝病危期间为16岁的刘彻主持了"加冠礼"，然而继位的刘彻（汉武帝）将面临更大的外戚干政的压力，除了太皇太后窦氏，还有皇太后王氏。窦氏这一系的代表人物是太皇太后的侄子窦婴，王氏这一系的代表人物是皇太后的同母胞弟田蚡，窦婴和田蚡在汉武帝时先后担任宰相。

窦婴和田蚡有隙。田蚡奉王太后诏令娶妻，并宴请在京列侯。酒宴上，"窦党"灌夫醉酒后大骂田蚡，被拘禁、待治罪。窦婴要搭救灌夫，但是王太后强力插手，甚至以绝食要挟，于是灌夫罪名成立。为救灌夫，窦婴向汉武帝出示了景帝给他的遗诏："事有不便，以便宜论上。"——假如遇到不便困厄之事，你可随机将你的意见呈报给皇帝。窦婴希望能够借此增加话语力量。

按照汉廷规矩，皇帝诏书必定要在内府存留副本。汉武帝让人一查档案，却没有窦婴所持诏书的副本。于是窦婴被劾伪造诏书！这是百分之一百的死罪。

窦婴身为几朝大臣，难道不晓得遗诏需要对照副本吗？他这不是找死吗？那么，到底有没有这份遗诏呢？《史记》《汉书》都说有，而一些史家在排除了各种可能之后，认为这是汉景帝刻意安排的一个陷阱。那么景帝为什么要杀窦婴呢？

窦婴在景帝平叛七王之乱时出任大将军，协助周亚夫在平乱中立下大功，被封为魏其侯，赏黄金千斤。窦婴身为外戚，为人豪放不羁，景帝赏赐的黄金，他全都摆列在走廊穿堂，任由属下校尉酌量取用。然而对于景帝废太子刘荣，作为太子太傅即刘荣老师的窦婴竭力反对，并为此"罢工"；以后刘荣犯错被拘押，索要纸笔要给父亲写信，被景帝亲自指派的办案廷尉拒绝，窦婴以他特殊的身份探监并给刘荣拿去了纸笔。周亚夫为这事被逼死，景帝没有因此杀窦婴很可能只是碍于窦太后，所以只能以"魏其沾沾自喜耳，多易，难以为相持重"的理由，将其闲置。那么作为外戚重要人物的窦婴，对新太子刘彻以及以后的汉武帝会是什么态度以及将发挥怎样的作用呢？可是景帝恐怕到最后都无法向刘彻谈及窦婴，因为武帝的祖母即太皇太后还在，搞不好事情反而会弄僵。如果景帝真要以此计杀窦婴，那么这就是要为武帝的当家执政清障，因为窦婴不是盏省油的灯——当年景帝宠信晁错，大臣对晁错的建言大多缄口，唯有窦婴敢于当廷反驳。

景帝在冷落了窦婴以后，却又在临终前给予他这样一份诏书，这不有点奇怪吗？如果这真是一个局，那么又怎么确定窦婴会入套呢？窦婴人脉广、好交友，还哥们义气爱出头，窦系与田系的争斗是可以预料的事，届时窦婴拿出先帝遗诏，也是大概率的事。如果确是早有预判，那汉景帝真是掐算如神了！事为来者虑，总是那么煞费苦心。

于是，"魏其侯窦婴有罪，弃市"，就是在大街上被斩杀了。

刘邦、李世民的从长计议

刘邦当上皇帝的第二年，因为韩王信（不是淮阴侯韩信）与匈奴交战老吃败仗，刘邦对他不放心，韩王信担心因此被杀，便与匈奴联手攻汉，联军随即挥师南下，进入雁门关，攻下太原。

隔年刘邦亲自率军击败韩军，韩王信投奔匈奴。

秦朝末年，群雄鏖战中原，踞于北地的匈奴趁机坐大；楚汉相争，无暇北顾，匈奴的冒顿单于依仗兵强马壮，屡屡南下侵扰黄河流域，直接威胁到此后汉王朝在中国北部的统治。韩王信叛逃后，汉军与匈奴直接干上，汉军连战告捷，史记这一段的战事就是"破之""又破之""大破之"，而匈奴则是连战连溃。

是时"高帝先至平城，步兵未尽到"，刘邦派人侦察冒顿虚实。只见匈奴部众尽显老弱战马也多精瘦，数批侦察兵回来都说"可击"，唯独娄敬前去观察以后回来说：两国交兵，应该秀肌肉才是，哪有刻意示弱的，这里一定有名堂，我看不能打。刘邦听了大为恼怒，将娄敬拘禁起来说等凯旋回来再算账。实际上，刘邦因为汉军节节胜利，有了轻敌思想。

刘邦带领几千兵马突进到平城城东五公里处的白登山，旋即落入匈奴事先埋伏于此的精锐部队的包围；冒顿单于同时指挥数十万大军，截住了后面的汉军步兵。刘邦组织突围，几经攻战，没有成功。冒顿率领骑兵进行围攻，也未得逞。双方相持不下。

其时正值隆冬，刘邦及所率汉军被匈奴围困了七天七夜，人困马乏，"弹尽粮绝"。《史记》称，刘邦这时用陈平计，派人下山秘密求见冒顿的阏氏。

其时冒顿单于对新得的阏氏十分宠爱，朝夕不离。这次在山下扎营，也经常和阏氏一起骑马进出，情深意笃。汉使依陈平吩咐乘雾下山，阏氏听说有汉使来见，就悄悄屏退左右，召见汉使。汉使向阏氏献上了许多的金银珠宝，说是汉帝赠送的，另取出一幅图画，说是汉帝请阏氏转交给冒顿单于的。阏氏一见金银珠宝，满心喜欢，再打开图画，只见画上绘着一个绝色美女，"这是干什么用的"。汉使回答说："汉帝被单于围困，愿意罢兵言和，所以把金银珠宝送给您，再准备把国中的第一美人献给单于。因为美人现在不在军中，所以先把她的画像呈上。"阏氏微怒道："这个用不着，拿走！"汉使走后，阏氏觉得，若两军还是这么僵持，汉帝就会把美女献给单于！于是，她回到后营，就对单于说："军中得到消息说，汉朝有几十万大军前来救援，只怕明天就会赶到了。"单于问："有这样的事？"阏氏又说："汉帝被围七天，军中没有慌乱，想必是有神灵在相助；再说汉、匈两主不应该互相逼迫得太厉害，现在汉朝皇帝被困在山上，汉人怎么肯就此罢休？自然会拼命相救的。就算你打败了汉人，夺取了他们的城地，也可能会因水土不服，无法长住。万一灭不了汉帝，等救兵一到，内外夹攻，那样我们就麻烦了。"单于便在第二天传令把围兵撤走。

陈平命士兵分列两边，每人以强弩朝外搭两支利箭，然后于雾中慢慢撤出包围。"狼狈逃窜"到平城时，汉朝的援兵已到。其实令冒顿撤围的更大原因：一是与韩王信部约定了会师的日期，但他们的军队没有按时前来，冒顿怀疑有诈；二是汉军的大部援军已经近在咫尺。

刘邦得脱，主力其实并未受到太大损失，完全可以卷土重来，报复泄恨；可是刘邦在向娄敬道歉后，又接受了他的建议——从长计议。

一位英明的政治家做出决策，常常不是依恃好勇斗狠，有时候恰恰需要审时度势，采取妥协和解的政策。刘邦接受"从长计议"，与匈奴冒顿暂罢干戈，也正是情势所迫。在与项羽争夺天下的时候，刘邦为策反项羽的部将，多允封王；但是坐上帝位以后，他开始对这些异姓王横竖不放心了，韩王信也是因为不信任刘邦而叛离的。在这种情况下，刘邦越加防范猜忌，异姓王也就越加不安生。对于刘邦来说，这是当时的主要矛盾。果然此后数年里，臧荼、陈豨、彭越、英布、卢绾都相继谋反了，连韩信也是"被谋反"而给干掉的。至于什么民生凋敝、与民休息之类，显然只是穿凿附会、老生常谈的说辞而已。为了平叛，刘邦连年征战，何曾消停。

对匈奴从长计议，从而赢得时间、摆平内患、巩固政权，无疑是英明正确的。刘邦又再采纳娄敬建议，让女儿嫁与冒顿以为和亲，因吕后不答应，日夜哭泣，刘邦改以宫女冒充公主，嫁给了冒顿单于，并派娄敬陪同前往，与匈奴订立议和联姻盟约，附以每年赠送匈奴大批棉絮、丝绸、粮食等等。自此，汉朝与匈奴约定以长城为界，两邦关系得到暂时的缓和。同时汉廷又移民十万到关中地区，以增强汉匈之间的区域性战略缓冲。

唐太宗李世民、松赞干布、文成公主，联结起来的是一幅和亲睦邻的盛世图景；可是在此之前，李世民与松赞干布也有过不打不相识，然后从长计议的先期故事。

大唐帝国建立以后，国势强盛。此时，松赞干布也已称雄雪域高原，定都逻娑（拉萨），建立了统一的吐蕃王朝。他两次出使长安，提出要娶一位唐朝公主；当然这是一桩政治婚姻，松赞干布并不仅仅只是想娶个汉族媳妇，而是想让唐帝国认同吐蕃的地位，但是这要求被唐太宗李世民拒绝。松赞干布认为这是与隋唐两朝都有和亲的鲜卑族吐谷浑国王从中使坏，便出兵击败吐谷浑，兵锋直逼松州（松潘），扬言"公主不至，我且深入"，完全是一副"抢亲"行径。松州都督韩威受命轻率出战，大败而归，松州眼看就要失陷，形势危急。

李世民遂于八月中旬，遣步骑五万击之，大败吐蕃二十万军于松州城下，斩首千余级。松赞干布大惧，仓皇逃回逻娑，然后派遣使者向唐朝廷谢罪，并再次请婚，有点不依不饶的架势，简直是爱死了唐公主。

权衡之下，唐太宗没有恃强任性，而是采取了绥靖安抚的政策，他终于同意了松赞干布的和亲请求，同意把宗室女文成公主嫁给他。唐太宗李世民的从长计议：一是吐蕃对唐朝威胁不大，松赞干布无非就是想娶个唐朝公主，唐军一战而胜，让吐蕃臣服的目的也已经达到；二是唐朝的心腹之患以及李世民的主要军事目标，是在东北方向兴兵作乱的高句丽，唐皇朝需要避免两线作战。不然的话，唐皇朝就需要在西线集结重兵防止吐蕃东侵，那么就没办法集中力量东征高句丽。

于是文成公主在专使及众侍从的陪同下，踏上了漫漫的唐蕃古道。松赞干布多年的夙愿得以实现，亲自率军远行至柏海（现在的玛多县境）迎候。在离黄河源头不太远的扎陵湖和鄂陵湖畔，松赞干布建起"柏海行馆"。

文成公主行至玉树时，拿出父皇给她的谷物种子和菜籽与工匠一起向玉树人传授种植的方法和磨面、酿酒等技术。玉树人非常感激文成公主，当地的藏民把她的足迹和相貌都刻在石头上，年年膜拜。文成公主是一位虔诚的佛教徒，她携带了佛塔、经书和佛像入蕃，以后建成了"大昭寺"。大昭寺建成时，文成公主与松赞干布亲自到庙门外栽插柳树，成为后世著名的"唐柳"。松赞干布非常喜欢贤淑多才的文成公主，专门为公主修筑了布达拉宫。

和亲政策在中国历史上由来已久，一般多是在国势紧蹙之际对异族国度做出的和解求全之策。但是文成公主的入藏则有所不同。当时唐朝国势强盛，并且是在战胜吐蕃以后，唐太宗李世民反而答应了松赞干布之请，同意文成公主入藏和亲，这正是李世民从大局出发、从长远着眼的英明决策，彰显了一位杰出政治家和战略家的高瞻远瞩气概和水平。

松赞干布迎娶文成公主后，中原与吐蕃之间一直和睦相处。此后200多年间，很少发生战事，使臣和商人频繁往来。松赞干布十分倾慕中原文化，他脱掉毡裘，改穿绢绮，并派吐蕃贵族子弟到长安国学读书。唐朝也不断派出各类工匠到吐蕃传授各种技术。

李世民：你以为你是谁？

只要上面有老天、有父母、有领导，那么"你以为你是谁"这句话，对所有的人就都是适用的警训。身在江湖，要知天高地厚，人情世故；职场官场，最忌嘚瑟张狂，趾高气扬。一句损话"不知道自己姓什么"包括了两种情况：一是恃才傲物，得意忘形；二是居功自傲，忘乎所以。

三国时候的祢衡颇具文采和辩才，但性格刚直傲气，喜欢指摘时事、轻慢他人。他二十岁时到许都游学，许多贤能的书生谋士也都来到这里。有人问祢衡："怎么不去投奔陈群、司马朗？"祢衡回答："我怎么能和杀猪卖肉的人结交呢！"又有人问他："荀彧、赵融怎么样？"祢衡以荀彧长得帅、赵融肚子大，便说："可以借荀彧的脸去吊丧，可以让赵融去管理厨房。"如此嘴炮恶言、贬低他人，就是因为他要表示自己的才情高于别人。而当时三国争雄，英雄名士辈出，正所谓山外青山楼外楼，强中更有强中手，你就是会些诗文，就这般狂妄自大，可见也是浅薄而已。即以诗文而言，学无止境，你祢衡真就这么牛了吗？越是学问高深的大家，往往越是大智若愚，这不是要你谦虚低调，而是你本来就不够份。

曹操召见，祢衡推脱一阵终究前去。曹操听说祢衡擅长击鼓，于是就大宴宾客，检阅鼓史包括祢衡的鼓曲。各位鼓史都要换上专门服装，轮到祢衡上场，他径直来到曹操面前，官员喝令换衣，祢衡干脆脱掉所有衣服，赤身裸体，再慢慢换衣，他演奏《渔阳》鼓曲，倒是不错。曹操笑着说："本想羞辱他一下，没想反被他羞辱了。"祢衡再次拜见曹操，手里拿着三尺长的大杖，坐在大营门口用大杖捶着地大骂曹操。京剧《击鼓骂曹》说的就是这事。曹操不担诛杀名士之名，让他去了刘表处。

按说祢衡目空一切，自当放浪江湖，又何必去依附权贵？祢衡却还是去了刘表那里，刘表对他十分礼遇。一次，祢衡将刘表与几个文人草拟的一份奏章视为垃圾，撕了扔在地上。他另起炉灶，即刻写成奏章，言辞语义确实可观。然而祢衡就是一个"杠精"，此后又数番侮辱、轻慢刘表，刘表难以容忍，刘表部下都欲杀之，但是刘表没上曹操的当，把祢衡送到黄祖那里，祢衡又去了。

黄祖开始也能善待祢衡，让他做些文书工作。黄祖的长子黄射为章陵太守，一次宴请宾客，有人送来一只鹦鹉，黄射当即让祢衡就鹦鹉作赋一篇，以此让嘉宾高兴高兴。其实这时候的祢衡也就是权贵的弄臣而已。祢衡提笔就写，一蹴而就，文辞色彩堪称华美。这番显摆之后，黄祖问他对当下才学之士的评价，祢衡与孔融和杨修交情尚好，便说："大儿孔文举，小儿杨德祖。其他皆平庸之辈，不值一提。"黄祖又问："那你看我如何？"祢衡说："汝似庙中之神，虽受祭祀，恨无灵验。"你不过是庙里的泥胎菩萨，还不会显灵。黄祖毫不客气，杀了祢衡。祢衡死时二十六岁。曹操得知祢衡被杀后哈哈大笑："腐儒舌剑，反自杀矣！"

祢衡喜逞口舌之快，每每出言不逊，虽然腹有诗文，却没有学会做人。但是祢衡之狂，毕竟还有才学，而如果碰到现如今那些读过几本书也写过几本书，就自以为了不得，谬托知己，到处招摇，装腔作势，夸夸其谈，一副酸样的"名人学者"，更是只能让人大倒胃口了。

至于居功自傲、忘乎所以而错估情势的，先看看那位北魏第一谋臣崔浩。南北朝时，鲜卑族的北魏开国皇帝拓跋珪为弘扬光辉历程，令邓渊编修国史，但这邓渊不识上意、不善曲笔，对鲜卑"旧恶"多有记述，拓跋珪找了个借口就把他杀了。拓跋珪的孙子拓跋焘统一了中国北方，盛世修史，让崔浩任总撰稿，再修国史。崔浩的身份地位就非同一般了，他在任拓跋珪秘书时，勤勉谨慎，拓跋珪胡乱杀人，他却安然无恙。此后任明武帝拓跋嗣的"帝师"，当时东晋被刘裕篡政后称为刘宋，刘宋打算进军关中，需要假道北魏。拓跋嗣召集群臣商讨，满朝大臣群起反对，只有崔浩说不宜出兵阻挡，不如借道于刘裕，纵其入关，专等两虎咬斗之后，堵其归路，可以一举两得。拓跋嗣不听，出兵迎敌，遭到惨败，后悔不迭，恨未用崔浩之计。太武帝拓跋焘时，南面的刘宋虎视眈眈，北面的游牧部族柔然蠢蠢欲动，公卿大臣全都主张全力对付刘宋，只有崔浩说刘宋目前不足为虑，应该先剿灭柔然以解后顾之忧。此后的形势果如崔浩所料。总之，崔浩每常料事如神，谋事精准，拓跋焘对之恩宠有加，他曾对众公卿大臣说"日后凡属军国大计，你们不能决定的，都应先征询崔浩的意见，然后才可实施"；又对归附的众多部族酋长说"别看他不能弯弓挥刀，我百万军旅都归他指挥"。崔浩入宫可径入拓跋焘的卧室，拓跋焘也随时会去到崔浩家里；而崔浩自恃才略及拓跋焘的宠任，"专制朝权"。

崔浩在受命担任北魏《国史》总撰稿后，向拓跋焘请示操作原则，拓跋焘指示"务从实录"。可是怎么理解执行君主这样的旨意，这你应该懂的。但是精明一世的崔浩这次却不知哪根筋搭错，没有吸取邓渊的教训，犯了"秉笔直书"的毛病。他是要打造《春秋》似的文化工程，还是要成就自己的千秋功业呢？然而这就导致了严重的判断失误。于是鲜卑祖上弑君、乱伦、虐杀等各种糗事，30卷的《国史》中都有记述。要知道，鲜卑族也在发展进步，诸如父死子娶其后母、兄死弟娶其嫂的传统习俗，已经刻意回避、不愿提起，崔浩真是哪壶不开提哪壶；特别是鲜卑自称是黄帝后裔，崔浩却不知依据了什么，称鲜卑是500多年前西汉降将李陵娶匈奴女子后繁衍生息的后代，这就严重降低了鲜卑人的规格身价。这样的撰述竟然还不经送审，直接就刻上了石碑。原来太武帝拓跋焘肯定是要以"撰写"光辉历史作为正面教材的，不想崔浩却整出各种"黑恶材料"的史事，这个错误就致命了，于是崔浩直接被杀。有说崔浩被杀还有压制汉人士族的原因，但是除了崔浩本人，他还被诛灭了九族，这显然还是因为他的"暴扬国恶"，令拓跋焘气急败坏。而这"国史之狱"的祸事，一多半就是出在崔浩因为位高权重而忘乎所以上。

再说大名鼎鼎的尉迟恭，唐太宗李世民最得力的干将。当年陪同李世民打猎时遭遇敌部，对方骁将带领骑兵直奔李世民而来，尉迟恭策马冲上前去，大吼一声，一枪把那骁将挑落马下，掩护李世民杀出包围。在李世民与当朝太子李建成斗法争权时，尉迟恭竭力鼓动李世民当机立断，先下手为强。在"玄武门之变"中，李世民射杀了李建成，自己却跌落马下，齐王李元吉夺下了他的弓箭要勒死他，危在旦夕时，尉迟恭赶到，一箭射死了李元吉。此外，尉迟恭还有许多重大战绩军功。李世民坐上大位后，授尉迟恭右武侯大将军，赐予吴国公爵位，与长孙无忌、房玄龄、杜如晦一起实封一千三百户。中国民间多有张贴门神的传统，两位武门神一为秦琼，另一个就是尉迟恭。可是当年尉迟恭功成名就以后，负功自傲，老子天下第一，看谁都不顺眼，总喜欢找别人的碴，跟长孙无忌、房玄龄、杜如晦等人都过不去，因此被发往外地任职。

一次尉迟恭回京，唐太宗李世民宴请各位大臣，尉迟恭去时见有人坐在了自己的上座，便发怒道："你有何功德，竟敢坐我的上座！"其时坐在下座的任城王李道宗过来劝解，尉迟恭竟然挥拳就打，他铁匠出身，武艺高强，这一拳过去，身为唐朝宗室并且战功赫赫的李道宗猝不及防，一只眼睛几乎被打瞎。李世民顿时怒形于色，愤而罢宴，他接着对尉迟恭说的话就威猛了："每当我读到汉高祖诛灭功臣的时候，心里常常为之忧戚，所以我很想与各位公卿大臣共同享有富贵，并且福泽子孙。但是看到你身居官位却屡屡违禁犯法，才知道韩信、彭越被碎尸剁成肉酱，并不是汉高祖的错。"事实上，在不少君主常以刀锯刑戮而威治臣下时，李世民和赵匡胤倒是很少诛杀大臣，而是以威望和人格魅力来慑服群臣的。接下来李世民就对尉迟恭说得更加透彻了："国家纲纪，唯赏与罚，非分之恩，不可数得，勉自修饬，无贻后悔。"对于功臣的封赏抬举，当然首先是根据他们的功绩，但是说到底，这也是君主的政治操作；功臣如果居功自傲，忘乎所以，张狂过头，那么抹去你的功绩甚至罗织你的罪名，同样也是政治需要。所以尉迟恭你就好自为之，不要到时候后悔。听到李世民这么说话，尉迟恭肯定出了一身冷汗，从此开始自我检点。

可惜李世民的这段话，没有作为后世的官员必读，以至每每有官员因有恃无恐而铸下大错；而他们所"恃"的，就是他们曾经的功劳。你工作做出了成绩，得到表扬嘉奖，固是理所当然；然而需要谨记的是，如果没有领导给你提供平台，没有同事的协助帮忙，你赤手空拳、单打独斗，不可能取得什么功绩。如果你立功受奖就忘乎所以，那么麻烦随即就到了。

宋真宗时，辽国出动大军进犯边境，形势危急。宰相寇准极力主战，先鼓动真宗去前线慰问将士激励士气，再严整军备，辽军没有占到便宜；而辽军主将在视察前沿时，又被宋军强弩狙击射死，辽军军心浮动。这种情况，促成了谈判的契机。那么谁去呢？大臣们都比较"慎重"，毕竟这责任太大，风险也太大，是个烫手山芋。于是大臣就推荐了一个中层干部曹利用，曹利用当仁不让，毕竟他的机会成本比较低，再说人生就在于一搏嘛。去谈判之前，真宗给他提了官阶，曹利用则请准了谈判的底线：土地不给，要钱至多一年一百万两。曹利用道："彼若妄有所求，臣不敢生还。"随后寇准又对曹利用说："虽有旨许一百万，若过三十万，将斩汝。"曹利用去辽营，咬死了朝廷给的价码，"禀命专对，有死而已"，不然只能战场上见分晓了。就这样，谈判居然成了，著名的"澶渊之盟"就此签立。宋真宗大喜过望：封赏！擢升！可是曹利用成了明星功臣以后，就开始牛气烘烘神抖抖飘飘然起来了。

一次寇准敬酒敬到曹利用这儿，曹利用实在踱得很，就是不喝，寇准脸上就挂不住了："你不过一介匹夫，竟然不给我面子？"曹利用回道："我是朝廷大臣，你宰相骂我匹夫，明天到皇帝那儿论理去！"

在一次仪典上，官员依官阶高低拜见皇帝，曹利用却与宰相王曾较起劲来，估计他心里是说，若不是我"捐躯以入不测之虏"，哪里有你的太平宰相做？阁门惶恐不知所措，最后只好让两人一起进门觐见。宰相他都不放在眼里，他在朝中"以勋旧自居"而得罪人的情形也就可想而知，以至"左右多怨"。

宋真宗去世，仁宗年幼，刘太后垂帘听政。刘太后召曹利用问事，曹利用过去从来都是直通真宗的，现在却要向他老婆汇报工作了。觐见时，他竟用手指去弹弄那垂帘上的珠子，事涉大不敬，他却不以为意。有人将此告诉太后，太后说："知道了。"

宋仁宗邀诸大臣钓鱼，那时有两条规矩：一是要皇帝钓上鱼了，大臣才能起竿；二是皇帝专用红线鱼抄，大臣用白线鱼抄。皇帝钓到鱼后，曹利用也钓到了鱼，然后，他却在众目睽睽之下用皇帝专属的鱼抄去网鱼，有同行大臣断言："曹公权位如此，不以逼近自嫌而安于僭礼，难以久矣！"

也是活该曹利用倒霉，他的侄子在地方上当官，一次小子酒喝多了，身披黄衣，叫手下喊他万岁，只此一条，侄子被杖毙，曹利用被刘太后一贬再贬赶出京城，去外地赴任时太后还派了内侍随行押送，内侍一路羞辱威逼，曹利用终于在路上自杀身亡。曹利用为官本来不错，是个有担当有能力的好官，只因为居功自傲，最终落得这般下场，实在可叹。

有的时候，功劳很大的时候，也是风险最高的时候，因为这时候最容易居功自傲、得意忘形，以至不可一世，忘记了领导、君主之下"你以为你是谁的"的诫惕。有一个因此而在三年时间里，从封无可封、赏无可赏，到九十二条重罪以至家破人亡的，就是康熙、雍正的两朝重臣年庚尧。年庚尧治理四川，平定新疆准噶尔和青海郭罗克地方叛乱，先后受封三等公和二等公。雍正元年平定青海罗卜藏丹津叛乱，雍正甚至在谕旨里说："朕实在不知道该怎么疼你，才能对得起天地神明。"年羹尧遂晋升为一等公。此外，再赏给一子爵，由其子承袭，其父也被封为一等公。年羹尧历任四川巡抚，陕甘总督，兼理云南事务。对于年羹尧的功绩，雍正说："不但朕心倚眷嘉奖，朕世世子孙及天下臣民当共倾心感悦。若稍有负心，便非朕之子孙也；稍有异心，便非我朝臣民也。"雍正赐赏给年羹尧的，除一般的金银财宝，还有双眼孔雀翎、四团龙补服、黄马褂、黄带、紫辔，及金币等非常之物。一次赐予其荔枝，为保证鲜美，雍正令驿站六天内从京师送到西安。雍正对年羹尧的恩宠无以复加，年羹尧所受的恩遇之隆，也是古来人臣罕能相匹。

可是还没到两年，情况就发生了变化——年羹尧已经不能为雍正所容忍了。年羹尧赴京途中，令直隶总督、陕西巡抚等跪道迎送；到京时，黄缰紫骝，王公以下的官员到郊外跪接，年羹尧自恃功高，牛得不行，坐在马上经过，看都不看他们一眼。王公大臣向他问候，他也只是点点头而已，这摆谱也就摆得没了章法。更有甚者，他面见雍正时，"御前箕（叉开腿）坐，无人臣礼"；雍正奖赏军功，整治皇八子胤禩集团，京中传言这都是雍正听从了年羹尧的话，这就大大刺伤了雍正的自尊心。与之"配套"的事情还有很多：年羹尧擅作威福、骄横跋扈，他发给总督、将军的文书，本属平行公文，他却擅称"令谕"，真把自己当成了二皇帝；对于朝廷派来的御前侍卫，年羹尧将他们当作"前后导引，执鞭坠镫"的奴仆使用；按照清代的制度，上谕所到之地，官员必须迎诏，跪请圣安，但雍正的上谕两次到西宁，年羹尧竟"不行宣读晓谕"，他觉得他可以例外；更有甚者，他曾向雍正进呈自己出资刻印的一部书，雍正正打算亲自撰写序言，年羹尧自己已拟好一篇，并要雍正帝认可。此外，在文武官员的选任上，凡是年羹尧保举之人，吏、兵二部一律要优先录用，号称"年选"，甚至他的家奴都分别担任了要职，从而形成了一个以他为首，以陕甘川官员为骨干，包括其他地区官员在内的权力集团。

雍正视察年羹尧的大营，将士整装列队迎候，雍正令"卸甲"，将士们一动不动，年羹尧得意地说他的军队："只知有军令，不知有皇上。"然后道，"那就卸甲吧。"众将士这才听令而动，这是在跟皇上嘚瑟个什么劲呢！要知道如此忘乎所以，是犯了大忌！以至于雍正憋气回到后宫，对年羹尧的妹妹年妃接连说道："卸甲！卸甲！卸甲！"皇上晚上要妃子侍寝照例有个"翻牌子"的议程，年羹尧在晚上竟然也要搞个"翻牌子"的戏码……

年羹尧终于接到雍正一道新的谕旨，内容语气与以前大相径庭："凡人臣图功易，成功难；成功易，守功难；守功易，终功难。……若倚功造过，必致反恩为仇，此从来人情常有者。"此后年羹尧的处境便急转直下，既然你搞不清楚自己是谁，那主子皇上就要来帮你搞搞清楚了。年羹尧迅速从总督一等公之类，发落至小城看守城门。随后年羹尧被押至北京会审，给他开列的大罪有九十二条，雍正说，这九十二条中适合极刑立斩的就有三十多条，但念及年羹尧过去有功，特此开恩，赐其狱中自裁。九十二条大罪，雍正你早干什么去了呢？这就说不清楚了。

《清史稿》中说年羹尧"凭借权势，无复顾忌，罔作威福，即于覆灭，古圣所诫"，那么这"诫"的是什么呢——就是"你以为你是谁"。

突破你理解的"外来户吃香"

职场上的外来户，就是非本地、非原单位的人员。外来户在升职、任用上常常比较抢眼，这是职场、官场的常见现象。那么，是管事的领导偏心吗？可是就算一个领导偏心，也不能许多领导都这么偏心吧？那么，为什么外来户吃香呢？

第一，外来的和尚"会"念经。

人往高处走，这是人的天性本愿。可是这也不是一厢情愿、乱走瞎闯就能够遂愿的事情。你愿意往高处走，高处愿意待见你吗？因此，人往高处走，自己要优秀。外来户要站住脚跟，就必须在学业、才干上，多加努力，发愤图强，以期脱颖而出。

外来户在古代，就是客卿，而他们能够吃香，同样也是这个道理。

战国时期的吴起就是一位客卿。之前法家的代表人物李悝赏识吴起的悟性，遂授予吴起《法经》。吴起又先后师从曾参的儿子曾申和孔子的另一位高徒子夏，因而从不同学派中兼收并蓄，融会贯通。吴起不仅"学历"高，而且具有超强的执行能力。他到魏国任主将，率军与秦国连续交战，攻城略地，没有败绩，打得秦军找不着北。吴起首创了职业、重装的"武卒制"；"吴起与秦战，舍不平拢亩，朴樕盖之，以蔽霜露，如此何也？不自高人故也"，在与秦军作战时，有时夜晚他就睡在不平整的田地上，用树叶遮盖身体来躲避霜露，以与士兵同甘共苦。秦国出兵五十万以决战翻本，吴起率五万军队大败秦军。李悝称吴起用兵，"司马穰苴不能过也"。《史记》称："世俗所称师旅，皆道《孙子十三篇》《吴起兵法》。"

一般客卿外来户的才干，也就系于一端，但是吴起不一样，他是一位全才，非但是杰出的军事家，也是杰出的政治家。吴起与魏武侯乘舟从黄河顺流而下，魏武侯看着两岸的峻岭道："美哉乎山河之固，此魏国之宝也！"吴起随即引经据典，然后说道："国家的强大，在于施德于民，而不在于地理形势的险要；政权的稳固也在于给百姓施以恩德，不在于地理形势的险要。如果君主您不施恩德，即便同乘一条船的人也会变成您的仇敌啊！"吴起到楚国以后，楚悼王让他当令尹（宰相），进行当务之急的变法。吴起即以敏锐的思路和超强的执行力，在楚国进行了大刀阔斧的改革。吴起变法主要措施是："捐不急之官，废公族疏远者，以抚养战斗之士"；让一些旧贵族迁"广虚之地"，以开发土地；"选贤用能"，为选拔人才；"明法审令"，强调效率与公平。变法促进了楚国的富强。《史记》记载，变法使楚国"南平百越，北并陈蔡，却三晋，西伐秦"，成为诸侯中的强国。

客卿外来户的作用和重要性，诚如李斯的《谏逐客书》所说："昔穆公求士，西取由余于戎，东得百里奚于宛，迎蹇叔于宋，来邳豹、公孙支于晋。此五子者，不产于秦，而穆公用之，并国二十，遂霸西戎。孝公用商鞅之法，移风易俗，民以殷盛，国以富强，百姓乐用，诸侯亲服，获楚、魏之师，举地千里，至今治强。惠王用张仪之计，拔三川之地，西并巴、蜀，北收上郡，南取汉中，包九夷，制鄢、郢，东据成皋之险，割膏腴之壤，遂散六国之纵，使之西面事秦，功施到今。昭王得范雎，废穰侯，逐华阳，强公室，杜私门，蚕食诸侯，使秦成帝业。此四君者，皆以客之功。由此观之，客何负于秦哉！向使四君却客而不内，疏士而不用，是使国无富利之实，而秦无强大之名也。"李斯言之凿凿地说了那么多，而他自己以行动诠释的正是作为客卿的"概念流程"：人往高处走，自己要优秀。

初时，李斯在厕所里看见老鼠遇到人或狗，就赶快逃走；但在米仓里看到的老鼠，吃得又大又肥，也不受人或狗的惊扰。由此他感叹：人有没有作为，是由所处的环境决定的。然而你要选择环境，又得凭真本事。于是，李斯辞去小吏，到齐国拜荀卿为师，学习研究治国理政的学问，就是所谓的"帝王之术"。毛泽东在1964年一次接见外宾时说道："李斯是拥护秦始皇的，属于荀子一派，主张先法后王。"学成以后，原籍楚国的李斯觉得楚王和六国都不足于成事，于是选择了投奔秦国。

到秦国后，李斯向秦王嬴政分析天下大势，建言灭诸侯成帝业。秦王采纳他的计谋，遣人持金玉游说六国，离间各国君臣。李斯在秦灭六国中发挥了重大作用。秦国统一天下后，所有的重大决策都离不开李斯，他的政治主张直接奠定了中国两千多年封建专制的基本格局。

李斯的政治才干不同凡响，并且他的文章比如《谏逐客书》以及他的书法也都出类拔萃，鲁迅曾说"秦之文章，李斯一人而已"。而这样的李斯，既彰显了客卿的要义，也成就了非凡的功名。

第二，外来户更为效力和效忠。

外来户没有根基，没有关系，没有荫庇，没有拼爹、打招呼、通路子、求照顾的门道。有一部苏联的电影《莫斯科不相信眼泪》就叙述了这样的情形，它的主题很明确：外来户要立足生存，只有靠你自己。"莫斯科不相信眼泪"以后就成了一个相关释义的专有词汇。

外来户去到新的地方新的单位，初初会觉得少了点人情味；然而作为你选择的"高处"，它又常常会有一个优点，就是相信并欣赏你的能力。所以外来户为此就需要努力打拼、积极工作、付出更多，因此也就经常能够业绩出众。这些客卿外来户的奋发作为，首先当然是为了自己的事业功名；而志存高远的境界，则会是为了集体的功业、君主的江山，乃至是社稷苍生。

在内因条件已经具备的情况下，外来户出人头地的外因条件，就是领导的赏识和器重。因此就像范雎说秦昭襄王、商鞅说秦孝公、李斯说秦王嬴政，客卿外来户的首要目标，就是进入领导的视野。而一旦上位以后，领导或君主就是他们的所有依靠，就是他们冀望建功立业的贵人恩主；也因此，他们对于领导和君主，没有抵触和牢骚的资本，更不会有萌生二心的机会和实力。更何况，他们所有的行为举动，经常都会有一个强大的反对派在那儿盯着。所以当秦孝公临终前试探性地表示要让王位于商鞅时，商鞅明智地予以拒绝了——他本事再大，也没有为王的社会基础。因此外来户客卿能有的就是服从、紧跟和效忠，就是"士为知己者所用"；当然，这其中也会有为了达到目的而极尽钻营、巴结、奉承的人物，不过这终究只是少数。而领导和君主，又怎么可能不喜欢那些既尽力又尽忠的外来户"员工"呢？

金日磾是匈奴休屠王的儿子，在汉廷养马时被汉武帝发现，以后成为武帝、昭帝的股肱之臣。金日磾谨慎稳重，几十年兢兢业业，恪尽职守，全心全意侍奉汉武帝，从来没有过失。特别是在一位军官身怀利刃半夜潜入皇宫准备行刺武帝时，始终警觉的金日磾赤手空拳就扑了上去，让汉武帝躲过了一劫。

东晋时的王猛家景贫寒，曾以贩卖畚箕为业。王猛偶遇白首老翁的传说，很像当年张良于下邳桥遇到黄石公的故事。《晋书》说王猛"博学好兵书，谨重严毅，气度雄远"。有人邀王猛出仕，王猛看不上，跑掉了，"遂隐于华阴山，怀佐世之志，希龙颜之主；敛翼待时，候风云而后动"。当时桓温权倾一时，他召见王猛，委以高官，王猛认为桓温并非明主，也未应允。直到王猛以一个汉人外来户的身份遇到了前秦氐族的宣昭帝苻坚，才真正找到了用武之地的"高处"。王猛以自己的胆识才干，殚精竭虑，竭诚付出，积极作为，很快成为苻坚主要的谋臣，官至丞相。苻坚让他裁夺一切内外军政之事，并十分感激地对他说："您日夜操劳，忧勤万机，我就像周文王得到了姜太公，可以优哉游哉享清福啦！"王猛在政治上压制权贵，整肃吏治，强化中央集权；在军事上统兵消灭前燕，为统一北方做出重大贡献；在经济上劝课农桑，开放山泽，兴修水利，改进耕作。王猛理政期间，"关陇清晏，百姓丰乐"，"刚明清肃，善恶著白，放黜尸素，显拔幽滞，勤课农桑，练习军旅，官必当才，刑必当罪"，"由是国富兵强，伐无不克，秦国大治"。作家柏杨说："王猛是中国成功的伟大政治家之一，在他之前有诸葛亮，在他之后有王安石，诸葛亮欠缺军事上的成就，王安石欠缺坚强的支持力量，所以王猛得以独展长才，把一团乱糟糟的流氓地痞、土豪恶霸，硬是凝结成金钢，不但国泰，而且民安。距今虽已一千余年，但仍使我们对于那个辉煌的时代，怦然心动。可惜王猛早逝，假使上苍延长他十年二十年寿命，他带给社会的政治轨道，会更巩固。"

也许是太过给力，王猛积劳成疾，终于在五十二岁时病倒。弥留之际，王猛仍然秉持一腔忠诚，对苻坚说的都是为君为国的公事，特别是他的告诫："晋朝虽然僻处江南，但为华夏正统，而且上下安和。臣死之后，陛下千万不可图灭晋朝。鲜卑、西羌虽然降伏，却是我国的世仇宿敌，迟早要成为祸害，应逐渐铲除他们，以利于国家。"

康熙对此说道："王猛之事秦，竭忠尽智，至于临殁之时，犹惓惓以善作善成，望秦王追踪前圣，宜其主眷优隆，为人臣所当勉也。"

然而八年后苻坚辜负了王猛的忠言，举兵南侵，果然在淝水之战中遭遇惨败，前秦由此衰落，此后苻坚经常痛悔自己没有记取王猛的遗言，但已悔之晚矣。

第三，外来户有助于优化权力结构。

外来户吃香，直接搅动的就是老员工老同志、宗室权贵的奶酪，但是这对于领导的择优汰劣、形成竞争机制以调动多方积极性，以至君主对于权力制衡、君权独尊，都是大有裨益的。

吴起入魏，才干功绩夺人眼球，也因此改变了原本的权力格局，威胁到了相国公叔痤的权位，公叔痤遂以阴招逼使吴起走人。吴起入楚为相，又颠覆了原本的权力结构，他的变法首先针对权贵豪门，消减他们的职位待遇以资强军，严格法纪以消弭官宦特权，强令贵族迁往僻壤以开发土地，可谓招招见骨。所以楚悼王刚死，尸体还停放在大殿里，贵族们就迫不及待地对吴起动手了。楚国的变法彰显了吴起的能力，却真正于楚国与国君有利。吴起执政时看起来指哪打哪，实际上他所具有的只是执行权，而新旧权势的两方抵拒，使真正的大权集中到了楚悼王手里。

商鞅入秦，被秦孝公任为"左庶长"，这是一个非王族而领政的官职，且是让一个外来户担任，这本身就是意味深长的权位安排；而商鞅变法必然地遭到了元老旧臣的反对，秦孝公让两方公开辩论，甘龙、杜挚等人认为，"利不百不变法，功不十不易器"，"法古无过，循礼无邪"。商鞅针锋相对："前世不同教，何古之法？帝王不相复，何礼之循？""汤、武之王也，不循古而兴；殷夏之灭也，不易礼而亡。然则反古者未必可非，循礼者未足多是也。"有秦孝公撑腰，商鞅在思想主张，特别是在职权上压制了旧权贵，司马迁说："鞅去卫适秦，能明其术，强霸孝公，后世遵其法。"然而秦孝公死后，商鞅死于非命，其中自然有保守势力的推动。

委客卿外来户以重要职权，既可利国兴邦，又能以新旧两派权势的相互对峙、相互制衡，避免一方独大、尾大不掉，以至反客为主，其于领导、君主，何乐而不为？所以"外来户吃香"的题目，又完全可以改为"高明的领导善用外来户"，或者就是"明君用客卿"。

而外来户客卿与本土员工及宗亲权贵因为利益基础不同，因而形成矛盾冲突又几乎是不可避免的。"秦宗室大臣皆言于秦王曰：'诸侯人来事秦者，大抵为其主游间于秦耳，请一切逐客。'李斯议亦在逐中。"而这样的情形恰可为领导和君主所用。

这种新旧派系的对抗，甚至在范雎潜往秦国的半途中就已经展开。范雎的车子远远遇到了穰侯魏冉的车队。范雎连忙下车躲避，他知道，相国魏冉很排斥客卿。魏冉果然询问并搜查了车子，"我最讨厌外来的说客，这号人一点用处也没有，只会扰乱别人的国家"。数年后范雎在完全得到秦昭襄王信任的时候，终于开始向以魏冉为代表的宗亲权贵集团开战。他对秦王说：过去我"闻齐之有田文，不闻其有王也，闻秦之有太后、穰侯、华阳、高陵、泾阳，不闻其有王也"。而君权独尊、兴利除害、掌握生杀予夺的才是名副其实的王。如今太后独断专行、毫无顾忌，穰侯出使国外从不报告，华阳君、泾阳君惩处断罚恣意妄为，高陵君任免官吏自己说了算。在这种情况下，"权安得不倾，令安得从王出乎"。范雎接着又列举了历史上多个惊心动魄的臣弑其君的例子，"主不觉悟，故失其国"。而秦国现在的情况是，从小吏到高官，再到大王的左右侍从，没有一个不是相国穰侯的人。我看到大王在朝廷孤单一人，暗自替您害怕，"万世之后，有秦国者非王子孙也"。

这番说辞让秦昭襄王出了一身冷汗，他当机立断，让太后赋闲，收回穰侯的相印，让他回到封地陶邑，高陵君、华阳君、泾阳君也全部迁出都城。随后秦昭襄王任范雎为相，秦国的权力格局为之一新，而秦昭襄王就此将国家的根本大权握到自己手里，并以范雎的进言，除掉了敢于对己不敬的穰侯集团的重要成员大将白起，最终成为一代雄主。

王猛来到前秦，曾建议苻坚加强王权，抑制氐族权贵势力，这样才能政令统一，上下步调一致，外可御敌，内可安民，国家才能昌盛发展。苻坚觉得王猛言之有理，而且正合自己心愿。可是王猛这个汉人外来户在三十六岁那年接连擢升五级，以后竟成为百官之首，内政外交一把抓，"权倾内外"，这让氐族的权贵王族十分忌恨，忍无可忍。氐族豪门出身的樊世，当年跟从苻坚的哥哥景明帝苻健进入关中打天下，立下大功，封姑臧侯。自从王猛来后，眼看着前秦朝廷官制的尊卑高下发生改变，樊世不买账了，他带头跳出来，公然藐视王猛，"数与之争论，欲当庭折辱之"。一次他嚷嚷道："我们这些人，曾与先帝出生入死，共兴大业，却不得参与机密。你无汗马之劳，凭什么专管大事？这不是我们种下庄稼而你来白拣粮食吗！"王猛虽然日理万机，但却不得不匀出时间和精力与权贵势力做坚决的斗争，他冷笑道："不光是你种我收，还要让你做好饭端给我吃呢！"樊世跺着脚咆哮："姓王的，迟早必叫你头悬长安城门，否则我不活在人世！"樊世这不只是气话，他实际是道出了权力重新分配后许多人期待的一种结果，樊世挑战王猛，只是权力斗争的一个爆破点。

然而对于苻坚来说，王猛是他所要倚重的，而权力格局的变化及优化，更是他所需要的。他得知樊世发难的事情以后，十分明确地说："必须杀此老氏，然后群臣方能整肃。"

第二天，樊世上朝言事，苻坚说："我听说杨璧这个人才貌双全，想选他来配公主，你看怎么样？"樊世一听勃然大怒，苻坚明摆着是要羞辱他，因为杨璧已是他的"毛脚"女婿。于是樊世说："杨璧是我早已选定的女婿，而且早有婚约在先，陛下怎么可以让他来上配公主呢？"

这时候王猛在一旁插话道："陛下身为帝王，自古以来就是普天之下，莫非王土，率土之滨，莫非王臣，难道樊将军连这个道理也不懂吗？现在你竟敢与陛下争婚，这岂不是天下有两个天子了吗？哪里还有上下之分呢？"樊世见王猛如此讲话，火冒万丈，从座位上冲过来拔拳就打，左右大臣急忙上前拦住。樊世随即破口大骂，朝廷上闹得不可开交。苻坚一怒之下，命令将樊世推出斩首。杀樊世以儆效尤，就是为了推进巩固新的权力格局。

太后的弟弟也就是苻坚的舅舅强德酗酒闹事、强抢民女和财物，众官吏谁也不敢"太岁头上动土"，王猛却立刻下令逮捕，一面向苻坚报告，一面开刀问斩。等到苻坚派人持赦书飞马赶到时，强德已经"陈尸于市"。紧接着，王猛又与御史中丞全面彻查害民乱政的公卿大夫，无所顾忌，一举干掉了横行不法的二十多名权贵人物。于是，百僚震慑，豪门屏气。此刻苻坚对于王猛的做法不由赞叹道："直到今日我才知道天下是有法纪的，天子是尊贵的！"而这法纪既是用于治理天下，也是用来整治嚣张跋扈的皇亲国戚的，这对于优化国家的权力结构，加强君权，大有裨益。

识别你身边韬光养晦的同事

所有在事业功名场上打拼的人，都有可能在发展途中遭遇人为的阻碍，也常会采取能屈能伸、以退为进的策略，以图获得有利的转机，就算是皇帝老子比如汉宣帝，在权臣政治的挤压扭曲下，也演绎了委曲求全、韬光养晦、后发制人的超级戏码。

汉宣帝的爷爷刘据曾经是汉武帝十分喜爱、悉心培养的太子，性格宽厚，处事开明。但是雄才大略的汉武帝到了60多岁的时候，开始犯糊涂。他变得多疑起来，总觉得有人要用巫蛊之术，即以制作木偶再用针刺诅咒的方法来加害于他。当时受命负责侦办"巫蛊案"的是心术不正的武帝宠臣江充，他借此罗织罪名、广设牢狱、戕害无辜。太子刘据素与江充有隙，现在对其愈加憎恶。江充明白，一旦太子继位，自己就难逃杀身之祸。于是江充诬称太子在宫中巫蛊作祟。刘据在情急与愤怒之下，杀了江充，又将江充手下的巫师烧死在上林苑中。如此作为，形同造反。太子悬梁自尽，太子一门除一襁褓中的孙儿被投入死牢，其余皆被诛杀。这个婴儿也差点被杀，在使臣和狱吏僵持了许久之后，汉武帝说"算了吧"。这个婴儿也就是武帝的曾孙就这样活了下来，以后流落民间，为一小官吏招之为婿，在乡间耕耘放牛、读书教书。汉武帝死后，汉昭帝继位，21岁去世，没有子嗣，皇位本可由汉武帝仅剩的另一个儿子继承，但是大司马大将军霍光执意立汉武帝的一个孙子，19岁的刘贺为帝。可是史书称这刘贺继位后荒淫无度、危及社稷，在位27天就被霍光废了。刘贺的行为不端可能不假，但我认为他被废黜更主要的原因是，这刘贺虽然年轻，被立为皇帝后，却也不愿乖乖听从霍光摆布，竟然一下子从自己的领地带了200多号官员进京，这对霍光等权臣构成了威胁。当霍光提出废掉刘贺时，"群臣皆惊愕失色，莫敢发言，但唯唯而已"，刘贺表示要说几句话，霍光"乃即持其手，解脱其玺绶"，大声吼道："皇太后诏废，安得称天子！"

皇位空缺，这下人们想到了口碑很好、冤屈而死的刘据的孙子，他因少儿时多灾多病，名字就叫刘病已。经霍光拍板，刘病已即从乡舍直入皇宫。

汉宣帝即位后不久，霍光表示要归政于皇帝。汉宣帝血统纯正，身份低微，却从小受教读书，是个有主见、有想法的聪明人，他审时度势，没有接受，朝廷事务仍由霍光决策再禀报皇帝。汉宣帝对霍光十分信赖，自己的皇位都是霍光给的嘛。可是在与霍光同车时他又总是觉得"若有芒刺在背"，同时他在霍光面前始终十分低调甚至谦卑，"光每朝见，上虚己敛容，礼下之己甚"。韬光养晦，这对汉宣帝来说是必须做的。

但是在册封皇后的事情上，汉宣帝坚持了自己的意见，就是立自己的"糟糠之妻"许平君为皇后，而霍光和他老婆霍显一门心思是要让自己的女儿霍成君做皇后。软磨硬泡的结果，汉宣帝这回总算做了一回主。但是霍显不肯善罢甘休，她在皇后分娩之际，竟然派人毒杀了皇后。

世上没有不透风的墙，对于这事，汉宣帝心知肚明，他悲从中来，既是为心爱的妻子，也是为自己。但是他忍了——不是不报，时候未到。现在他只能装糊涂，继续韬光养晦，不动声色。

接着，满朝文武在霍光、霍显的撺掇下，一起起哄，要汉宣帝娶了霍成君，并册封其为皇后。汉宣帝内心的抵触、仇恨可想而知，可是他明白，现时他仍然只能低调忍让，因此他违心地接受了这件事。而成为皇后她爹、皇帝他老丈人的霍光继续主持朝政。成为皇后她妈、皇帝他丈母娘的霍显，更把皇宫当成了自己的家。是可忍孰不可忍？但是汉宣帝继续隐忍。汉宣帝窝囊吗？以后的事情表明，汉宣帝不管对内对外，都是一个有胆识、有作为的皇帝；然而现在，他仍然只能虚与委蛇、韬光养晦。

霍光去世后，汉宣帝给予他极高的评价以及最高级别的葬礼，这时候，霍显、霍成君竟然还想毒死许平君所生并被汉宣帝立为太子的刘奭。可是汉宣帝对霍家的韬光养晦已经终于到了头。他接着就对霍家采取了一连串削权去职的行动。风声鹤唳，绳索收紧。等到霍家被逼谋反的时候，汉宣帝当即出手，一举弹压，除了皇后霍成君被打入冷宫数年后自杀外，霍家被血腥诛族，几百号人，一个不留。

汉宣帝以韬光养晦而巩固帝业，东汉的刘秀则以韬光养晦而当上了皇帝。

西汉末年，君主昏聩，朝政混乱，王莽篡政。王莽登基称帝后，举措失当加之天灾频仍，各地揭竿而起。刘秀作为汉室宗亲，随兄长刘縯起兵，并加入义军联盟。《资治通鉴》称："刘縯性刚毅，慷慨有大节，自莽篡汉，常愤愤，怀复社稷之虑，不事家人居业，倾身破产，交结天下雄俊。"而刘秀的沉稳缜密则与哥哥的豪爽直率不同。

刘縯、刘秀分别在宛城、昆阳之战中，击溃王莽军的主力，声势夺人。但是恰恰是因此，又加上刘縯的强势风格，义军其他派别的首领在刘縯与刘玄两人当中选择新皇时，极力排斥了刘縯。而随着刘縯威名远扬，刘玄一伙觉得刘縯对自己的威胁越来越大了，不除掉他难以安枕。刘秀看清了这样的形势，几次提醒刘縯有所戒备，刘縯不以为意，终为刘玄等人设计杀害。当时刘秀正率军在前线攻城略地，兄长被冤杀的噩耗让他悲愤至极。然而这个时候刘秀何去何从呢？如果就此投靠敌方的王莽军，终至身败名裂；如果率性领军为兄长报仇，刘玄等人正对此虎视眈眈，自己势单力薄，势必腹背受敌。于是刘秀疾驰回来觐见刘玄，他不提自己在昆阳之战中的功劳，只为兄长的"不当言行"谢罪，并且表示兄长犯上，自己也有过错，然后不与刘縯的故旧部下有任何接触，又没心没肺，谈笑自若，举办婚礼。如此韬光养晦的功夫，没有强大的心智是做不到的。刘玄见刘秀如此谦恭，反而有些自愧，因此刘秀不但未获罪，还被继续任用。

当时义军虽然建立了新朝，但是黄河以北并未归附，处于割据状态，亟待攻取，而刘秀几乎是唯一胜任的北伐人选，但是派遣刘秀北伐的计划却遭到了杀害刘縯的大臣极力反对，原因不是刘秀没有能力，而是他能力太强。重要时刻，刘秀淡定沉稳，于背后做了一些关键的人事工作，终于使朝廷上的赞成派成为多数。

刘秀到了黄河北，摆脱了刘玄的控制，随即以凌厉的军事手段和高明的政治手段，打开局面，令形势发生了变化，"延揽英雄，务悦民心，立高祖之业，救万民之命，以公而虑，天下不足定也"。眼见刘秀日益壮大，刘玄不淡定了，他派去使者，封刘秀为萧王，让其交出兵马，回长安领受封赏，同时又派心腹就地监视刘秀的动向。到了这个时候，刘秀就不再隐忍谦恭了，已经是"跨州据土，带甲百万"的刘秀斩杀了刘玄的亲信使臣和派来的太守，在众将拥戴下，即皇帝位。为表重兴汉室之意，刘秀仍然使用"汉"的国号，史称后汉（亦称东汉），刘秀是为汉世祖光武皇帝。刘秀称帝后，又经过十二年的艰苦奋战，终于荡平群雄，重新实现国家统一。刘秀励精图治，改革官制、整饬吏治、发展经济、予民休息、大兴儒学、推崇气节，开创了"风化最美、儒学最盛"的"光武中兴"时代。

当然刘秀一旦成就了王业，第一件事情就是为兄长刘縯平反昭雪。

像汉光武帝刘秀这样的，还有司马懿和李渊，他们的韬光养晦之术同样炉火纯青，以后也都整出大的来了。

司马懿"少有奇节，聪明多大略，博学洽闻，伏膺儒教"，分别在曹操、曹丕、曹叡时担任要职，"每与大谋，辄有奇策"，特别是在与诸葛亮的相持对抗中，有进有退，各有胜负。魏国的三代君主都死了，司马懿还神清智明地活着，并且成为第四代君主曹芳的托孤大臣，另一位托孤大臣是曹爽。曹爽依仗宗室本家的政治优势，操持权柄，排挤司马懿，任用亲信，让兄弟掌控军权，"专擅朝政，兄弟并掌禁兵，多树亲党，屡改制度"。司马懿被架空后，便以生病为由，不再过问政事，韬光养晦，藏锋露拙。有人因此不满抱怨，司马懿则对他们说："且止，忍不可忍。"

曹爽对司马懿不放心，派李胜去探听虚实。司马懿勉强从病榻上坐起来接待李胜，拿着衣服要穿，衣服却从手中滑落到了地上。又见他用手指着嘴巴，意思是口渴了，丫鬟把粥拿来后，司马懿居然手抖拿不住碗，粥都淌到了胸口上。李胜见此说道："大家都以为您是旧病复发，没想到病势如此严重。"司马懿则是上气不接下气。李胜又说："下官奉命调为荆州刺史，特意来向您辞行。"司马懿喘息着说："哦，并州啊，这里靠近胡地，要好好防备。"李胜道："是荆州，不是并州。"司马懿说："你是从并州来吗？"然后司马懿又说，"我年老多病，来日无多，两个儿子司马师、司马昭，还望你们多加照应。"

李胜回去后，将司马懿的情况禀报了曹爽："司马公尸居余气，形神已离，不足虑矣。"曹爽于是断定司马懿不再有威胁，对他完全解除了防备。

少帝曹芳打算拜谒位于高平陵的父亲魏明帝之墓，曹爽兄弟和他的亲信们一同前往谒陵。司马懿趁机发动兵变，以皇太后的命令关闭了洛阳的所有城门，并且迅速掌控了京城的军队。曹爽不知所措之际，有人建议他携少帝前往许昌，以皇帝的名义召集天下兵马攻打司马懿。司马懿担心的也是这一招，他接连派人前去劝降，并指洛水发誓，只要曹爽交出皇帝与兵权，保证他的荣华富贵。曹爽想了一夜，也就认了。当然，没过多久曹爽及其兄弟亲信即被杀并被灭族。曹爽这个只知揽权妄为、在政治和军事上都属业余水平的世家子弟，怎么能和司马懿斗啊！

司马懿打垮了曹爽集团后，把持了朝政大权，曹操一生打下来的江山自此转到了司马懿父子手上，姓曹的皇帝成了摆设。到了司马懿孙子司马炎的时候，干脆连这个摆设也不要了，直接取而代之，"皇帝轮流做，今天到我家"了。

隋炀帝后期穷奢极欲、滥用民力、祸国殃民，"百姓苦役，天下思乱"，时为朝廷驻守重镇的命官李渊和儿子在民怨沸腾、天下皆反的情况下，不得不有所准备，包括广树恩德、扩充势力、招兵买马，以等待时机，"高祖（李渊）子世民知隋必亡，阴结豪杰，招纳亡命"。但是这个动静引起了隋炀帝的猜忌，李渊立刻开始韬光养晦：称病不出，纵酒寻欢，贪渎受贿，"纵酒沉湎，纳贿以混其迹焉"。让隋炀帝觉得李渊也就是一个贪财荒淫、玩物丧志的货，而这种角色一般不会有政治上的企图心和图谋。然而等到时机成熟，李渊突然举旗起兵，只用了四个月的时间，就攻占了国都长安，隋王朝随即覆亡，李渊成为新立的唐王朝的首任皇帝。

妒贤嫉能=人心+毒药

妒贤嫉能的事情，似乎只会发生在职场、官场。因为在这样的平台上，本来大家都凭本事、能力吃饭，并且由此确定晋级排位、待遇薪酬，以及尊卑先后；可是人的禀赋才干有大小，这本是世间常理，所以许多人能够服膺先进，当然也有不少人在能力才干处于下风时，不服气不买账。如果能够因此各自努力，比拼竞争，倒是好事；而如果心理阴暗、背后使坏，那就成了妒贤嫉能，性质变了。

妒贤嫉能属于不良行为，却又是人性的一种通病，连天皇老子也不能免俗。项羽是为一代雄主，除了对手，其他人都在他的领导下打工。按说部下能力越强越好，都是为他所用，他也不应该有妒贤嫉能的情况。可是事情不然。《史记·高祖本纪》中说，刘邦取得天下后与大臣谈论项羽失败的原因，"高起、王陵对曰：项羽妒贤嫉能，有功者害之，贤者疑之，战胜而不予人功，得地而不予人利，此所以失天下也"。从楚营投奔刘邦的韩信对于项羽也是这样的评价。项羽看起来是一个武略超众的猛人，其实又有心念狭隘之处，在他起兵抗秦后，曾经有很多贤臣名将，如范增、陈平、韩信、英布、钟离眜等等都投效到他的麾下，但是项羽骨子里就是老子天下第一，他不是看低这些人，就是对之妒忌防范，"限制使用"，使得这些人纷纷愤然离去，弃楚归汉。但凡当时项羽能够善待重用哪怕是其中的一两位，那这天下究竟属谁，还得另说。

隋炀帝杨广文武兼备，更觉得自己的文韬武略盖世无双。《隋唐嘉话》记载，杨广喜好文学，颇有才华，他曾对臣下说："人们都认为我是靠父祖的原因当上的皇帝，可即使让我同士大夫比试才学，我照样是天子。"有一次朝廷聚会，有人出题以"泥"字押韵作诗，众大臣苦思冥想而不见佳构，隋炀帝便作了一首押"泥"字韵的诗，众大臣惊叹不已。而当时"才名冠绝南北"的薛道衡也作了一首以"泥"字押韵的诗，并且不识时务地显示了更高的才艺，其中尤以"空梁落燕泥"一句得到众人激赏。据说薛道衡此后以"负才恃旧，有无君之心。见诏书每下，便腹非私议"而被杀时，隋炀帝还曾问他："更能作'空梁落燕泥'否？"可见隋炀帝对当时大庭广众下薛道衡的诗句更胜一筹的情景耿耿于怀，而他处死薛道衡，也就有妒贤嫉能的原因在。

妒贤嫉能既属"人之常情"，大多数时候还是发生在同事同僚之间，而在相应的阴招损招搞鬼上，一般也无非是谗言诋毁、挑拨离间、排挤陷害。吴起投奔魏国，被任命为主将，与秦国作战屡战屡胜，这就引起了国相公叔痤的忌惮。公叔痤就玩阴的了，他对魏王说：吴起手握重兵又不是本国人，难免有异心，不如把公主嫁给他，如果他接受了那么他就会铁下心来为魏国效力了。魏王觉得有道理。公叔痤随即带着公主去吴起府上做客，席间却不停地拿话刺激公主，惹得公主大怒，拂袖而去。公叔痤就对吴起说：公主嘛，就是这种脾气。吴起心里就犯起了嘀咕。此后魏王要将女儿赐嫁于吴起的时候，吴起就婉拒了。随后"吴起惧得罪，遂去，即之楚"。公孙痤这就安稳地把持了自己的地位。以后他虽然也举荐过商鞅，可也是到他病重不起的时候，所以司马迁说"公叔痤知其贤，未及进"。就此而言，魏国曾经有过做大做强的机会而最终衰落，很大程度就是妒贤嫉能惹的祸。

唐玄宗虽然重用李林甫，但也曾直言不讳地说过："论妒贤嫉能，没人能跟李林甫比。"李林甫为相时，但凡被唐玄宗稍所看重的，李林甫必百般妒忌，"以计去之"。唐玄宗有一次偶然在高楼上看到兵部侍郎卢绚的挺拔身影，不禁赞美了几句，李林甫得知后随即设计，将卢绚贬至东都洛阳。

职场官场上的妒贤嫉能如果不受制约，任恶念发酵，其情形就会像是人心加了毒药。

周朝末期的公孙子都武艺高强，但是在一次阅兵比试、争夺战车时输给了勇力过人的颍考叔，公孙子都由此忌恨不已。在一次攻城作战时，又是颍考叔身先士卒，率先登上了敌国的城墙。公孙子都遂从颍考叔背后对他射出暗箭，颍考叔跌落城墙，因此毙命。"暗箭伤人"即出自公孙子都因妒忌而为的阴毒之举。

庞涓和孙膑二人同门参学六韬三略之要、行兵布阵之法。庞涓比孙膑更早出山，投效魏国，官拜大将军，甚得魏惠王的器重。但是庞涓却有一个隐忧，就是孙膑的才能比他强，一旦孙膑出山，弄不好就会压他一头。于是庞涓"乃阴使召孙膑"，悄悄将孙膑也拉到魏国"建功立业"，实际却是予以监控封杀。孙膑到魏国后，"庞涓恐其贤于己，疾之"，庞涓对孙膑还是不放心，于是罗织罪名，砍断了孙膑的两脚，脸上刺字黥面，"欲隐勿见"，让他永久出不了门，见不得人。"孙膑"不是本人原名，"膑"字即为挖去膝盖之刑，然据史家与《史记》所说，孙膑遭受的是断足之刑。不管怎么说，庞涓、孙膑两人同出师门，并无怨隙，庞涓只是因为妒贤嫉能竟能蓄起如此歹毒心肠，并对孙膑施以如此毒手，真是天下绝狠。

严重致残的孙膑终于设计逃脱庞涓魔爪，潜逃至齐国，成为将军田忌门客。此后"田忌赛马"的胜算，就是来自孙膑；而"围魏救赵"也是齐国用孙膑之计而大败庞涓所率的魏军。数年后两人再次交手，孙膑指挥齐军撤退，庞涓率领魏军追击，齐军第一天做饭修灶十万个，第二天减为五万灶，说明士兵因惧战逃跑而大量减员，第三天更减为两万灶。庞涓见到如此情形，很是振奋："早知道齐军生性胆怯，三天时间，士兵就逃走一半！此时正是追击的好时机，看来孙膑也跑不远了！"于是庞涓亲率轻骑锐卒，日夜兼程地追击齐军。孙膑却已经挑选万名弩手，在道路狭窄而多险隘的马陵设伏。他命人把路边一棵树的树皮刮掉，在树干上写下"庞涓死于此树下"，并指令在天黑后见到火光就万箭齐发。天黑没多久，庞涓率军"如期"赶到，发现一棵树上隐约有字，便命人拿火把来看，当火把照清那行字时，两边箭如雨下，魏军伤亡惨重，溃不成军。庞涓叹息："遂使竖子成名！"他至死还在贬低孙膑，也在哀叹自己当初没有将孙膑整死。

妒贤嫉能的另一个史传经典，是李斯对于韩非。李斯、韩非同出荀子师门。李斯后效于秦国，成为秦国丞相；韩非又称韩非子，是战国时期杰出的思想家、哲学家和散文家，更将商鞅的"法"，申不害的"术"和慎到的"势"集于一体。作为法家思想的集大成者，他积极倡导君主专制及富国强兵的理论。韩非著述传到秦国，秦王见之极为赞赏，《史记》称：秦王嬴政读到《孤愤》《五蠹》之书，曰："嗟乎，寡人得见此人与之游，死不得恨矣！"不久，秦国攻韩，韩王不得不"应命"派韩非出使秦国。韩非到秦国，李斯不安生，因为韩非的才能识见明显胜过自己。然而韩非却又有自身的悖论：其学说中本有"势"的思想，用之于人，就是顺应大势，有所作为，所谓良禽择木而栖，士为知己而搏，这也正是春秋战国数百年间众多客卿成就功业的道理；而其时的韩王昏庸无能，从不理会韩非的建言，韩国也一再衰落，但是作为韩国的公子，韩非却执意逆势而为，竭力保全韩国，意图阻碍秦国的统一步调，这就被李斯抓到了软肋。于是李斯乘机向秦王上疏攻击韩非："韩非前来，或许是认为他能够让韩留存，是为了韩国的利益而来，他的论说辞藻，掩饰诈谋，是想从秦国取利，窥伺着让陛下做出对韩有利的事情。"秦王认为李斯言之有理，便将韩非抓捕入狱。而韩非的才能不能为己所用，就会为己所患。秦王嬴政终于在李斯等人的谗说之下，决定杀掉韩非。可是诏命一下，嬴政又后悔了，派人前去赦免韩非，但是李斯下手迅速，给韩非送去了毒药，并拒绝他求见秦王的要求，逼迫其即刻自杀。"李斯使人遗非药，使自杀，韩非欲自陈，不得见。秦王后悔之，使人赦之，非已死矣。"

当然，因为妒贤嫉能而如此刻毒以至载入史册的，毕竟不多。不过就算是相比之下属于轻量级，却又是屡见不鲜的妒贤嫉能，终究也是烦心恼人的事情，所以职场官场中几乎人人都对这种行径嗤之以鼻、深恶痛绝，也就是几乎所有人都是"贤"和"能"的受害的一方，这基本上也是没有问题的。但是如果没有人是那"妒"和"嫉"的加害者，那么这妒贤嫉能的事儿，怎么又会那样层出不穷、为人熟知呢？在这件事情上，宋朝的蒋瑗倒是够坦白真率，他说："如果有人超胜自己，我就忌恨他；谁奉承我，我就高兴；听说有人行善，我就怀疑他的用心；见到别人有所得，我就好像自己失去了什么；看到别人遭难，我就暗自高兴。"其实，妒贤嫉能的病灶有很多，而自我警醒和自省，促其良性转化，恰是制约限制这毛病的重要一环。

居然有人"不作为可善终"

"不作为"所指涉的懒政怠政、贻误工作、罔顾民生，让它理所当然地成为一个贬义词。从古到今的职场官场，都有一些坐着举足轻重的职位，心安理得地拿着俸禄薪水，却惯于推诿塞责，整日甩手不干事的人物。明宪宗年间，因为大臣们不作为、混日子的功夫到家，甚至还有"纸糊三阁老，泥塑六尚书"的典故说法。

不过，不是所有的不作为都没有道理，鉴于特定的时势条件，有些不作为也有它可以"申辩"的理由，甚至有它值得称道的地方。

刘邦去世，汉惠帝继位，第二年，丞相萧何去世。萧何去世前推荐了一个接班人：曹参。

"参代何为汉相国，举事无所变更，一遵萧何约束"，这也就是"萧规曹随"。曹参时常不务政事，沉湎于酣饮，一些大臣官吏见丞相这种状态，就想来规劝进言。然后他们一来，曹参就命他们"喝酒！喝酒"，臣僚想瞅着机会说话，曹参又是"喝酒！喝酒"，官员们无奈喝醉，始终不能进言。

那么，曹参是没有能力吗？曹参与萧何同为县吏出身，刘邦起事即随之打天下，主持大小战役无数，攻城略地，几无败绩。刘邦称帝后封官论赏，曹参食邑10600户，萧何8000户。刘邦将长子刘肥封为齐王，刘肥年轻，故命曹参为齐国的相国佐助齐王。曹参任齐相时，放手施政，以使齐国政通人和，政局最为稳定。现在他当了朝廷丞相，怎么反倒无所作为了呢？

曹参的儿子曹窋在朝中任官，惠帝对他抱怨了丞相的不作为。曹窋便按照惠帝的意思劝谏曹参。曹参大怒，将儿子暴打一顿说："这种天下之事不是你应当谈论的。"到了朝拜时，惠帝责备曹参："是我让曹窋劝谏你的，你却把他打得鼻青脸肿，什么意思？"曹参连忙摘下帽子谢罪，然后说：

"陛下认为和先帝（刘邦）比，谁更圣明英武？"惠帝说："我怎么能与先帝相比呢！"曹参又说："陛下看我和萧何比，哪一个更加贤能？"惠帝说："你好像赶不上萧何。"曹参说："陛下英明！高皇帝和萧何既已平定天下，各项政策法令完备明确，现在陛下临朝听政，我等恪守职责，继承遵循前辈制定的法度不要犯错，这不正是正确的执政理念吗？"正如司马迁所言："然百姓离秦之酷后，（曹）参与休息无为，故天下俱称其美矣。"

当然除了这个主要原因之外，在当时吕后专权、诸吕用事的情况下，稳住刘邦、萧何既定的大政方针，"守而勿失"，也不啻为最明智的"作为"，所以老曹就老是"喝酒、喝酒"了。

惠帝听了曹参的陈述，认为说得非常好。事实上，汉惠帝即位后，实施仁政，减轻赋税，与民生息，推动了经济的繁荣。

另一位不作为却情有可原的人物是卫绾。

卫绾是汉文帝的专职司机，驾车技术一流，为人忠厚老实，汉文帝后任他为中郎将，成了一位"马车将军"。汉文帝临终前嘱咐太子刘启（汉景帝）：卫绾是长者，要善待他。景帝即位，卫绾仍为御驾，景帝却对他十分冷淡，卫绾也一如既往地默默无言、认真工作。一次，景帝终于问他："那年我召请你，为什么不来？"景帝还是太子时，一次召请一些臣子予以宴请招待。被未来的皇帝约请，还不跑快点？所以大家都去了，只有卫绾称病未去。现在卫绾怎么回答景帝呢？他说："臣下死罪，那时我确实病了。"其实景帝也明白，当时卫绾一意伺奉文帝，如果跑去太子府赴宴，他觉得不妥，现在卫绾却也只能这么回答景帝了。景帝觉得卫绾的忠君心思没错，就要赐他一柄剑。那还不赶快谢恩！卫绾却诚实说道："先帝赐我六柄剑都还在，臣不敢再接受赏赐。"真的假的？皇帝的赐剑很值钱，他竟没有变现还全都留着？景帝让人随卫绾去家里看，先帝的赐剑果然都好好地敬陈着。被景帝亲自验证了忠厚老实的卫绾自此官就做大了，"天子以为敦厚，可相少主"，不过卫绾在当太子太傅也就是太子老师的时候，估计基本上也就是一个看护者而不是教读者。此后卫绾就当上了丞相。

卫绾所以能当丞相，显然还是因为忠厚老实；可是忠厚老实就能当丞相了吗？汉景帝是怎么想的？当时景帝一朝，强者能臣多了去，晁错、周亚夫、窦婴、袁盎、灌夫等等，有好些却让景帝很不省心，卫绾却完全是另一种路数：他慎守职位，没有主见主创，只管上传下达，守道而已，"醇谨无他，绾无他肠"，也许景帝这会儿要的就是这类型的。果然卫相"朝奏事如职所奏，然自初官以至丞相，终无可言"，他上朝奏事，只说职分内的例行之事，从开始做官直到位居丞相，始终没有提出过什么积极的建言。对于朝政管理，卫绾既无拾遗补缺之功，也无兴利除弊之绩，更无积极进取、改革创新的精神，是个不作为的典型。卫绾也许人不错，他很少与人争执，下属有过失，他尽量遮掩，有功劳，总是让给别人。卫绾的丞相一直做到汉武帝的时候，终因能力差、不作为而被解职。

那么，卫绾的不作为能够怪他吗？而且这样的不作为不是既定的时势所需吗？

关于不作为还有一个值得一说的人物——曹振镛。

据清人所记，曹振镛自述为官之道，就是"无他，但多磕头，少说话耳"。由此可见曹振镛官居要职而无所作为的状态。《清史稿》中关于曹振镛的记述一共只有700多字，与他官历三朝、位极人臣的地位很不相称，在后世的知名度也不高。其实老曹工作做了不少，也可谓恪尽职守，可是却实在没有什么值得书写的显赫事迹。

官场深似海，曹振镛的"多磕头，少说话"，其实说的就是"谨慎低调"的为官要诀，并且他也身体力行了。曹振镛三次当"学政"，主持乡试、会试各四次，每次都尽心尽力，阅评考卷公正守法，既不埋没人才，又绝对不开后门。对于选拔到金殿面试的考生，他必预先一一校阅他们的考卷，一丝不苟，不出差错。曹振镛为官50多年，身居要津，却从来没有贪渎徇法之事。他是盐商子弟，当时两江总督提出盐政改革，取消商盐垄断，损害了盐商利益，亲属纷纷投诉到曹振镛处，曹振镛说："焉有饿死之宰相家？"一笑了之，并不徇私。曹振镛的谨慎低调，还表现在他尽可能地与臣僚处好关系。在盐政改革的事情上，他不徇一家之私的做法就让两江总督陶澍钦佩信服。道光年间，清廷平定新疆叛乱并活捉主犯回京，曹振镛作为决策人员赞襄有功，支持有力，是功臣之一，但是曹振镛甚至令人重修报告，以将功劳全部推给他人。道光皇帝有一次问曹振镛外面鸡蛋多少钱一个，曹振镛一听就知道是内务府报上的价格有猫腻，他的回答既不能欺君又不能害人，于是曹振镛说："臣不知道，臣身体不好，不吃鸡蛋。"

"多磕头，少说话"其实也道出了当时的政治生态。曹振镛久历官场，看到过很多事情。当年雍正给乾隆的遗嘱中说："大学士（也是首席军机大臣）张廷玉器量纯全，抒诚供职……将来二臣（另一臣为鄂尔泰）着配享太庙，以昭恩礼。"乾隆继位后，张廷玉仍然忠心耿耿、勉力尽职，但是一朝天子一朝臣，乾隆却说张廷玉"毫无建白，毫无襄赞"，"不过因其历任有年，如鼎彝古器，陈设座右而已"，就像个没用的老古董。其后乾隆任用年轻的满族权贵讷亲为军机大臣，排名在张廷玉之前；而讷亲以后因某事与乾隆意见不合，即被赐死。张廷玉先被乾隆以年老为由，准予不坐班，实际是被置于可有可无之地，再以言行不合上意，而被剥夺政治待遇。而乾隆的宠臣和珅，在乾隆去世才8天，即被公布20大罪状，15天时即被赐死。在"伴君如伴虎"的情形下，清廷其实是不准许大臣特别是汉人大臣以天下为己任、志存高远、大有作为的。它所需要的，只是日常办事做事的"奴才"，所以"多磕头，少说话"就对了。

曹振镛也许平庸，但是既定的历史环境造就既定的历史人物，平庸的嘉庆、道光，只会选用"克勤克慎"的曹振镛。而曾国藩、李鸿章、左宗棠、胡林翼只能出现于国难危局之时，其所谓时势造英雄。那么在嘉道时期、国势衰落之际，曹振镛有没有可能成为张居正那样的中兴之臣呢？张居正以少主年幼而摄政专权，遂成中兴功业，曹振镛内没有这样的品器，外不具这样的政治条件，所以他的工作重心，也就是围着皇帝转了。道光帝提倡节俭，曹振镛就穿起补丁裤子；道光批阅奏章冗文不厌其烦，曹振镛就建议"抽检捉错"，然后严厉训诫，官吏以皇上明察秋毫，再不敢烂陈擅奏。有清人笔记说曹振镛的不作为对道光一朝的官场风气影响很大，大家都"循默守位，浸成风俗矣"。曹振镛对于官场的慵懒萎靡也许确有责任，但是官场颓败的大气候已经形成，已非曹振镛一人可以左右。

曹振镛在嘉庆皇帝出巡时代理君政三个月，以及在嘉庆、道光两朝位及人臣时，其所念兹在兹的，就是自己不生事，朝政国体不出事。对此，曹振镛还算是做到了。

如何"将在外君命有所不受"

将帅领军在外，对一些军中突发事务应可自行裁夺，不必事事请示汇报；将领率军作战，需要根据战场形势随机应变，不能因为等待君命而贻误战机；军队与敌对垒，应以"兵无常势"而调整战术，不应恪守君王成命——这大概就是"将在外君命有所不受"的题中要义。而它的引申意，就是在独当一面的职务行为，比如在营销谈判中，需要根据现场的进退，临机处置，定夺拍板；对于领导和员工，这应该是共同认可的职场要义之一。

　　第一个将这种概念概括为这样一个说法的，是春秋末期齐国的大司马田穰苴。齐景公时，晋国频频攻打齐国的城池，燕国又侵占了齐国黄河南岸一带，齐景公极为忧虑，寝食难安。宰相晏子向景公推荐了田穰苴，"其人文能附众，武能威敌。"景公与之讨论兵事，田穰苴的意见让景公折服，景公遂任其为司马，执掌军事。司马穰苴说："君王用我，位在大夫之上，我原本身份低微，新赋的权位容易受到轻视，士兵可能不服我，百姓也可能对我缺乏信任，望能以重臣为监军，以为震慑。"景公便派宠臣庄贾担当监军。司马穰苴拜会庄贾后，约定第二天正午在营门整军会合。

　　第二天，司马穰苴早早来到军中，布置好观测时间的标杆和沙漏。"贾素骄贵，以为将己之军而己为监，不甚急"，耽误于亲朋好友的酬酢相送。等到中午过后，庄贾久久不到，司马穰苴令人推倒标杆，打破沙漏。一直到太阳下山，庄贾才不慌不忙来到营中。司马穰苴问他为何来得这么晚，庄贾不以为意地说道：朋友相聚，耽误了——这也正应验了大臣不把新帅放在眼里的情形。司马穰苴正色道："将受命之日则忘其家，临军约束则忘其亲，援枹鼓之急则忘其身。"现在敌国入侵，国民惊恐，士兵在这旷野中整装待发，国君寝不安席，食不甘味，因为百姓的身家性命都系之于君主。作为监军，你在这样的时候竟然还搞迎来送往！于是问军正（法官）："在军事行动中迟到者按军法应当怎么处置？"军正说："当斩。"庄贾慌了，连忙找人赶紧报齐景公求救，但还没等到景公的使者赶到，庄贾就被斩首。众将士看着这个司马穰苴这么厉害，极为震慑！当景公的使者持节急速冲到军中时，司马穰苴说："将在军，君命有所不受。"然后又问军正："擅闯军营军法当如何？"军正道："当斩。"使者大惧，穰苴说："君之使不可杀之。"就斩了使者的仆从，砍断了使者马车的夹车木，杀死了左边驾车的马，以为警慑。这样的治军手段，立刻在军民百官中，确立了威严；同时以这样的治军方式，大破晋、燕也是必然之事。司马穰苴遂成为著名的军事家和兵法名家，名列唐代的武庙十哲之一。

著名军事家孙武经伍子胥引荐进见吴王阖闾，吴王让孙武先操练百多位宫女。孙武把宫女编成两队，让吴王宠爱的两个妃子为队长，然后三令五申地告诫她们要遵军令。不料孙武发令时，宫女都嬉笑不止。孙武予以警告后再次发令，宫女们仍然不听。孙武下令将两位队长拖出斩首。吴王急忙求情，但孙武答道："臣既已受命为将，将法在军，君虽有令，臣不受之。"也就是将在外君命有所不受的意思。孙武为将，吴军果然成为常胜军。

在两军对阵、兵戎相见时的战略战术的制定上，"外君命有所不受"的担当就更加是事关重大、非同小可了。

汉景帝即位后，采用晁错的《削藩策》，先诏削夺楚、赵等诸侯国的封地，继而下诏削夺吴王刘濞的豫章郡、会稽郡。诏令传到吴国，刘濞立即杀害了朝廷在吴国境内所置的官吏，然后联合早已串通好的其他六个诸侯国的宗姓王公开反叛。刘濞等诸王聚众三十余万人，又派人与匈奴等外族勾结，以"请诛晁错，以清君侧"的名义，举兵西向，从而开始了西汉历史上的"七国之乱"。汉景帝杀了晁错，叛军没有退兵，仍向长安进击，汉景帝遂命周亚夫率军平叛。

周亚夫研判了军事形势，向景帝提出："吴楚兵（叛军）的势头正猛，与其正面交战，恐难制胜，所以请暂且放下梁国，然后设法断敌粮道，伺机击溃叛军。"景帝同意了周亚夫的计划。然而梁国是景帝亲弟、母后最为宠爱的刘武的属地，地处长安的门户与屏障，是叛军的主要攻击目标。

叛军的攻击，遭到梁王刘武的顽强抵抗。叛军随后攻下了梁国外围的一座小城，梁王刘武向朝廷告急。周亚夫却乘势绕道进军，迅速到达了预定的目的地。

梁国被叛军轮番急攻，梁军伤亡颇重。汉景帝得梁王奏章，见他性急慌忙、语无伦次，料知情急万分。景帝和梁王的母亲窦太后也不断催促，汉景帝于是派使者诏令周亚夫领兵救援。周亚夫却以"将在外君命有所不受"的情由，并不发兵救梁，而是按照既定的作战方针驻扎下来，深沟高垒，坚守不出。

其时扼守要津的梁国都城城池坚固，粮草充足，梁王又是景帝的胞弟，加上将军张羽的哥哥原是一诸侯国的丞相，因反对叛乱被杀，鉴于这些原因，必定会顽强坚守，拖住叛军。乘此时机，周亚夫派出精锐骑兵，疾行南下，绕到叛军的背后，攻占了水路要隘，截断了叛军的粮道；同时又分兵东进攻击另一股诸侯王的叛军，消弭了他们西去增援的机会。

梁国等不到救兵，只能自己死扛，他们激励士卒，发挥潜能，一意死守，拼死抵御；张羽立志为兄复仇，常常乘敌疲惫，主动出击，挫败叛军，从而与叛军形成僵持局面。

叛军粮道已断，梁城又久攻不下，气急败坏的刘濞孤注一掷，转而率领"内无粮草，外无援兵"而军心动摇的士卒攻打周亚夫所部。周亚夫避实就虚，一举击溃叛军，参与反叛的诸侯王或被杀或自杀，这场声势浩大的叛乱只三个月就被平息。"亚夫之用兵，持威重，执坚刃，穰苴曷有加焉"，司马迁在这里说周亚夫比司马穰苴做得更加到位和出色，说的恰恰就应该是在"将在外君命有所不受"这一点。这场战争虽然胜利了，梁王刘武和窦太后却和"见死不救"的周亚夫结下了梁子，此是后话。

赵充国是历汉武帝、汉昭帝、汉宣帝三朝的著名将领。公元前61年，赵充国年逾七十，长年督兵西陲。适逢西羌部落兴兵侵扰，赵充国再次出征，亲率一万名骑兵迅速出动，巧渡黄河，立稳阵脚，做好战斗准备。羌人多次挑战，赵充国坚守不出，只以威信劝降，旨在瓦解羌人各部落的联合。赵充国并非怯战，当年他随军出征遭匈奴大军包围，汉军断粮，死伤众多，赵充国与数百名壮士突破包围、攻陷敌阵，其余汉军跟随其后得以突围，汉武帝接见并探视他身上的二十多处伤情，感叹称赞。此时汉宣帝已调发六万兵力准备大战。酒泉太守辛武贤上奏道：羌人以畜产为生命，现汉军出击，只要夺了他们的畜产，掠了他们的妻子，然后退兵，冬天再次出击，大军频繁打击，羌人必定丧胆。宣帝命赵充国与部下对辛武贤的奏书进行讨论。赵充国长年戍边，熟悉匈奴和西羌的习性和当地的实际情况，以为辛武贤之策不妥，他认为对羌族各部，应当根据主谋与胁从的不同情况区别对待，严惩主谋者，即先行打击"先零"，宽恕胁从者，然后选择了解羌俗的良吏抚慰羌民，才是万全之策。宣帝将赵充国的上书交给群臣议论。群臣都以为先零部落兵马强盛，难以对付，用兵应该先打击弱的。

宣帝于是发书给赵充国，切责他迟迟不肯用兵，不顾士兵艰苦，不计国家开支；并且告诉他朝廷已按辛武贤之策行动；命令他引兵出击，分散敌军，并说"天道顺当，出兵必胜"。

赵充国受到皇帝的严厉指责，却并不放弃己见；他认为将军带兵在外，虽受诏命，但只要能利于国家，就应按正确的方略行事。于是上书一面承认过错，一面进一步陈述用兵的利害：侵扰者乃先零羌，而不是羌，"今置先零，释有罪，诛无辜，起一难，就两害，诚非陛下本计也"，如果汉军"先击羌，先零必助之"，以"坚其约，合其党"，这样，必然战事难决，旷日持久，耗费巨大，而先诛先零，则其他部落很快就会慑服。好在宣帝从谏如流，很快就采纳了赵充国的意见。

赵充国领兵出击先零，敌众被斩首和溺毙者甚多，缴获牲畜十万余头，车四千多辆。汉军到了羌人地区，赵充国命令不得烧毁住所损害农牧。羌人头领派人来说："愿意返还你们的失地。"此后对羌人部落不用出兵就全部平定。事情的结果，完全印证了赵充国的预见正确，由此也可见"将在外君命有所不受"的重要性。

宣帝又下诏赵充国，要他趁此天时地利、士气高昂之际，继续挥兵进击。赵充国并不唯君命是从，上书称现时实行屯田是为上策。赵充国的儿子中郎将赵卬十分担忧：如果奉命出兵，即使失败，您还可以退守，"一旦不合上意，遣绣衣（宦官）来指责将军，将军之身不能自保，何国家之安？"赵充国叹息说："为什么说这么不忠的话！"意即将军深处实地，为利国利民，就要坚持正确的意见，并且勇于担当。宣帝收到"屯田书"后复书问：如果实行屯田之策，"虏当何时伏诛？兵当何时得决？"赵充国再上书陈述了"留屯田得十二便，出兵失十二利"。宣帝再复书，对屯田政策仍有疑虑，要求赵充国认真考虑后再次报告；赵充国又再报称：汉军屯田备战，以逸待劳，"内有无费之劳，外有守御之备"，而且除了西羌，"匈奴不可不备，乌桓不可不忧"，今久转运烦费，专给于一方，颇为不利。

赵充国的每次报告，宣帝都交给众大臣议论。赞成赵充国之策者，起初"什三"，"中什五，最后什八"，赞成者越来越多。丞相魏相说："臣愚不习兵事利害，后将军（赵充国）数画军策，其言常是，臣任其计可必用也。"这表达了当时大臣们对赵充国的信服。宣帝终于肯定了赵充国的意见。

毛泽东1958年在与周谷城的一次交谈中说到赵充国："这个人很能坚持真理，坚持正确的主张。他的主张在开始时，赞成的人不过十分之一二，反对的人达十分之八九。但是后来，逐渐被人接受了，赞成的人达十分之八九，反对的却只十分之一二。"毛主席还说：真理要人接受，总要有一个过程，但要坚持。